Au croisement du travail et du politique : l'emploi salarié

Le cas français : mutations et transformations

Logiques sociales
Collection dirigée par Bruno Péquignot

En réunissant des chercheurs, des praticiens et des essayistes, même si la dominante reste universitaire, la collection « Logiques Sociales » entend favoriser les liens entre la recherche non finalisée et l'action sociale.
En laissant toute liberté théorique aux auteurs, elle cherche à promouvoir les recherches qui partent d'un terrain, d'une enquête ou d'une expérience qui augmentent la connaissance empirique des phénomènes sociaux ou qui proposent une innovation méthodologique ou théorique, voire une réévaluation de méthodes ou de systèmes conceptuels classiques.

Dernières parutions

Jacqueline FELDMAN, *Françoise Laborie (1938-2016), Histoire d'une femme en science*, 2020.
Mathieu SORDET, *La demande d'asile en France, La pénitence civilisée,* 2020.
Lionel CLARIANA, *Laïcité, radicalisation et protection de l'enfant. Articulations et enjeux sociopolitiques*, 2020.
Eguzki URTEAGA, *L'essor du vote nationaliste basque*, 2020.
Alexander María LEROY, *Penser la sexualité des personnes âgées. De Disney à l'EHPAD du XXIe siècle*, 2020.
Mélody JAN-RÉ (dir.), *L'œuvre du genre*, 2019.
Gilles VIEILLE-MARCHISET, *La conversion des corps*, 2019.
Aurélie NETZ, *Les Cercles de Femmes, Ritualiser l'identité de genre dans les spiritualités alternatives,* 2019.
Roland GUILLON, *La question sociale face à la globalisation*, 2019.
François SICOT (coord.), *Les parcours de soins en psychiatrie au prisme d'une analyse sociologique,* 2019.
Nicole LUCAS et Danielle OHANA, *Ces Françaises venues de l'Est*, 2019.
Régis LAURENT, *Du traumatisme des camps à la naissance d'une nouvelle institution. Idéologies, minoritaires et pentecôtisme tsigane en Bretagne tome I*, 2019.

Georges Jourdam

Au croisement du travail et du politique : l'emploi salarié

Le cas français :
mutations et transformations

L'Harmattan

Du même auteur

L'Ère du travail virtuel. L'éducation spécialisée comme vecteur de la virtualisation du travail. L'exemple du bassin de l'emploi de Cherbourg, thèse soutenue le 7 avril 2009, sous la direction de François Aballéa, université de Rouen. Diffusion ANRT (Thèse à la carte), 2011.

« Miroirs, solidarité, similitudes et antagonismes entre le marché du travail et le marché du travail virtuel », in *Travail et don*, Jacquot Lionel (sous la direction de) avec la collaboration de Kraemer Charles, Presses universitaires de Nancy, 2011.

5-7, rue de l'Ecole-Polytechnique, 75005 Paris
http://www.editions-harmattan.fr
ISBN : 978-2-343-19812-5
EAN : 9782343198125

Remerciements

Je dois en premier lieu remercier ma famille et en particulier ma femme Magali et mes enfants (Leo, Joshua et Prune) pour leur patience quand je leur lisais quelques lignes de ma prose. Je dois aussi rendre hommage ici à plusieurs personnes qui ont contribué de près ou de loin à la parution de ce livre.

Sur le plan universitaire, il me faut citer Louis Moreau de Bellaing, professeur de sociologie à l'université de Caen, François Aballéa, professeur de sociologie à l'université de Rouen et Yves Dupont professeur de sociologie lui aussi à l'université de Caen. Ils m'ont renvoyé chacun à leur façon un regard critique sur mon écrit.

Sur le plan amical, plusieurs personnes ont contribué à mon projet par leur relecture et/ou par des échanges d'idées. Il s'agit de : Didier Michel, Laure Etiennemare, Nicole Grisel et Gaby Gosselin.

Sommaire

Chapitre 4
Le balayage des institutions qui encadrent le travail salarié et leurs fluctuations

Chapitre 5
Les nouveaux cadres possibles du travail depuis les années 1950

Temps présent final et conclusion

Personne n'ose chercher la vérité. Ceux qui cependant la cherchent n'osent la trouver. Ceux qui cependant la trouvent n'osent pas la dire. Ceux qui la disent ne sont pas écoutés.

Alfred Sauvy

Propos liminaires

L'origine de cette investigation vient de la rencontre entre mon vécu dans la vie active en tant que travailleur social et l'opportunité que j'ai eue d'enseigner la sociologie du travail à l'université de Rouen. Je me suis aussi souvenu de ma période étudiante à Caen, où dans les premières années je sentais que je n'avais pas les repères minimum pour prendre la parole et discuter de ce qui m'était enseigné. Il m'a fallu beaucoup de temps pour commencer à maîtriser les repères qui jalonnent et structurent le monde du travail. J'ai perçu, dans ma fonction d'enseignant vacataire, les mêmes difficultés chez certains étudiants. Au regard de ces faits, il m'est venu l'idée de construire un tableau des différentes facettes de ce champ que constitue l'activité professionnelle en évolution et en mutation permanentes. Ces changements sont le résultat, à chaque fois provisoire, d'un rapport de force constant entre des entités antagonistes qui défendent des intérêts divergents. Les acteurs principaux de cette scène sont entre autres, les personnes qui sont amenées à travailler sous différents statuts pour vivre, les financiers (actionnaires, etc.), les pouvoirs publics, les acteurs politiques, etc.

Donc, l'objet de cet ouvrage est de constituer une suite d'états des lieux des différentes facettes de l'emploi[1] rencontrées en France de la Révolution à nos jours. Nous avons condensé, dans la mesure du possible, chaque développement en moins de 10 pages. Dans chaque tableau nous allons faire référence à l'histoire du thème traité, à son processus de création, aux enjeux qui le traversent, à son évolution en lien avec le pouvoir politique et à sa validation par la mise en place d'un cadre juridique. Ce choix méthodologique permet à tout lecteur d'aller investiguer par lui-même, s'il en ressent la nécessité, n'importe

1 Définition de l'emploi : L'emploi c'est l'enveloppe mise en place pour encadrer juridiquement un travail rémunéré qui dégage de la plus-value. Cette enveloppe se révèle polymorphe et évolutive en fonction du temps et des circonstances politiques, économiques et sociales du lieu où l'emploi existe.

quel apport textuel de ce document. La destination première de ce travail va en priorité aux jeunes étudiants ou non qui entrent ou vont entrer dans la vie active. Avec ce texte, ils ont à disposition, dans un même ouvrage, les principaux repères qui encadrent et structurent le monde du travail salarié. À la lecture de ce livre, ils sont en mesure de percevoir les divers intérêts se cachant derrière chaque thème abordé, et peuvent repérer les liens existant entre les différentes facettes du puzzle. Au-delà de ce public cible, cet ouvrage peut être utile à quiconque s'intéresse de près ou de loin aux enjeux permanents qui traversent la vie professionnelle (à titre personnel, dans un statut de RH (Ressources Humaines) ou de chef d'entreprise, dans un mandat de délégué syndical et/ou d'IRP (Institution Représentative du Personnel), etc.

Donnons aussi quelques précisions sur les pistes qui ont alimenté la construction de ce livre. Au départ, nous lui avions donné le titre suivant : "Les méandres du processus de légitimation et de délégitimation des formes du travail et de l'emploi en France". Cet intitulé faisait référence aux recherches du sociologue Louis Moreau de Bellaing. Nous voulions mettre en pratique le résultat de ses travaux sur la légitimation en lien avec les évolutions du travail et de l'emploi. On trouve ses recherches sur ce thème dans 6 ouvrages[2] qu'il a fait paraître entre 1997 et 2013.

Il nous est rapidement paru évident que cet engagement était trop ambitieux pour ce livre qui se veut être le plus exhaustif possible sur le traitement de la question de l'évolution de l'emploi depuis les années postérieures à 1789. Néanmoins, au cours de notre développement il apparaît en filigrane quelques traces

---

2 Moreau de Bellaing Louis, "Don et échange, Légitimation III", éditions L'Harmattan, 2005
Moreau de Bellaing Louis, "La fonction de libre arbitre, Légitimation II", éditions L'Harmattan, 2001
Moreau de Bellaing Louis, "La genèse de la politique, légitimation VI", éditions L'Harmattan, 2013
Moreau de Bellaing Louis, "La Légitimation, approche psychanalytique, sociologique et anthropologique", éditions L'Harmattan, 1997.
Moreau de Bellaing Louis, "L'accès au social, légitimation V", éditions L'Harmattan, 2012.

de cette tentative. Nous ne l'abordons, quand c'est le cas dans notre texte, que sous l'angle de la légalité juridique. Il existe, selon les travaux de Moreau de Bellaing, plusieurs types de légitimation[3] au-delà de cette légalité. Celles-ci peuvent être juridiques, sociales, politiques, économiques, etc. Pour le dire simplement, ce chercheur veut montrer qu'il se dégage partout un mode de vie en commun qui ne peut fonctionner que dans le respect de règles de vie sociale acceptées par tous. Ce fait existe dans toutes les sociétés, que ce soit dans la société moderne, les sociétés antiques ou les sociétés à mythes et à ancêtres (sociétés du sacré). De tout temps, il y a toujours eu du permis et du défendu qui nous est commun. Si nous avions traité cette question de front à propos de l'encadrement du travail, il aurait fallu aller investiguer systématiquement dans les apparitions et les disparitions des formes d'emploi, ce qui relève de la légitimité politique, sociale, économique et juridique. Nous nous sommes contenté de la vision légale des choses. Dans les points que nous avons choisi de traiter, il peut arriver que des situations légales de mise au travail soient illégitimes socialement et politiquement, au sens du politique c'est-à-dire en référence à ces règles communes qu'indiquent par exemple le permis/défendu, la transmission, le don, le renoncement, voire des valeurs comme la liberté, l'égalité, la responsabilité et la justice. Lorsque cela est arrivé, nous n'avons pas creusé pour aller plus avant

---

3 La légitimation est le processus par lequel les êtres humains justifient, tout particulièrement au nom de la responsabilité et de la justice, ce qu'ils sont, ce qu'ils savent, ce qu'ils pensent, ce qu'ils donnent, ce qu'ils disent, ce qu'ils font, etc. Cette légitimation peut être sociale en ce sens qu'à ce moment elle se définit comme un rapport social objectivé tel que relié à une socialité primaire (liens entre personnes privées : famille, amis, etc.) ou une socialité secondaire (relation en lien avec l'occupation d'une fonction ou d'un statut). La légitimation sociale n'existe pas sans un lien au politique. La légitimation juridique est, quant à elle, la légitimation qui se crée par les lois qui découlent soit du Parlement, soit du sacré pour des sociétés qui se situent hors modernité. La légitimation politique (au sens du politique) est reliée entre autres au permis/défendu. Le politique est à la fois à distance et impliqué au social. Lorsque le politique est transgressé dans l'un de ses repères, c'est toujours par du social de groupes ou d'individus. La légitimation économique est encastrée dans la légitimation sociale et politique, comme un système global incluant tous les autres systèmes sociaux.

sur cette piste. Cette investigation spécifique pourrait devenir l'objet d'un travail de recherche à programmer ultérieurement.

Ensuite, dans la réflexion sur la construction de notre ouvrage, il nous est apparu très tôt que toute modification entreprise à propos de l'encadrement du travail était très sensible sur le plan politique. Dans ce sens, nous avons changé le titre de notre écrit pour y intégrer cette dimension. Il se nomme désormais : "Au croisement du travail et du politique : l'emploi salarié" avec pour sous-titre : "Le cas français : mutations et transformations". Ce livre n'a aucune vocation à la recherche sociologique. Il n'est pas structuré autour d'une problématique ni d'hypothèses à valider ou à infirmer. Il a pour but premier de mettre à disposition un certain nombre d'informations sur l'encadrement du travail salarié et ses évolutions en lien avec la politique et le politique[4et5]. Il permet de clarifier à la fois sur le long et le court terme les évolutions de l'emploi salarié. Ce texte n'est pas destiné à faire avancer la recherche en sciences sociales. De ce fait, nous nous sommes engagé dans le parti-pris de privilégier la possibilité donnée aujourd'hui d'utiliser internet, accessible au plus grand nombre. La majorité des sites consultés sont des sources officielles mises à disposition par l'Etat ou des institutions ayant pignon sur rue. Il peut y avoir quelques références numériques moins fiables, mais elles restent marginales. Nous avons maintenu néanmoins en complément une bibliographie classique. Nous espérons que cet essai va rendre service aux personnes peu ou non informées sur le fonctionnement et les évolutions du monde du travail et de l'emploi en France.

Nous allons pouvoir maintenant aborder l'introduction et le "temps présent initial".

---

4 http://agora.qc.ca/dossiers/Politique

5 Définition de "le politique ou la politique" : "La politique c'est l'activité historique par laquelle les hommes organisent leur cité... Cette activité qu'est la politique est variable, adaptée aux circonstances. Elle s'exerce cependant sur un fond de lois constantes qui constitue ce qu'on appelle le politique. Ces lois existent du seul fait que l'être humain vit en société. La politique est donc l'ensemble de l'activité politique concrète et historique".

Introduction et "temps présent initial"

I - Introduction

Nous avons fait le choix d'organiser notre ouvrage autour de deux axes : l'un contemporain et l'autre historique.

Notre objectif principal dans ce travail est d'aborder, successivement et succinctement, les différentes facettes de l'emploi en France.

La sociologie du temps présent va encastrer notre partie historique. Nous allons débuter notre recherche en amont du chapitre 1 par un "carottage" ("temps présent initial") sur la situation actuelle relevée en juin 2017, début de notre investigation sur la rédaction de cet ouvrage. Celle-ci est marquée par l'élection du Président Macron et de ses choix en matière d'encadrement du travail. Nous ferons, en juin 2018, une seconde incursion dans un "temps présent intermédiaire". Ce dernier correspond à la mise en application des Ordonnances Travail. Dans notre temporalité historique, nous avons intégré ce sous-chapitre, entre le travail sous le régime de Vichy et le travail après la Libération (chapitre 2). Nous terminerons notre recherche dans le présent à court terme par la description d'un "temps présent final" qui prend fin en décembre 2019. Cette dernière investigation va nous permettre d'aborder l'actualité marquée par le mouvement "des Gilets jaunes", le résultat des élections européennes en lien avec la vie politique française, et les réformes en cours (Fonction publique, traitement du chômage, réforme de l'État, réorganisation des retraites, etc.).

Le parti pris d'inclure cette composante du "présent" dans notre travail va nous permettre de repérer les évolutions sur un temps très raccourci (deux ans et demi) et au-delà, nous aider à mettre en perspective le présent en lien avec la dimension historique, à la fois de façon globale, mais aussi dans chaque sous-chapitre que nous allons traiter.

Nous allons commencer par décrire ce qui se passe dans le "temps présent initial" autour de la question du travail et de l'emploi en France. Ensuite, nous allons plonger dans le passé et aller investiguer différentes situations de mise au travail qui existent ou ont existé depuis la Révolution.

Le chapitre 1 va nous permettre d'interroger ce qui se passe autour de l'apparition des contrats de louage développés après la promulgation des décrets d'Allarde, de la loi Le Chapelier en 1791 et qui vont être validés ultérieurement par le Code civil de 1804.

Dans le chapitre 2, il va s'agir d'aborder la montée en puissance du contrat de travail salarié, de ses origines aux prémices de sa remise en cause. Dans cette partie, nous ferons une digression afin de porter un regard, comme annoncé, sur un "temps présent intermédiaire" (juin 2018).

Le chapitre 3 va être l'objet de l'étude des circonstances qui créent le doute autour de l'existence du contrat de travail à durée indéterminée (CDI).

Le chapitre 4 va nous permettre de faire un point sur les principales structures qui se sont mises progressivement en place pour encadrer le travail salarié. Il s'agit des institutions : Prud'hommes, Inspection du travail, Ministère du Travail, syndicats, médecine du travail, IRP (Instances Représentatives du Personnel), Code du travail, conventions collectives et pour finir, les dispositifs de la formation continue.

Pour terminer et compléter la grande fresque des différentes formes d'emploi, apparues et disparues depuis la fin du XVIIIe siècle, le chapitre 5 va se focaliser sur les nouveaux cadres du travail ayant pris forme depuis les années 1950. Il va être question ici successivement, des entreprises intérimaires, du travail virtuel, des auto-entreprises ou micro-entreprises, des plateformes, des start-up et de l'emploi détaché.

Au-delà de cet ultime chapitre, pour clore notre approche contemporaine, il va nous rester à faire le point sur la situation présente appelée "temps présent final" (décembre 2019). Nous terminerons par une conclusion qui va reprendre tous les points abordés à la fois sur le long et le court terme, puis nous avancerons quelques perspectives.

Nous serons amené à constater, au fil de notre écrit, que derrière les mutations des formes de l'emploi se jouent des rapports sociaux. Les acteurs de ce champ de bataille permanent sont tous les agents (ouvriers, employés, cadres, etc.) des différentes structures d'encadrement du travail que nous venons d'énumérer, mais pas seulement. À ceux-ci, il faut ajouter dans le cadre réglementaire et la loi, les services de l'État, les Assemblées (Sénat et Assemblée nationale) et le Gouvernement.

Insistons encore sur ce qui a été déjà esquissé dans les propos liminaires : toutes les personnes n'ont pas accès au même niveau d'information et de connaissance. Ce travail de rédaction est une tentative d'apporter une pierre supplémentaire à l'édifice pour que cette connaissance puisse être prioritairement accessible à ceux qui en ont besoin, leur permettant ainsi en conscience de choisir leur chemin dans les méandres du champ de l'emploi. Chacun est pris dans la spirale de sa vie et, pour beaucoup, il y a toujours d'autres priorités que d'aller investiguer par soi-même tout ce domaine que constituent les règles dans lesquelles se joue et mute le monde du travail. Ce livre tente de donner une réponse à ce besoin de connaissance.

Comme annoncé, nous allons maintenant entrer dans le vif du sujet par une incursion dans le "temps présent initial" (juin 2017), point de départ de notre ouvrage.

II - Le temps présent initial

Murielle Pénicaud, ministre du Travail invitée sur France Inter[6] au journal de 8 heures le 7 juin 2017, vient présenter les grandes lignes du projet de loi Travail porté par le gouvernement Philippe. Elle va tenter d'éteindre la mèche allumée par le journal Le Parisien qui s'est procuré des documents confidentiels sur des évolutions potentielles du Code du travail. Une procédure judiciaire est lancée pour savoir comment ces projections sont sorties du ministère du Travail.

Pour légitimer son propos, Murielle Pénicaud met en avant son statut de Ministre du Travail et sa fonction précédente de RH qu'elle a occupée au sein du groupe Danone. Le Canard

6 France-Inter, journal de 8 heures, le 7 juin 2017

Enchaîné du mercredi 7 juin 2017 précise qu'elle est par ailleurs membre du Conseil économique social et environnemental (CESE). Elle a de plus été nommée depuis 2014 à la tête de Business France, une structure chargée de promouvoir les entreprises françaises à l'export. Madame Pénicaud avance que ce chantier "travail" doit être entrepris car les marchés évoluent et par conséquent les organisations du travail doivent suivre pour que les entreprises françaises restent compétitives et gagnent des parts de marché. Elle insiste sur le fait que le monde change, la mondialisation est en cours et que des innovations apparaissent, comme le télétravail, nécessitant une adaptation continue. Ces propos constituent une tentative de légitimation non pas seulement juridique et légale, mais sociale et politique de l'action gouvernementale en cours. Rappelons que le Gouvernement veut faire passer par ordonnances sa réforme du Code du travail. Pour l'heure, celui-ci discute avec les syndicats. Il est prévu 48 réunions avec les partenaires sociaux entre le 9 juin et le 21 juillet 2017. Nous sommes à la veille du deuxième tour des élections législatives 2017 qui vont avoir lieu le dimanche 18 juin 2017. Dans cette logique, pour ce projet de loi spécifique, l'Assemblée nationale va se transformer en une simple chambre d'enregistrement. Elle va se prononcer et dire si oui ou non la représentation du peuple est d'accord pour la réforme, sans pouvoir changer une virgule au texte. Pour rassurer son auditoire, Madame Pénicaud rappelle qu'il y a 18 millions de salariés en France et que 87% d'entre eux sont employés en CDI dont 55% dans les Très petites entreprises (TPE) et les Petites et moyennes entreprises (PME). Dans son entretien radiophonique, la ministre précise que le projet confirme la prédominance des accords d'entreprise sur les accords de branche, décision déjà validée par la loi El Khomri de 2016. Ces accords d'entreprise seront prédominants pour les horaires, les salaires, les conditions de rupture du contrat de travail en CDI (non-respect des objectifs), période d'essai, congés familiaux. Dans cette logique en cours de mise en place, l'accord d'entreprise prime sur le contrat de travail. Si l'employeur n'est pas satisfait d'un accord d'entreprise, il peut prendre l'initiative d'organiser un référendum dans son exploitation. La ministre annonce le regroupement des instances représentatives et veut revoir les conditions de rupture du contrat de travail. Elle précise son souhait de plafonner les indemnités prud'homales en cas de licenciement économique. Les conditions de rupture du contrat de travail vont être revisitées dans le sens de pouvoir licencier plus facilement, par exemple, lorsqu'une entreprise doit supporter une baisse d'activité (un trimestre pour les entreprises de moins de 11 salariés et 4 trimestres pour les firmes de plus de 300 salariés). Le juge n'aura plus le pouvoir d'apprécier le motif économique d'un licenciement. Les délais de saisine des conseils de Prud'hommes, actuellement de 12 mois, vont être réduits à deux mois.

Il est mis en avant une refonte de la formation professionnelle et de l'apprentissage ainsi que de l'assurance chômage. La ministre du Travail annonce son objectif. Elle veut faire descendre le taux de chômage sous la barre des 7 % d'ici 5 ans. Le Gouvernement veut réformer en supprimant les cotisations sociales, mais en augmentant la CSG et en faisant payer les chômeurs et les retraités.

Enfin, Madame Pénicaud prévient qu'elle va communiquer sur les chiffres du chômage une fois par trimestre au lieu d'une fois par mois. Toutes ces initiatives, si elles sont menées à terme, font changer de fait les conditions de vie au travail des salariés ainsi que l'organisation de la protection sociale à la française. D'aucuns font remarquer que les projections envisagées vont mettre en concurrence les salariés, dynamitent le droit du travail et dénaturent le modèle social en place. Les critères de licenciement ne vont donc plus être encadrés directement par la loi. Tout cela est susceptible de procurer un «big bang» libéral au cœur du Code du travail. Il est prévu que la loi d'habilitation sur le thème du travail soit présentée en Conseil des ministres le 28 juin 2017. La publication des ordonnances est programmée pour la fin septembre 2017.

Le journal l'Humanité du 7 juin 2017 réagit à ces annonces en affirmant que nous sommes face à un coup d'État social qui va entraîner une vraie régression salariale et un renforcement du phénomène de précarisation. Si le nouvel encadrement du travail est légitime juridiquement et légalement, il ne l'est pas, de toute évidence, socialement et politiquement, puisque, notamment, favorisant les accords d'entreprise au détriment des accords de branche, il nuit gravement aux intérêts des salariés.

Ces quelques données relevées sur le "temps présent initial" à propos de l'emploi étant posées, nous pouvons maintenant entrer dans l'histoire de l'encadrement du travail salarié.

Chapitre 1

Le travail des classes laborieuses au XIXe siècle

Nous allons traiter cette question en développant deux temporalités : l'une centrée sur l'encadrement du travail par les employeurs sur fond de première Révolution industrielle, et une deuxième phase axée sur les premiers balbutiements d'une future protection du travail.

I - La nouvelle donne du travail qui s'installe dans la souffrance des classes laborieuses en devenir au XIXe siècle

Au fil du développement de ce sous-chapitre, nous allons nous apercevoir que le travail des ouvriers, qui prend de l'ampleur tout au long du XIXe siècle, est canalisé par quatre éléments qui sont sous le contrôle des employeurs. Nous voulons parler des tribunaux des Prud'hommes lorsqu'ils existent, des règlements d'atelier, entièrement à l'initiative du patronat, des livrets ouvriers et des contrats de louage.

En matière de travail, le changement de régime induit par la Révolution va complètement bouleverser la donne. Les corporations disparues, les protections sociales qui y étaient attenantes sont aussi supprimées. Désormais, celui ou celle qui a besoin de travailler pour vivre va n'avoir qu'une alternative, aller vendre sa force de travail au plus offrant. C'est à ce moment que le marché du travail, au sens contemporain du terme, prend toute sa dimension et sa mesure. L'engagement contractuel entre un employeur et un employé va suivre dans un premier temps la forme d'un contrat de louage d'ouvrage[7]. Les parties doivent s'entendre sur la réalisation de cet ouvrage. Le contrat de louage prend son origine aux articles 1787 à 1799 du Code civil de 1804. Avec pour tout cadre juridique cet unique contrat à éta-

---

7 http://www.cours-de-droit.net/le-contrat-de-louage-d-ouvrage-definition-formation-effets-a130997730

blir entre une entreprise et une personne qui a besoin de travailler pour subvenir à ses besoins, les dérives et les abus en tout genre vont exploser. Il existe à ce moment trois espèces de louage d'ouvrage et d'industrie :

- en premier lieu, le louage d'ouvrage des gens qui s'engagent au service de quelqu'un,
- en second lieu, celui des voituriers tant par terre que par mer et,
- en troisième lieu, celui des entrepreneurs d'ouvrage par suite de devis ou de marché[8].

Ce contrat de louage d'ouvrage est un contrat synallagmatique, c'est-à-dire qu'il comporte des obligations réciproques entre les parties. Ce contrat est aussi appelé contrat d'entreprise. À partir du Premier Empire, on peut constater qu'il n'existe plus de corps intermédiaire entre le citoyen et l'Empereur. Les corporations, les syndicats, les congrégations et les associations en tout genre sont interdits. Le citoyen ouvrier se trouve seul face à son employeur. Lorsque ce travailleur accepte un emploi, il s'engage dans un contrat de subordination non reconnu comme tel. *Entre le faible et le fort, entre le riche et le pauvre, entre le maître et le serviteur, c'est la liberté qui opprime et c'est la loi qui affranchit*[9]. Le XIXe siècle va être marqué par la non-protection de la classe laborieuse qui se développe avec le déploiement de la première Révolution industrielle favorisée par l'invention de la machine à vapeur. Le premier à mettre au point une machine performante qui transforme l'énergie thermique de la vapeur d'eau en énergie mécanique est James Watt (1736-1819) en 1769[10]. Pour cadrer les déplacements des populations à la recherche d'un travail dans un flux qui va des campagnes vers les villes, le Consulat a remis en place le livret ouvrier par une loi du 12 avril 1803[11]. Il a pour objectif de domestiquer le nomadisme des ouvriers. Celui-ci a vu le jour une première fois le 17 août 1781 sous la pression des corporations et de la police. Il avait été supprimé sous la Révolution. Jusqu'à la loi du 22

---

8 https://www.lemoniteur.fr/.../bicentenaire-du-code-civil-article-1779-contrat-de-louag...

9 Citation d'Adrien Quatennens, le 10 juillet 2017 à l'Assemblée nationale

10 http://www.cosmovisions.com/Watt.htm

11 https://www.1789-1815.com/livret_ouv.htm

juin 1854, l'employeur pouvait garder ce livret tant que l'ouvrier travaillait dans son entreprise. Après cette date, ce document est revenu en propre aux ouvriers. Le livret ouvrier a été obligatoire jusqu'en 1890. Ce fascicule permet le contrôle des horaires et des déplacements du travailleur. Il indique le nom du maître chez qui celui-ci travaille. Tout ouvrier qui voyage sans être muni de son livret est réputé vagabond et peut être arrêté et sanctionné comme tel. Le côté positif de ce document, si l'on veut, est qu'il retrace la carrière d'un ouvrier au même titre qu'un CV aujourd'hui.

Il a fallu du temps pour que des corps intermédiaires se reconstituent et puissent se remettre en positon de contre-pouvoir face à l'État et aux nouveaux groupes dominants que constituent la bourgeoisie industrielle, la bourgeoisie marchande et la bourgeoisie banquière. Il aura fallu attendre la loi Olivier du 25 mai 1864 pour que le délit de coalition soit abrogé[12]. Les conditions de travail au cours du XIXe siècle sont catastrophiques. Ce n'est qu'en créant un rapport de force qu'il a été possible d'établir un début de protection sociale. Le siècle de Zola a vu ces combats entre des populations laborieuses, travaillant de 15h à 18h par jour, aux prises avec des patrons qui poussaient l'exploitation humaine à l'extrême. Le rapport Villermé[13] de 1840 a permis de faire émerger une première prise de conscience politique du problème des conditions de travail dans les fabriques. La principale conséquence de ce rapport fut le vote d'une loi le 22 mars 1841 pour interdire le travail des enfants de moins de 8 ans dans les ateliers de plus de 20 ouvriers, de limiter la journée de travail à huit heures pour les 8-12 ans et à douze heures pour les 12-16 ans. Ce texte a également instauré l'interdiction du travail de nuit pour les moins de 13 ans.

Cet écrit constitue la première pierre de la construction de l'édifice de la protection sociale et du droit du travail en France. Ce nouveau domaine, que Jacques Donzelot appelle l'invention

12 http://www.clesdusocial.com/25-mai-1864-le-droit-de-coalition

13 Villermé Louis-René, Tableau de l'état physique et moral des ouvriers employés dans les manufactures de coton, de laine et de soie. Textes choisis et présentés par Yves Tyl. Paris : Union Générale d'Éditions, 1971, Collection : 10-18, n° 582.

du social[14], va progressivement se constituer dans la deuxième moitié du XIXe siècle. Il est relevé pendant cette période une espérance de vie d'environ 30 ans pour les ouvriers et entre 50 et 60 ans pour les bourgeois[15]. L'instabilité politique qui a perduré pendant l'essentiel de cette période n'a pas été propice à l'amélioration des conditions de travail. Au fur et à mesure qu'on avance dans le siècle, les conflits relatifs à la production de valeurs se développent. Même si la France à cette époque reste rurale, dominée par les petites exploitations agricoles, l'industrie monte en puissance et a toujours besoin de davantage de main-d'œuvre. L'exode rural progresse. Ce phénomène va aboutir à l'émergence d'un nouveau groupe dans le paysage français : "le monde ouvrier". Pour que cet ensemble puisse faire corps et prenne conscience de sa force, il faut qu'il soit *conscient en soi et pour soi*, comme le précise Marx dans ses écrits. Les conditions de cette affirmation se sont produites à Lyon entre 1831 et 1834 lors de "la Révolte des canuts"[16]. Au XVIIIe siècle, la soierie est l'industrie principale de Lyon. La concurrence avec les pays étrangers surajoute aux crises successives. L'Angleterre utilise des machines à vapeur alors que les canuts lyonnais en sont encore aux machines à bras. Les patrons lyonnais recourent à la solution simpliste de baisser les salaires. C'est la lutte permanente autour du tarif de l'étoffe de soie qui provoque la révolte des canuts en novembre 1831. Lorsque le prix convenu n'est pas tenu, c'est l'émeute de la faim, la révolte élémentaire. Les ouvriers écrivent sur leur drapeau : *vivre en travaillant et mourir en combattant.* Trente mois plus tard, en 1834, le mouvement a pris conscience de sa force. Il a pressenti que le capitalisme ne vit et ne prospère que par l'exploitation du prolétariat. Les canuts entrent en lutte contre la justice en place, contre les lois scélérates et contre le pouvoir installé. Leur mouvement prend un contenu politique. Ils se prononcent contre la monarchie et pour la république.

---

14 Donzelot Jacques, "L'invention du Social. Essai sur le déclin des passions politiques", Paris, Fayard (coll. « L'Espace du politique »), 1984

15 lewebpedagogique.com/hgecfillion/files/livret...

16 Perdu Jacques, "La révolte des canuts", Cahiers Spartacus 1974

Pour que ce nouvel ordre politique s'impose, il aura fallu beaucoup de temps. Cela s'est fait dans la douleur. De plus, la république ne signifie pas la suppression des classes sociales, la fin des privilèges et la répartition équitable des bénéfices de la production. Nous avons déjà souligné qu'une nouvelle classe dirigeante s'est imposée au tournant de la Révolution : la bourgeoisie.

Après la chute de l'Ancien Régime le 4 septembre 1791, divers régimes politiques se sont succédé :

- la Monarchie constitutionnelle du 4 septembre 1791 au 21 septembre 1792,
- la Première République du 21 septembre 1792 au 18 mai 1804 (avec la direction du pays par la Convention nationale du 20 septembre 1792 au 26 octobre 1795, puis le Directoire du 26 septembre 1795 au 9 novembre 1799 et le Consulat du 9 novembre 1799 au 18 mai 1804),
- le Premier Empire du 18 mai 1804 au 14 avril 1814,
- la Première Restauration du 6 avril 1814 au 20 mars 1815,
- les Cent jours du 20 mars 1815 au 7 juillet 1815,
- la Seconde Restauration du 8 juillet 1815 au 2 août 1830 (avec d'abord le comte de Provence qui devient Louis XVIII de 1815 à 1823, puis le comte d'Artois qui prend le nom de Charles X, au pouvoir de 1823 à 1830),
- la Monarchie de Juillet avec Louis Philippe du 9 août 1830 au 24 février 1848,
- la Deuxième République du 24 février 1848 au 2 décembre 1852,
- le Second Empire[17] du 2 décembre 1852 au 4 septembre 1870,
- la IIIe République du 4 septembre 1870 au 10 juillet 1940.

A la lumière de cette énumération, on perçoit l'ampleur de l'instabilité politique qui a perduré en France entre 1789 et 1870[18]. On a assisté à 10 changements de régime en 81 ans !

Pour que la République devienne légitime aux yeux d'une majorité de Français, il a fallu passer par de multiples allers-retours. Lorsqu'en 1848, au terme de l'expérience des Ateliers

---

17 Miquel Pierre, "Le Second Empire", Perrin, 2008

18 April Sylvie, "1815-1870, La Révolution inachevée", éditions Belin, 2014

nationaux, le gouvernement républicain fait tirer sur les manifestants, cela décrédibilise l'idéal républicain aux yeux des masses laborieuses en expansion. Comment ce régime démocratique élu peut-il donner l'ordre à l'armée de faire feu sur ses propres citoyens ? Les intérêts des uns ne sont pas compatibles avec les intérêts des autres. Les Ateliers nationaux mis en place par le gouvernement provisoire de février 1848 avaient pour but de résorber le chômage. Il s'agissait, en ouvrant des chantiers, de donner du travail à des ouvriers sans emploi, qui seraient rémunérés sur des fonds publics. Ce type de mesure d'exception entre dans la catégorie de ce que nous appelons le travail virtuel[19]. Le marché du travail fluctue entre une offre et une demande de travail. Lorsqu'il y a pénurie de travail, des systèmes d'aide peuvent se mettre en place. Dans ce cas, nous sommes en situation de travail virtuel. Définissons cette expression. Lorsque dans un contrat de travail, un tiers est nécessaire pour que la relation s'établisse entre l'employeur et l'employé, alors nous sommes en situation de travail virtuel. C'est donc le cas en février 1848, lorsque le gouvernement provisoire trouve légitime d'ouvrir les Ateliers nationaux. Au 30 avril 1848, 117 000 personnes sont employées dans ces ateliers. En juin de la même année, le nouveau gouvernement élu trouve cela illégitime et décide de faire arrêter dans le sang ces nouvelles expériences d'emploi (la répression est évaluée à environ 5 000 victimes). À trois mois d'intervalle, ce ne sont pas les mêmes forces qui sont au pouvoir. Elles ne défendent pas les mêmes causes ni les mêmes intérêts. Dans cet exemple des Ateliers nationaux, forme spécifique de travail virtuel, on est au cœur d'un choix : considérer le fait d'avoir un travail comme un droit, ou rester dans l'idéologie libérale qu'en-dehors du marché du travail, il n'y a pas de salut. Il faut laisser faire, cela va s'équilibrer. Et, pensent les libéraux, moins il existe d'interventions extérieures sur ce marché, mieux cela va fonctionner. La liberté est la valeur cardinale. La recherche de légitimité, du point de vue des libéraux,

19 Jourdam Georges, "L'Ere du travail virtuel" (sous-titre : l'éducation spécialisée comme vecteur de la virtualisation du travail. L'exemple du bassin de l'emploi de Cherbourg), thèse soutenue le 7 avril 2009 sous la direction de François Aballéa, université de Rouen, Diffusion ANRT (Thèse à la carte), 2011.

s'appuie sur cette idée de liberté. Il n'y a rien de mieux que la liberté. Comment peut-on être contre cela ? C'est nous qui avons raison, quoi de mieux que d'être libre ? Si cela ne marche pas, c'est parce que nous sommes intervenus, etc. Mais en 1848, les interventions externes au marché n'existent pas et le chômage est massif. Dans ce contexte, les ouvriers, qui ne peuvent survivre que par leur travail, sont en situation désespérée s'ils n'en trouvent pas. L'autre versant de la situation est de dire que s'il n'y a pas assez de travail actuellement on va en créer artificiellement en le finançant sur des fonds publics. Les personnes ayant à nouveau un salaire vont pouvoir consommer et la demande va repartir. C'est ce que les États-Unis ont fait après la crise de 1929 avec le New Deal[20], en français "la Nouvelle Donne", lancée par le président américain Franklin Delano Roosevelt et théorisée plus tard par John Maynard Keynes dans son ouvrage "Théorie générale de l'emploi, de l'intérêt et de la monnaie"[21] en 1936. Avec ce dérèglement économique majeur, le fonctionnement du libre-échange a rencontré ses limites. Mais revenons à ce processus de légitimation de la république. Comment a-t-elle pu asseoir sa légitimité ? Entre ces forces antagonistes que sont, pour le dire vite, la classe ouvrière en construction et la bourgeoisie, comment l'inconciliable a-t-il pu se résorber en partie pour que ce nouveau régime puisse finalement tenir ? Au tableau de l'instabilité politique que nous avons pointée, il faut ajouter la chute du Second Empire et ses conséquences. Entre 1870 et 1890, la situation de la nouvelle république proclamée, la Troisième République, a été dans cette période aussi très instable. La guerre de 1870 a entraîné la chute du Second Empire. Les événements de la Commune de Paris qui ont suivi n'ont pas, là encore, glorifié le prestige de la république puisque le pouvoir en place élu a fait tirer sur la foule. Cette situation insurrectionnelle a duré deux mois, du 18 mars 1871 au 28 mai 1871[22]. Après la défaite de la guerre franco-

20 https://www.herodote.net/new_Deal-mot-280.php

21 Keynes John Maynard, "Théorie générale de l'emploi, de l'intérêt et de la monnaie", 1936, trad. fr. 1969, rééd. Payot, coll. « Bibliothèque scientifique », 1998

22 Gros Damien, "Naissance de la Troisième République", édition Presses universitaires de France, 2014

prussienne, elle a opposé le gouvernement issu de l'Assemblée nationale, à majorité monarchiste, au Paris républicain dit "rouge". Pendant la semaine sanglante du 21 au 28 mai 1871[23], deux entités se sont combattues, les Versaillais qui disposaient, avec l'aide de la Prusse, de 120 000 hommes, et les Communards, appuyés par la Garde nationale, mais inorganisée et indisciplinée. Le bilan est lourd malgré l'écart entre les chiffres des uns et des autres. Il est avancé par certains les chiffres de 17 000 à 30 000 exécutions du côté de la Commune et le nombre de 877 tués chez les Versaillais[24]. Dans la tourmente, une figure symbole de cette insurrection apparaît : Louise Michel (1830-1905). Elle sera déportée pendant 7 ans en Nouvelle-Calédonie[25]. C'est cette femme qui est à l'origine de l'utilisation du drapeau noir par les anarchistes. Il aura donc fallu plus de 10 ans pour que la Troisième République s'installe.

Certains penseurs, comme Jacques Donzelot[26], posent l'hypothèse que la république ne peut tenir que grâce au développement d'une protection sociale. Sans ce garde-fou, la situation serait ingérable. Avant d'aborder de front cette question de la protection sociale qui grandit à la fin du XIXe siècle, donnons des précisions supplémentaires sur le fonctionnement du travail et de son encadrement depuis le début de ce centenaire. On a déjà abordé le livret ouvrier et le contrat de louage. Il nous reste à investiguer les règlements d'atelier ainsi que les Conseils des Prud'hommes pour balayer l'ensemble de l'encadrement du travail à cette époque.

Pour ce qui concerne les Prud'hommes, c'est sous Philippe Le Bel (1285-1314) qu'ils apparaissent[27]. Le Premier Conseil voit le jour en 1296. Le Conseil de Paris crée 24 conseils. Pendant deux siècles, seul Paris possède de telles assemblées. Le 18 mars 1806, l'Empire crée un Conseil des Prud'hommes à Lyon en direction des fabricants de soie et de leurs ouvriers, les ca-

---

23 Deluermoz Quentin, "Le crépuscule des révolutions, 1848-1871", éditions du Seuil 2012

24 https://fr.wikipedia.org/wiki/Commune_de_Paris_(1871)

25 https://rebellyon.info/Louise-Michel-une-vie-d-honnetete

26 Ibid (Donzelot)

27 Lefebvre Jean-Luc, "Prud'hommes et bonnes gens" revue *Le Moyen Age*, 2002/2 (Tome CVIII), pages 253 à 300

nuts[28]. Paris sera privé de Conseil des Prud'hommes de la Commune jusqu'en 1844 par peur d'un nouvel embrasement[29]. En 1848, soixante-quinze villes possèdent des conseils. Il faut attendre les lois de 1905 et de 1907 pour que les Conseils de Prud'hommes acquièrent leur véritable indépendance en confirmant leur caractère électif et paritaire. Les conseils se divisent en cinq secteurs autonomes. Il s'agit des secteurs : de l'agriculture, de l'industrie, du commerce, de l'encadrement et des activités diverses. Les Prud'hommes, au cours du XIXe siècle, permettent de gérer des conflits entre entrepreneurs, mais aussi entre ouvriers et patrons. Lorsque cela arrive, dans tous les cas, c'est l'exploitant qui a gain de cause face à l'ouvrier. Nous reviendrons sur cette question des Prud'hommes lorsque nous aborderons la situation contemporaine du travail et de l'emploi.

Enfin, le dernier pouvoir des employeurs au XIXe siècle se focalise sur le règlement de la fabrique[30]. Ce dernier est entièrement à l'initiative des patrons. Il existe très peu de règlements d'atelier connus avant le Second Empire. On ne trouve dans les archives pratiquement que ceux qui ont eu cours entre 1850 et 1900. Les règlements[31] affichés sur les lieux de travail sont parfois contresignés du maire alors qu'il n'existe aucune supervision, ni aucun contrôle des pouvoirs publics sur ces documents. Dans cet écrit, on trouve le plus souvent les conditions d'exécution du contrat de travail. La première préoccupation de l'employeur semble être d'assurer l'intégration de la force de travail au processus de production et d'en garantir la stabilité. On rend les ouvriers responsables de leurs outils et des dégâts qui peuvent être faits aux machines. Les règlements sont imposés sans discussion. Il y est énoncé des mesures disciplinaires en cas de transgression. Il s'agit de faire plier une main- d'œuvre rurale ou artisane à la loi de l'usine, à ses horaires stricts et à sa méthode de production. Le rôle du règlement est donc d'affirmer que d'un côté, il y a commandement et de l'autre, soumission. Il énonce avant tout ce qui est interdit. A la fin du

28 http://echo-fabrique.ens-lyon.fr/textes/texte/fabrique.pdf

29 http://www.conseilsdeprudhommes.fr/

30 http://www.ac-grenoble.fr/ecoles/g2/IMG/pdf_usines1.pdf

31 Hordern Francis, "Le règlement d'atelier au XIXe siècle" (https://fr.scribd.com/document/43416239/Le-reglement-d-atelier-au-XIXème-siecle)

XIXe siècle, la discipline affichée sur les règlements est contestée. En 1890, le député socialiste Ernest Ferroul[32] (1853-1921) dépose une proposition de loi sur les règlements d'atelier. Cette requête n'aboutira à une loi que 19 ans plus tard, et pour simplement faire disparaître le recours aux amendes acté dans le règlement intérieur. Cette loi du 7 décembre 1909[33] sur le paiement des salaires ne remet pas en cause la prérogative du patron de rédiger le règlement intérieur dans son unité de production.

Nous venons de faire à grands traits une rétrospective du siècle qui a vu l'expansion de la première révolution industrielle. Nous avons relevé que le travail s'est trouvé encadré pendant cette période par le contrat de louage, le livret ouvrier, le règlement de la fabrique et les Conseils des Prud'hommes quand ils existaient. Nous avons repéré que la question du pouvoir politique et de sa légitimité posait problème. Elle se résolvait à chaque fois de façon provisoire jusqu'à la crise politique suivante. Nous avons souligné la montée en puissance de deux forces nouvelles et antagonistes : la bourgeoise et le monde ouvrier (prolétariat). Le prolétaire, selon le dictionnaire Larousse est une personne qui ne peut attendre de ressources que de la rémunération que lui alloue celui auquel il loue ou vend sa force de travail. De façon plus familière, "le prolo" est un salarié aux revenus modestes. Dans la Rome ancienne, c'est un citoyen non propriétaire, recensé dans la dernière classe et qui n'était considéré comme utile à l'État que par les enfants qu'il engendrait[34]. A Rome, il était exempt d'impôts et d'obligation de faire la guerre. Karl Marx[35] dans "le Manifeste du parti communiste" de 1848 disait : *Les prolétaires n'ont rien à perdre que leurs chaînes. Ils ont un monde à gagner. Prolétaires de tous les pays, unissez-vous ! Le prolétaire ne possède ni capital, ni moyens de production. Au siècle de l'expansion du capitalisme, la durée du travail est livrée au nom de la liberté à l'arbitraire et à la cupidité de celui dont le prolétaire dépend pour sa sub-*

32 Férré Georges, "Ferroul, ni Dieu ni maître", édité par Loubatières, 1998
33 https://www.gouvernement.fr/partage/9795-premiere-loi-garantissant-le-paiement-du-salaire-des-ouvriers-et-employes-a-intervalles-reguliers
34 http://jerhai.free.fr/classes_sociales.html
35 Marx Karl et Engels Friedrich "Le manifeste du parti communiste" (1848), traduit par Emile Bottigelli, éditions Flammarion, 1999

sistance et c'est là le poids de son esclavage[36]. Le monde ouvrier en devenir s'est progressivement organisé et structuré. Il a pris conscience que collectivement, il représentait une force. Ces trois émeutes étouffées dans le sang que sont, la révolte des canuts, la fermeture des Ateliers nationaux, et l'insurrection de la Commune de Paris, marquent les débuts, malgré la répression des pouvoirs en place, de la structuration du mouvement ouvrier. La loi sur le droit de grève et le texte sur l'existence possible des syndicats permettent aux ouvriers de posséder un moyen de pression sur le patronat. Cet état de fait est envisageable grâce à la suppression du délit de coalition et l'instauration du droit de grève porté par la loi Olivier du 24 mai 1864 déjà citée. Un peu plus tard, en 1884, la loi Waldeck-Rousseau autorisera les syndicats en France. Des tentatives d'émancipation de la classe ouvrière prennent corps au fil des conflits et des grèves. Ces luttes vont porter leurs fruits petit à petit et vont constituer sur le long terme ce qu'on appellera plus tard les acquis sociaux. Mais avant que ce rapport de force permanent entre patrons et syndicats ne donne quelques résultats pour les ouvriers, certains patrons se sont lancés dans une gestion paternaliste de leur entreprise[37]. Cette initiative du patronat est à chercher dans la montée en puissance du capitalisme et la nécessité de trouver toujours plus de main-d'œuvre pour faire tourner les entreprises. Certains patrons vont s'engager dans la mise en place d'une sorte de paternalisme pour attirer et stabiliser des travailleurs dans le cycle de production. Pour ce faire, ils vont proposer des logements aux ouvriers. Ils vont même aller jusqu'à mettre en place une caisse de maladie et une caisse de retraite pour le personnel de leur entreprise lorsqu'ils en ont les moyens. La mise en place de ce type de gestion du personnel indique que nous assistons à une évolution. Le manque de main-d'œuvre stable et malléable pousse les entrepreneurs à lâcher du lest et à proposer de meilleures conditions de travail. L'employeur cherche à garder ses bons ouvriers. Tout au long du XIXe siècle, l'exploitation des prolétaires a été maximale puisqu'ils travaillaient de 15h à 18h par jour sans congés, sans

36 https://fr.wiktionary.org/wiki/prol%C3%A9taire
37 https://www.persee.fr/doc/mots_0243-6450_1984_num_9_1_1166

protection ni contre la maladie, ni contre les accidents du travail. De plus, il n'existait pas de caisse de retraite, ni de caisse de chômage. Ces protections se sont mises en place progressivement dans les entreprises paternalistes, mais aussi dans certains corps de l'Etat comme les arsenaux de la Marine nationale. On peut clore ce développement sur ce siècle qui a vécu la première ère industrielle avec l'apparition du chemin de fer, en affirmant que l'encadrement du travail dans les fabriques a été très dur, centré sur la répression et sans compromis. Jusqu'en 1841, personne n'a trouvé à redire sur cette situation où le travail tente de passer de la production artisanale au stade industriel. Tout cela paraît légitime et normal. Les premières remises en cause de cette extraction de plus-value intensive sur le travail des ouvriers émergent à Lyon, comme nous l'avons souligné précédemment. Les instances politiques de la Troisième République vont être secouées par ces conflits incessants entre la bourgeoisie et le monde du travail. Le pouvoir politique prend souvent fait et cause pour les intérêts des dirigeants patronaux. Si l'armée est intervenue à Lyon pendant la révolte des canuts, elle a aussi pris position dans d'autres mouvements notoires.

Citons en premier lieu, près de Valenciennes, dans le Nord, le mouvement des mineurs d'Anzin qui a duré 56 jours et regroupé plus de 10 000 ouvriers. La grève a été déclenchée parce que la Compagnie des Houillères avait décidé de baisser les salaires et exigeait des mineurs un travail supplémentaire. Le conflit éclate le 21 février 1884 et se poursuit jusqu'au 17 avril. Il était annoncé par ailleurs que l'entretien de la voie ferrée, le matériel et la responsabilité des accidents seraient à la charge des mineurs[38]. La compagnie a tenu et licencié 140 mineurs syndiqués. La troupe fut envoyée et les grévistes qui s'opposèrent furent emprisonnés et condamnés à trois mois de prison. Les mineurs reprirent le travail dans les conditions fixées par la mine. C'est à la suite de ces événements que la loi sur l'autorisation des syndicats fut votée. Emile Zola s'inspira de ce contexte pour écrire son roman Germinal[39].

---

38 Source : Force Ouvrière n° 491, daté du 7 juillet 1955.

39 Zola Emile, "Germinal, éditions livre de poche, 1971

Le 26 janvier 1886, une grève des mineurs éclate à Firmi, Decazeville et Aubin[40] dans la Compagnie des Houillères et Fonderies de l'Aveyron. Ces événements vont permettre au socialisme de faire une percée en France. L'armée envoyée sur place est constituée de 2 000 hommes. Au bout de trois semaines d'arrêt de travail, certains leaders ouvriers sont condamnés pour entrave à la liberté du travail à des peines pouvant aller jusqu'à trois mois de prison. Le patronat demandait par affiche une baisse de 10% des salaires.

Dans le département du Nord, le 1er mai 1891, une grève est déclenchée à Fourmies, près de la frontière belge, pour revendiquer la journée de 8h. Ce sont principalement des employés de l'industrie du textile et du verre qui sont impliqués. L'armée tire sur la foule. Il sera dénombré *9 morts dont quatre jeunes femmes et un enfant. Ces morts, promus martyrs, vont devenir un symbole de la République répressive et de classe.* [41]

À Carmaux des grèves sont déclenchées en 1892. Ce sont ces événements qui auraient influencé Jaurès[42] dans son adhésion au socialisme. Après ces tensions, celui-ci sera élu député du Tarn en 1893 à la place du marquis de Solages. Jaurès est de retour à la Chambre sous l'étiquette "socialiste indépendant". Sur les 3 000 mineurs qui travaillent d'ordinaire à la mine, près de 2 500 sont en grève. Jean Jaurès, à travers ses articles dans La Dépêche, prend fait et cause pour les ouvriers. La grève va durer plus de trois mois. Elle débute le 16 août 1892 et se terminera le 3 novembre avec la victoire des mineurs. Le directeur de la mine est le baron Reille. Le marquis de Solages, son gendre, est aussi administrateur de la mine et élu à la Chambre. Pendant ce mouvement, les grévistes sont soutenus par des aides extérieures. Des souscriptions sont ouvertes dans de nombreuses villes ouvrières. Avec un tel soutien, les mineurs résistent. Le Gouvernement hésite à envoyer l'armée et est interpelé le 18 octobre 1892 à l'Assemblée nationale par Eugène Bodin, député du Cher. Cet élu expose les motifs de la grève et soutient sa légitimité. Ce

---

40 Cassiat Louis, "Germinal en Rouergue, cent ans de luttes ouvrières au pays noir", auto-édition, 1987

41 https://www.histoire-image.org/fr/etudes/1er-mai-1891-fusillade-fourmies

42 Rioux Jean-Pierre (sous la direction de), "Jean Jaurès, l'élu de Carmaux", Paris, édition Perrin, 2014

discours sera entendu par Émile Loubet, Président du Conseil qui finalement donnera gain de cause aux ouvriers. Cette grève peut être considérée comme un temps fort de la lutte pour la liberté d'opinion. Ce mouvement revendicatif avait pour objet la défense du mandat d'un élu travailleur de la mine. Le 15 mai 1892, Jean-Baptiste Calvignac, ouvrier et secrétaire général du syndicat de la mine, est élu maire de Carmaux[43]. Le 2 août, il est renvoyé de la mine pour absence due à son mandat de maire. La grève générale est prononcée. À la mine, Jean-Baptiste Calvignac est ajusteur. C'est lui qui crée le syndicat en 1883. Le 30 octobre 1892, après l'arbitrage de Loubet, Calvignac est réintégré. Le 14 octobre le marquis de Solages démissionne de son mandat de député. Le 8 janvier 1893, Jaurès[44] est élu député à sa place.

A Cluses (Haute-Savoie)[45], dans le contexte de l'époque où des grèves sont déclenchées pour des revendications de salaire, la diminution du temps de travail, le paiement des salaires au mois, contre l'arbitraire des patrons, etc., le 18 juillet 1904, des incidents dramatiques sont relevés. Ces événements, situés dans la vallée de l'Arve sont à relier avec la particularité de cette région, centrée sur de petites entreprises spécialisées dans la sous-traitance de l'Horlogerie Suisse et en pleine conversion vers l'activité de décolletage. Ce changement d'activité, passant d'un mode de production artisanal à un mode de production industriel, a eu pour corollaire le développement d'un syndicalisme actif et d'une sensibilité politique. Cette dernière s'est concrétisée par la construction d'une liste d'opposition ouvrière face à la liste habituelle des notables en place aux élections municipales de Cluses. Cet état de fait a eu pour conséquence la mise en ballotage de la liste habituelle. Cette dernière a finalement remporté les élections le 8 mai 1904. Mais non content de ce résultat, le patron de l'horlogerie Claude Crettiez a licencié les 7 salariés qui ont osé se présenter sur une liste d'opposition. Cette initiative a engendré le déclenchement d'une grève longue de plus de deux mois[46], à la

43 https://www.parti-socialiste.fr/jean-jaures-la-victoire-ouvriere-de-carmaux-donnera-un-elan-nouveau-a-la-democratie/
44 Ibid (Rioux)
45 Perret Gilles (réalisateur), Ferrari Fabrice (producteur), "De mémoire ouvrière", film documentaire de 1 heure 19, sorti le 21 février 2012
46 arveagauche.fr (05/2019)

fois dans l'entreprise concernée par les licenciements, mais aussi dans les autres petites entreprises de ce bassin d'emploi. Les 4 fils Crettiez élus sur la liste des notables tirent dans la foule d'environ 400 personnes lors d'un rassemblement de grévistes face à leur entreprise le 18 juillet 1904, faisant 3 morts parmi les ouvriers et 39 blessés. Les 4 frères sont arrêtés et la foule se venge en incendiant leur usine et leur logement. L'armée est envoyée sur place avec la présence du 30ème régiment annécien[47]. L'affaire se termine en novembre 1904 devant la cour d'assises avec l'intervention d'Aristide Briand, avocat, député socialiste et proche du syndicalisme révolutionnaire à ce moment. Il va soutenir les ouvriers impliqués. Ces derniers vont être acquittés car Briand prouve la préméditation pour les tirs. Les frères Crettiez sont condamnés à des peines allant de huit mois à 1 an de prison. Il est à relever dans ces incidents entre patrons et ouvriers en grève que ce n'est cette fois pas l'armée qui tire sur la foule, mais les patrons eux-mêmes. Ces faits n'ont abouti qu'au renforcement du mouvement ouvrier dans cette région.

Sur un autre registre, on ne peut pas passer sous silence ce qu'il est advenu dans le midi à propos du vin. A l'Assemblée nationale, le 29 juin 1907, Jaurès qualifie ces troubles[48] *d'un des plus grands événements sociaux qui se soient produits depuis trente-cinq ans.* Avec la maladie du phylloxéra, le vignoble de l'Ile de France a disparu. Il ne reste en métropole que les vignerons du sud-ouest qui peuvent encore faire face à la situation. L'État favorise l'importation de vin d'Algérie qui déstabilise le marché et pousse à la fraude. Cette décision crée une crise économique dans le Languedoc-Roussillon. Les viticulteurs manifestent. Le premier rassemblement a lieu à Narbonne le 5 mai 1907 et regroupe de 80 000 à 100 000 manifestants[49]. Le maire de la ville, Ernest Ferroul, prend position pour les viticulteurs. Le 12 mai une manifestation rassemble 150 000 personnes à Béziers et regroupe des citoyens venus de plus de 200 communes. Le 26 mai, 250 000 manifestants se rassemblent à Carcassonne. L'apo-

47 ledauphine.com
48 http://www.vin-terre-net.com/autour-du-vin/216-1907-histoire-revolte-midi-vignerons-marcelin-albert-ferroul
49 https://www.syndicatdesvigneronsdelaude.com/notre-histoire/la-crise-de-1907/

gée de la contestation vigneronne est atteinte à Montpellier avec la présence dans la rue de 600 000 à 800 000 personnes. Faute de réaction du Gouvernement face à la fraude organisée dans le milieu de la production du vin, le maire de Narbonne, Ernest Ferroul, annonce devant une assemblée de 10 000 personnes qu'il démissionne. Il sera suivi par la démission de 600 conseils municipaux. Le responsable du Gouvernement, Clémenceau, menace puis envoie l'armée[50]. Le 17 juin, 22 régiments d'infanterie et 12 régiments de cavalerie occupent le midi. Le 19 juin, le docteur Ferroul est arrêté par l'armée. Cette arrestation, ajoutée à celles d'autres leaders du groupe appelé « comité d'Argeliers »[51] lancé par Albert Marcelin, provoque un climat insurrectionnel. La foule entrave la progression des gendarmes en se couchant par terre. L'armée tire sur la foule. Il est déploré 2 morts. Le 20 mai, la tension monte encore, les troubles s'accentuent dans plusieurs villes. L'armée tire une nouvelle fois, faisant 5 nouvelles victimes. Le 22 juin, les obsèques d'une jeune fille tuée rassemblent 10 000 personnes. Cette cérémonie marquera la fin des grands rassemblements. Au terme de ce conflit, une loi est votée, protégeant les vins naturels contre les vins trafiqués. Dans la foulée, le 21 octobre 1907, le Service de la Répression des Fraudes est institué par décret.

Au regard du rappel de ces quelques confits sociaux d'ampleur, force est de constater que les pouvoirs publics prennent, dans un premier temps, fait et cause pour la communauté des employeurs propriétaires des moyens de production. Les élus de la République sont pour la majorité d'entre eux issus de ce monde. Toutefois, nous allons assister à des changements en faveur des actifs au travail. Abordons maintenant ces évolutions législatives qui vont limiter les prérogatives des employeurs et donner un peu plus de liberté aux travailleurs.

50 https://www.lexpress.fr/region/la-revolte-des-gueux_473955.html

51 http://www.belcaire-pyrenees.com/article-argeliers-et-la-crise-viticole-de-1907-123902469.html

II - L'éveil de l'encadrement progressif du travail dans l'intérêt des prolétaires

Dans cette deuxième partie, nous allons assister aux premières initiatives de construction d'une protection sociale liée au travail.

L'industrialisation s'est réalisée avec un apport massif d'ouvriers : en 1886, ce nombre s'élève à 3,5 millions. En 1911, ce chiffre a pratiquement doublé puisqu'il atteint 6 millions[52]. La fin du XIXe siècle va être marquée par des acquis à l'encontre de la toute-puissance du patronat : le 19 mai 1874, la loi institue un service de 15 inspecteurs départementaux qui devront être financés par les conseillers généraux, mais à l'initiative de ceux-ci[53]. Ensuite, nous l'avons déjà citée, la loi instaurant la liberté syndicale, dite loi "Waldeck-Rousseau", permet l'existence des associations ouvrières et patronales. En 1890, avec la suppression du livret ouvrier, il s'est mis en place le 1er mai, la première organisation internationale de la fête du Travail. Suite à un mouvement de grève dans les mines, la première convention collective française, appelée "Convention d'Arras[54], a été signée le 29 novembre 1891 entre les syndicats de mineurs et la compagnie des houillères du Pas-de-Calais. Les 7 et 8 février 1892, les représentants ouvriers et syndicaux réunis en congrès sous la présidence de Fernand Pelloutier (1867-1901) à Saint-Etienne créent la Fédération des Bourses du travail[55]. Celle-ci affirme pleinement son indépendance vis-à-vis des municipalités et de l'État. Les bourses du travail permettent aux syndicats d'avoir un local pour exercer leurs activités. En premier lieu, elles sont un bureau de placement des ouvriers en recherche d'emploi. Mais, elles peuvent s'occuper aussi d'un soutien à un ouvrier malade, de l'organisation de caisses pour subventionner un

---

52 Willard Claude-Jacques (sous la direction de), "La France ouvrière des origines à 1920", tom I, éditions sociales, 1993

53 https://leblogbref.wordpress.com/2017/05/19/ca-sest-passe-le-19-mai-1874/

54 histoire-socialiste.over-blog.fr/article-chronologie-indicative-de-l-histoire-du-mouvem...

55 Trempé Rolande, "Solidaires : les bourses du travail", Paris, Scand éditions, coll. « Racines du futur », 1993

mouvement de grève ou préparer une réunion publique. Les bourses du travail se sont aussi impliquées dans les mouvements d'éducation populaire. De 1892 à 1902, dans les villes, les bourses du travail passent de 22 à 86[56].

Le 2 novembre 1892, une loi limite et réglemente le travail des femmes et des enfants et organise le corps des inspecteurs du travail qui, cette fois, va être financé par l'État[57]. Le 27 décembre 1892 est promulguée une loi sur la conciliation et l'arbitrage facultatif en matière de différends collectifs entre patrons et ouvriers ou employés. Cela constitue une tentative de mise en place de procédures de règlement pacifique des conflits collectifs du travail. Le 12 février 1893 se réunit un congrès fédéral des bourses du travail à Toulouse[58]. Le 12 juin 1893 est votée une loi sur la sécurité et l'hygiène au travail. Du 23 au 28 septembre 1895 a lieu à Limoges le congrès constitutif de la Confédération Générale du Travail (CGT)[59]. Celui-ci prévoit l'adhésion à la CGT de l'ensemble des institutions déjà existantes que sont les bourses du travail, les fédérations nationales des bourses du travail, les syndicats nationaux et locaux, les unions et fédérations, locales et départementales des métiers de l'industrie. Avant la Première Guerre mondiale, la CGT est un syndicat d'action directe, favorisant la grève et militant pour la grève générale. La CGT se veut révolutionnaire et revendique son indépendance vis-à-vis des partis politiques. En 1912, la CGT recense 700 000 membres sur les 7 millions de salariés que compte le pays.

Sur le plan international, des contacts multiples aboutissent à la création de la Première Internationale le 28 septembre 1864 à Londres[60]. Cette association s'est donnée pour mission de coordonner le développement du mouvement ouvrier dans les pays européens en passe de s'industrialiser et d'abolir le salariat. En

---

56 https://journals.openedition.org/chrhc/2360

57 https://travail-emploi.gouv.fr/IMG/pdf/Loi_du_2_novembre_1892.pdf

58 http://www.antimythes.fr/individus/pelloutier_fernand/pf_histoire_bourse_1893.pdf

59 https://boursedutravail-paris.fr/histoire/23-28-septembre-1895-congres-de-limoges

60 https://www.retronews.fr/edito/28-septembre-1864-naissance-de-lassociation-internationale-des-travailleurs

1869, un conflit divise le mouvement. Karl Marx penche pour une gestion centralisée de l'association et les anti-autoritaires autour de Mikhaïl Bakounine ne le souhaitent pas. Ce dernier est exclu au congrès de La Haye qui s'est tenu du 2 au 7 septembre 1872[61]. La même année, au congrès de Saint-Imier des 15 et 16 septembre 1872, Bakounine et d'autres dissidents vont être à l'initiative de l'Association Internationale anti-autoritaire. La Première Internationale est dissoute en 1876. Elle sera remplacée par l'Internationale Ouvrière en 1889, appelée aussi Deuxième Internationale ou Internationale socialiste dont un des leaders est Friedrich Engels. Cette entité va perdurer jusqu'à la Première Guerre mondiale (1916).

Sur le plan national, pendant cette période charnière entre le XIXe et le XXe siècle, la vie politique est en pleine effervescence. Des forces poussent pour que soit créé un ministère du Travail. Celui-ci sera effectif en 1906. Il prend racine d'abord en 1848 avec la création le 28 février de la Commission du Gouvernement pour le Travail, dite Commission du Luxembourg[62]. C'est la première administration du travail qui voit le jour en France. Le 19 mai 1874, une deuxième loi sur le travail des enfants est adoptée. Le 22 janvier 1891 est créé un organe consultatif appelé "Conseil Supérieur du Travail". Cette structure sera complétée le 21 juillet 1891 par l'Office du travail[63]. Le corps de l'Inspection du travail sera effectif le 2 novembre 1892. A partir de 1894, un service chargé de la prévoyance sociale se met en place. Avant la création du futur ministère du Travail, nous avons relevé qu'entre 1891 et 1906, 16 ministres se sont succédé à la tête de ce qu'il était convenu d'appeler à l'époque, le Département du Commerce et de l'Industrie chargé du travail. Finalement, René Viviani est nommé ministre du

61 https://www.persee.fr/doc/rbph_0035-0818_1975_num_53_4_5536_t1_1353_0000_2

62 https://www.larousse.fr/encyclopedie/divers/Commission_du_Luxembourg/114239

63 https://travail-emploi.gouv.fr/publications/Revue_Travail-et-Emploi/pdf/22_2255.pdf

Travail et de la Prévoyance Sociale par Clémenceau le 25 octobre 1906[64].

Nous avons avancé que le contrat de louage a perduré tout au cours du XIXe siècle, mais comment est-on passé au contrat de travail salarié ? Ou, pour le dire autrement, comment est-on passé d'une légitimité à une autre entre ces deux contrats ? Avant 1900, le contrat de louage était considéré comme l'unique forme de contrat. Dans une majorité de situations, pour ce qui concerne son fonctionnement, en particulier dans les fabriques, mais aussi dans les campagnes, il s'agissait de produire et d'être payé à la pièce. Le plus souvent, il y avait un ouvrier principal qui se chargeait de négocier un prix à l'unité avec un marchand. Ensuite, ce dernier s'occupait de recruter et de payer ses auxiliaires[65]. Toutefois, il était soutenu que la discussion entre employeur et employé était un échange entre égaux. Remettons-nous dans le contexte de cette période. La société française des dominants était constituée majoritairement de rentiers et de petits propriétaires protégés par les revenus de leurs biens. Ils payaient leurs employés au jour le jour et à la tâche et tentaient en permanence de négocier le prix du travail au plus bas. Ces personnels n'avaient ni vacances, ni chômage, ni retraite, ni sécurité sociale. Une maladie ou un accident, et la vie basculait.

L'évolution vers le salariat s'effectue petit à petit. Le point de départ de la construction du contrat de travail salarié est à rapprocher de la loi sur la reconnaissance de la responsabilité de l'employeur en matière d'accident du travail du 9 avril 1898[66]. Avant cette date, lorsque survenait un accident au travail, c'était à l'ouvrier d'apporter la preuve que l'employeur était en tort (Code civil, art. 1382). D'après les archives de l'époque, celui-ci n'y arrivait qu'une fois sur cinq. La d'avril 1898[67] introduit deux nouvelles dérogations par rapport au droit commun. Elle installe

64 https://www.gouvernement.fr/partage/9645-clemenceau-cree-par-decret-le-premier-ministere-du-travail-et-de-la-prevoyance-sociale-dont-le

65 Ditry Claude, "L'institution du travail, droit et salariat dans l'histoire", éditions La dispute, 2016, p. 48

66 Bulletin de l'Inspection du travail, n° 2, 1898, Loi du 9 avril 1898 sur les responsabilités des accidents dont les ouvriers sont victimes dans leur travail

67 https://travail-emploi.gouv.fr/IMG/pdf/Le_droit_des_accidents_du_travail_au_XIXe_siecle.pdf

la notion de "responsabilité sans faute" et l'idée de "la réparation forfaitaire". Il aura fallu 18 ans de discussions et 5 ans de navettes entre les assemblées de la République pour que ce texte aboutisse.

Lorsque le contrat de travail est reconnu par les pouvoirs publics comme un contrat de subordination entre un employeur et un salarié, le droit du travail en devenir est censé rééquilibrer l'inégalité entre les parties. Dans ce contexte, au début du XXe siècle paraissent des lois qui vont dans ce sens. En 1900, la loi Millerand abaisse à onze heures la durée du travail journalier, soit 70 heures par semaine[68]. En 1906 est instauré un repos hebdomadaire obligatoire de 24 heures. C'est aussi en 1906 que le nouveau ministère du Travail est à la manœuvre. Pour commencer, il se lance dans l'instauration de la base d'un futur dialogue social avec la mise en place de la parité entre employeurs et salariés au Conseil de Prud'hommes. Cette démarche va aboutir au vote de la loi du 17 mars 1907. Il s'ensuit plusieurs autres textes législatifs. Il s'agit de la loi du 13 juillet 1907 qui donne aux femmes le droit de disposer de leur salaire, de la loi du 7 décembre 1909 obligeant l'employeur à verser régulièrement le salaire en monnaie légale, de la loi du 5 avril 1910[69] sur les retraites ouvrières et paysannes et enfin de la loi du 28 décembre 1910 créant le Code du travail.

Nous sommes à ce moment au début de la construction du contrat de travail salarié qui gagnera progressivement en légitimité.

De 1898 à 1914, la lutte des classes se poursuit. La CGT attend le grand soir. Le droit du travail se regroupe dans un ouvrage officiel, en miroir au Code civil paru un siècle plus tôt. Ce rassemblement se fait en quatre temps. D'abord, il y a eu le livre I en 1910, consacré aux contrats de travail. Viendra ensuite, en 1912, le livre II relatif aux conditions du travail. Il faudra attendre l'après-guerre en 1925 pour que soit édité le livre IV sur les Prud'hommes et la défense des salariés et 1927 pour la paru-

---

68 https://www.ihscgtaquitaine.org/ihsa/actualite/28/56-reperes-historiques-sur-les-grandes-etapes-de-la-reduction-du-temps-de-travail-.html
69 https://travail-emploi.gouv.fr/IMG/pdf/Loi_sur_les_retraites_ouvrieres_et_paysannes-3.pdf

tion du livre III sur les conventions collectives[70]. Précisons encore que le 20 août 1914 est créé un Fonds National du Chômage[71]. Il sera suivi par la mise en place, le 26 octobre 1914, d'un Office Central de Placement des Chômeurs et des Réfugiés[72]. Nous arrivons au tournant de la guerre de 1914-1918. A la veille du premier conflit mondial, la CGT rejoint l'effort de guerre. Le grand soir est arrivé en Russie avec la Révolution de 1917. Il n'y a plus de patrons. Les outils de production sont collectivisés et le système communiste, avec la dictature du prolétariat, prend sa place.

A la veille de la guerre, le contenu du contrat de travail salarié est encore loin de celui que nous connaissons aujourd'hui. Le régime des retraites de l'époque, mis en place par la loi du 5 avril 1910[73], ne concerne pas les mineurs qui bénéficient d'un régime spécifique depuis 1894[74]. La loi portée par le solidariste Léon Bourgeois (1851-1925), qui a été Président du Conseil du 1er novembre 1895 au 23 avril 1896, aboutit à un système de retraite par capitalisation géré par l'État pour les ouvriers et les paysans[75]. Ce système s'applique à toutes les personnes salariées qui ont un revenu annuel inférieur à 3 000 francs. Il est facultatif pour les paysans (fermiers, métayers, cultivateurs) et pour les salariés au revenu supérieur à 3 000 francs. La retraite est fixée à 65 ans. C'est au-dessus de la durée de vie moyenne de la population à cette date. Les patrons jouent le jeu. Les syndicats s'opposent à cette mesure. Les commerçants et les paysans n'y adhèrent pas. Quant aux autres risques de l'existence attenants au contrat de travail, ils ne sont pas encore en place ; nous voulons parler du chômage et de la maladie. Toutefois, l'invalidité et les accidents liés au travail ont trouvé une réponse avec la loi de 1898. Le système mis en place pour les retraites

---

70 https://fr.wikipedia.org/wiki/Code_du_travail_(France)

71 http://www.clesdusocial.com/20-aout-1914-la-creation-de-l-allocation-chomage

72 http://www.hommesetmigrations.fr/docannexe/file/2130/dossier_1263_dossier_1263_10_25.pdf

73 https://www.persee.fr/doc/rfsp_0035-2950_1991_num_41_5_394588

74 https://retraitesolidarite.caissedesdepots.fr/node/100/114

75 https://dumas.ccsd.cnrs.fr/dumas-01120275/document

n'a pas tenu pour cause de guerre. Les ouvriers et les paysans partis pour le front ne cotisaient pas.

Sur le plan global de la protection sociale française à ses débuts, citons plusieurs passages de l'ouvrage[76] "Se protéger et être protégé, une histoire des assurances sociales en France" : *A la veille de la Première Guerre mondiale, la protection sociale française, entendue dans son sens le plus extensif de réduction et de socialisation des incertitudes de l'existence, ou comme une protection contre les risques socialement identifiés et individuellement perçus (invalidité, accident, chômage, maladie, vieillesse), était foisonnante*. Nous avons relevé encore à propos de la protection sociale : *Elle formait un assemblage composite de lois sectorielles, mesures protectrices ou auto-protectrices et de régimes spéciaux (la vieillesse étant le risque le plus couvert), impliquant des logiques, des organismes et des dispositifs de nature très différente, etc.*. Finalement, avant que la guerre de 1914 n'éclate, les systèmes de prévoyance étaient non contraints. *Grâce à la stabilité monétaire d'avant-guerre et à l'inexistence de l'inflation depuis 1814, pour la bourgeoisie (rentiers, entrepreneurs, professions libérales, fonctionnaires de rang élevé, etc.) la protection sociale était indolore.* La bourgeoisie avait la particularité à la Belle Epoque de ne pas payer d'impôts ni sur les successions, ni sur le revenu. Un changement est intervenu avec la loi du 15 juillet 1914 qui institue l'impôt sur le revenu.

A l'autre bout de l'échiquier, pour les "petites gens", l'épargne était, sauf exception, hors de portée. Cette impécuniosité était souvent reprochée aux personnes de revenus modestes par la bourgeoisie dominante.

Le relevé de ces différents éléments nous permet de mettre en perspective le contexte de la laborieuse construction de la protection sociale pour les plus démunis. Celle-ci va, au fil du temps, s'installer en passant principalement par l'évolution du contrat de travail. Avant 1914, il est clair que la protection so-

---

76 Dreyfus Michel, Ruffat Michel, Viet Vincent et Votman Danièle, "Se protéger, être protégé, une histoire des assurances sociales", Presses universitaires de Rennes, 2006, p. 19

ciale existante bénéficie d'abord aux couches les plus aisées de la société.

Nous sommes maintenant arrivé au terme de notre chapitre 1. Comme annoncé, nous l'avons consacré d'une part, à l'émergence de la classe ouvrière et de son encadrement, et d'autre part, aux prémices de sa protection sociale. Pour poursuivre dans l'histoire de l'évolution des formes d'emplois, nous allons cette fois nous concentrer sur les nouvelles légitimités qui s'installent progressivement dans l'encadrement des ouvriers et la mise en place de leur protection sociale. Nous allons, dans ce nouveau chapitre, balayer la période qui s'étend de la sortie du premier conflit mondial à la crise économique des années 1973. Tout ce temps correspond à la montée en puissance du contrat de travail salarié, nouvelle enveloppe du travail qui va s'imposer graduellement dans la majorité des formes d'activités professionnelles existantes en France.

Chapitre 2
La montée en puissance du contrat de travail salarié

Dans ce nouveau chapitre, nous allons développer notre propos en quatre phases. La première va être consacrée à ce qui s'est passé autour de l'évolution du contrat de travail de la guerre de 1914-1918 aux accords de Matignon en 1936. La seconde temporalité va se focaliser sur l'arrivée du deuxième conflit mondial et la période de Vichy. La troisième phase va être centrée sur le temps présent intermédiaire (juin 2018), ceci afin de respecter notre choix d'organiser une mesure de l'évolution du travail et de son encadrement à court terme entre juin 2017, prémisses de la rédaction de ce livre, et décembre 2019, terme de cet écrit. Nous finirons ce deuxième chapitre par la période qui va de la fin des hostilités de la guerre 1939-1945, au crépuscule des Trente Glorieuses (1973). Cette période constitue le creuset de la montée en puissance du contrat de travail salarié qui devient hégémonique et peut être considéré comme une partie visible et concrète du rapport de pouvoir que se livrent les forces du travail et du capital. Comme annoncé, abordons note première phase.

I - De la guerre 14-18 aux "accords Matignon", le contrat de travail salarié en mutation

Pendant la Première Guerre mondiale en France, c'est l'union nationale. Les hommes sont au front et les femmes remplacent les hommes dans les usines d'armement, avec des contrats de travail salarié couvrant les obligations légales du moment et des journées à l'usine dépassant les 10 h. Au sortir des hostilités, l'addition est lourde[77]. Alain Supiot, en se référant à ce conflit, parle de guerre totale, avec une implication sans précédent des

77 Robert J.-L. (dir.), "le XXe siècle" tome II, histoire contemporaine, collection Grand amphi, éditions Bréal, 1985.

peuples[78]. Au soir de l'armistice du 11 novembre 1918, on dénombre autour de 20 millions de morts dont 10 millions de soldats et près de 9 millions de civils. En France, 10% de la population active a disparu[79]. En 1918, un autre fléau s'est abattu sur le front, la grippe espagnole, qui a fait un million de victimes (165 000 en France)[80]. Les gueules cassées (défigurés, amputés, handicapés, aveugles, gazés ou invalides), qui sont revenues vivantes de la boucherie, sont évaluées à environ 300 000. A ce chiffre, il faut ajouter 2 800 000 blessés en France[81].

Les conséquences sociales de cet embrasement guerrier sont pour le moins multiples. Il faut venir en aide aux invalides et aux blessés. Il se met en place un déséquilibre numérique entre les hommes et les femmes et un déficit des naissances. Le paysage démographique est modifié. On fait venir des étrangers pour pallier les morts dans les tranchées. Il faut verser une pension d'invalidité aux veuves et aux orphelins. Beaucoup de "gueules cassées" seront internées à vie en lien avec leurs traumatismes psychologiques. Selon Georges Clémenceau, la France aurait été décimée sans l'aide de ses colonies.

Le travail va reprendre dans les usines pour les hommes valides revenus du front. Dans les grandes firmes, de nouvelles méthodes de production sont apparues aux États-Unis autour de la Première Guerre mondiale sous l'impulsion de F. W. Taylor (1856-1915). Il s'agit de l'introduction du chronomètre et du découpage des tâches dans l'organisation scientifique du travail (OST). Avant Henry Ford, ce n'est pas très connu, mais, le développement du travail parcellisé débute, selon Jean-Baptiste Malet[82], aux États-Unis dans la compagnie de Henry John Heinz fondée en 1869. Cette dernière fera faillite. Mais, une autre entreprise va voir le jour en 1876, la "Heinz Compagnie". Cette

---

78 https://www.college-de-france.fr/site/alain-supiot/6-La-mise-a-mal-du-travail.htm

79 https://www.futura-sciences.com/sciences/questions-reponses/epoque-contemporaine-ete-bilan-premiere-guerre-mondiale-5431/

80 http://sante.lefigaro.fr/actualite/2014/04/29/22281-lorigine-virus-grippe-espagnole-1918-enfin-precisee

81 http://www.cndp.fr/entrepot/index.php?id=52

82 Malet Jean-Baptiste, "L'empire de l'or rouge, enquête mondiale sur la tomate industrielle", éditions J'ai lu, octobre 2018, pp. 58-68

société basée à Pittsburgh va produire des boîtes de baked beans à la sauce tomate. Dès 1897, le sertissage des boîtes fût automatisé. En 1905, Heinz vendait un million de bouteilles de ketchup et deux ans plus tard, 12 millions. Ce n'est que quelques années après qu'Henry Ford (1863-1947) améliore encore le potentiel de sa production, avec sa mise au point du travail à la chaîne sur sa ligne de fabrication de voitures (la Ford T) et le paiement de bons salaires. En 1914, dans son usine de Highland à proximité de Détroit, il sortait autour de 4 000 véhicules par jour. Entre 1908 et 1927, il en produira 16,5 millions[83]. Henry Ford s'est inspiré de ce qu'il a vu dans les abattoirs de Chicago et de Cincinnati où ce type d'organisation existait depuis les années 1870. En avril 1911, Louis Renault (1877-1944)[84] va aux États-Unis étudier les méthodes américaines. A la suite de ce voyage, il lance en 1922 sa première chaîne de montage moderne et démarre en 1929, sur l'île Seguin à Boulogne-Billancourt, sa grande usine de fabrication. Celle-ci va devenir rapidement le symbole et l'emblème du progrès industriel ainsi que des luttes sociales en France. Ces nouvelles formes d'organisation du travail seront appliquées dans les usines d'armement pendant le premier conflit mondial. Cette nouvelle organisation du travail va s'imposer progressivement dans le pays entre 1920 et 1940. Louis Renault est l'un des premiers leaders nationaux de l'industrie automobile française à adopter ces nouvelles méthodes de production et de management dans ses usines. Le fief Renault est considéré par beaucoup comme le moteur industriel de la France entre les deux guerres. Cette entreprise, au départ familiale, va devenir par la suite une multinationale s'appuyant sur une production standardisée. Elle va rechercher tous les gains de temps possibles en utilisant le chronomètre pour limiter les coûts. Elle va aussi mettre en place la séparation entre les tâches de conception et d'exécution. Elle va appliquer par ailleurs la logique du "the one best way". Finalement, le monde industriel français suit, là où c'est possible, l'exemple de Renault importé des États-Unis. Non seulement exploité, le monde ouvrier va

83 https://www.capital.fr/economie-politique/ford-t-1908-les-debuts-epiques-de-la-production-de-masse-528997
84 http://www.designmoteur.com/peugeot-renault-citroen/

aussi pour une partie s'avilir dans des tâches basiques et répétitives. Les ouvriers spécialisés (OS) ne sont plus spécialistes que dans une seule tâche d'exécution. On demande à ces salariés de base de laisser leur cerveau au vestiaire. C'est à cette période que le monde du travail s'organise entre cols bleus et cols blancs. La conception, les cadres, l'élite (ingénieurs et bureaux d'étude) sont en blanc et l'exécution, la classe ouvrière (ouvriers spécialisés, OS et ouvriers qualifiés, OQ) sont en bleu.

La guerre terminée, la lutte des classes reprend. L'élément nouveau est l'existence de l'Union soviétique, apparue depuis la prise du pouvoir par les bolcheviks en 1917 en Russie. Cet état de fait prouve au monde que le prolétariat peut prendre les commandes et qu'il est capable d'organiser le fonctionnement de la société autrement. La révolution de 1917 porte Lénine (1870-1924) au pouvoir. Ce dernier installe la dictature du prolétariat. En 1924, lorsque celui-ci meurt, Staline (1878-1953) prend sa place. Il commence par faire éliminer tous ses opposants et, à partir de 1928, il instaure un pouvoir personnel totalitaire fondé sur la terreur. Au regard de ces faits, le communisme n'est plus une utopie, il existe, mais d'une drôle de façon. Sur cet élan naît le parti communiste français. Le 30 décembre 1920, au congrès de Tours, le rassemblement des socialistes de la Section française de l'internationale ouvrière (SFIO) décide majoritairement de rejoindre le Komintern fondé en 1919 par Lénine[85]. Ce nouveau parti porte aussi le nom d'Internationale communiste (IC). En France, il va s'appeler Section française de l'internationale communiste (SFIC) ou PC. Les forces politiques de Gauche, qui montent en puissance après la Première Guerre mondiale, vont avoir un impact sur les conditions du travail en France. Ce ne sont plus seulement les ouvriers qui débrayent, ni les syndicats qui tentent de structurer et organiser des manifestations. Pour faire aboutir les revendications, le PC devient désormais une nouvelle force d'action. Il se met progressivement en place un mouvement politique qui veut renverser le pouvoir. Pour l'heure, celui-ci est minoritaire. Aux élections législatives de

---

85 https://www.lelivrescolaire.fr/manuel/1189304/histoire-geographie-3e-2016/chapitre/1189337/democraties-et-totalitarismes-dans-lentre-deux-guerres/page/1189343/la-c

1919, l'union sacrée a volé en éclats[86]. La France n'a pas organisé d'élections depuis 1914 et au sortir de la guerre, elle est ruinée car le coût du conflit est estimé à 177 milliards de francs-or. Il existe désormais un bloc national républicain mené par Georges Clémenceau (1841-1929) qui rassemble les droites et fait campagne sur le danger bolchévique et les dommages de guerre que l'Allemagne devrait payer. Ce groupe remporte les élections avec 436 députés contre 180 à la Gauche élargie. L'assemblée prend à ce moment le nom de « Chambre bleu horizon ». Par la suite, l'Allemagne refuse de payer. Ce fait oblige le Gouvernement à faire voter une augmentation drastique des impôts pour pouvoir rembourser les dommages de guerre. Des grèves éclatent en juin 1919, qui font 2 morts, 300 blessés et 150 000 cheminots sont révoqués[87]. Face à la colère des citoyens, les gouvernements du bloc national se succèdent : Alexandre Millerand (1920), Georges Leygues (1920-1921), Aristide Briand (1921-1922) et Raymond Poincaré (1922-1924). Ils essayent tous de mener une politique nationaliste[88]. Dans le même temps, la Gauche se divise entre les antibolchéviques et les pro. Le parti communiste suit les prérogatives de Lénine. La SFIO, dirigée par Léon Blum (1872-1950), garde sa ligne[89]. Ce parti du mouvement ouvrier est né à Paris en 1905 de l'union des forces socialistes du PSDF, dont l'un des leaders est Jules Guesde (1845-1922), et du PSF, créé par Jean Jaurès (1859-1914) en 1902. Jaurès prend le leadership de ce nouveau rassemblement socialiste jusqu'à son assassinat le 31 juillet 1914 à proximité du siège de son journal l'Humanité qu'il a créé en 1904[90]. Avant de se lancer en politique, Jean Jaurès est professeur de philosophie au lycée d'Albi. Il est sorti major de sa promotion de l'École Normale Supérieure. Il sera nommé par la

---

86 Berstein Serge, "Histoire du Parti Radical", Vol 1 : La recherche de l'âge d'or, 1919-1926, éditeur : Presse de Science Po, 1980
87 http://www.gauchemip.org/spip.php?article15620
88 https://blogs.mediapart.fr/patrick-cahez/blog/110617/en-1919-le-grand-renouvellement-de-la-chambre-bleu-horizon-aux-legislatives
89 https://www.cairn.info/revue-histoire-politique-2008-2-page-8.htm
90 https://www.lesechos.fr/2014/07/il-y-a-cent-ans-jean-jaures-etait-assassine-307345

suite maître de conférences à la faculté de Toulouse après avoir soutenu ses thèses.

Dans les années d'après-guerre, avec la scission entre la mouvance réformiste et les prorévolutionnaires, la vie de la Gauche politique navigue entre une position de clivages et l'union des gauches[91]. Avec la montée des fascismes dans les années 1930, la situation politique redevient périlleuse. Le 6 février 1934, jour de l'investiture du radical Edouard Daladier à la présidence du Conseil, des émeutes éclatent à Paris suite à l'affaire Stavisky[92] et au limogeage du préfet de police Jean Chiappe[93]. Ce dernier est soutenu par les ligues antiparlementaires (Croix-de-feu du colonel de la Rocque, Action française, Camelots du roi, Solidarité française, Jeunesses patriotes). Ces événements font autour de 15 morts et environ 1 400 blessés. A la suite de ces troubles, Daladier sera démis de sa présidence et Jean Chiappe sera réintégré à son poste. Cette émeute fomentée par l'Extrême Droite pousse les Gauches à s'unifier contre la montée du fascisme en France. Un accord entre communistes et socialistes est signé en juillet 1935[94]. La crise de 1929, après le krach boursier aux États-Unis, commence à toucher la France à partir de 1931. La grande dépression s'installe aussi en Europe[95]. Le Parti communiste français revoit ses positions et s'affiche nationaliste par l'intermédiaire de son leader Maurice Thorez (1900-1964). Le parti soutient les ouvriers victimes de la crise et de la paupérisation qui sévit. En Allemagne, Hitler (1889-1945) est nommé Chancelier le 30 janvier 1933 et obtient les pleins pouvoirs le 23 mars de la même année. Pendant ce temps, comme nous l'avons déjà précisé, Staline est arrivé aux commandes en URSS à la suite de la mort de Lénine en 1924. Mussolini (1883-1945) quant à lui, prend en main le destin de

91 https://www.cairn.info/revue-vingtieme-siecle-revue-d-histoire-2006-2-page-155.htm

92 http://www.lefigaro.fr/histoire/archives/2019/01/07/26010-20190107ARTFIG00261-affaire-stavisky-la-mort-de-l-escroc-fit-vaciller-la-republique-en-1934.php

93 https://fr.wikipedia.org/wiki/Jean_Chiappe

94 https://fr.wikipedia.org/wiki/Front_populaire_(France)

95 https://books.openedition.org/igpde/194?lang=fr

l'Italie. Il est nommé Président du Conseil le 31 octobre 1922[96]. Voilà résumée à grands traits la situation politique qui s'installe entre les deux guerres.

Le 3 mai 1936, l'alliance des Gauches voit la victoire du "Front Populaire", qui entre en fonction au cours du mois de juin 1936 avec Léon Blum, leader de la SFIO[97], comme Président du Conseil. Cette prise de pouvoir se fait en pleine grève générale avec plus de 1,5 million de grévistes mobilisés et aboutit aux accords "Matignon"[98]. Ces engagements seront signés le 8 juin 1936 entre le Gouvernement et les syndicats. Le 21 juin est promulguée la loi instituant un congé annuel payé de 15 jours dans l'industrie, le commerce, les professions libérales, les services domestiques et l'agriculture. La deuxième promulgation concerne la loi instituant la semaine de 40 heures dans les établissements industriels, les établissements commerciaux et les mines. N'est pas concerné par cette mesure le monde du travail paysan. Le 24 juin, la loi sur les conventions collectives est promulguée. Le 31 décembre 1936, un dernier texte législatif précise les modalités des procédures de conciliation et d'arbitrage dans les conflits collectifs du travail.

Avant ce bond en avant, d'autres avancées ont eu lieu entre la sortie de la guerre et ces accords "Matignon" de 1936. Il y eut, entre autres, pour l'année 1919, la loi relative aux conventions collectives de travail du 25 mars et la loi instituant la journée de 8 heures du 25 avril[99]. Sur un autre registre, le 28 juin, le traité de Versailles institue dans sa partie VIII l'Organisation internationale du travail (OIT)[100] et le Bureau international du travail (BIT). Le 25 juillet est votée une loi relative à l'organisation de l'enseignement technique, industriel et com-

---

96 Milza Pierre, "Le fascisme italien et la presse française, 1920-1940", collection histoire, éditions complexes, 1987

97 https://www.europe1.fr/emissions/Aujourd-hui-dans-l-Histoire/3-mai-1936-le-front-populaire-remporte-les-elections-legislatives-3641912

98 https://www.la-croix.com/France/7-juin-1936-accords-Matignon-2016-06-07-1200766844

99 https://jean-jaures.org/nos-productions/la-loi-du-25-mars-1919-sur-les-conventions-collectives

100 https://www.cairn.info/revue-courrier-hebdomadaire-du-crisp-2016-12-page-5.htm

mercial dite « loi Astier »[101]. Le 5 avril 1928 est acquise une première loi sur les assurances sociales[102]. Le 2 mars 1930 est créée la Direction générale des Assurances sociales et de la mutualité[103]. Le 11 mars 1932 est signée la «loi Landri» prévoyant un financement des allocations familiales par le patronat[104]. Le 15 mai 1934 est créée une Commission nationale des Grands Travaux pour lutter contre le chômage, présidée par le ministre du Travail. Pour clore cette rétrospective non exhaustive de la législation en direction du monde du travail, citons la suppression des 7 offices régionaux de placement le 1er décembre 1935[105].

Mettons en perspective cet intense travail législatif entre les deux guerres en lien avec le contrat de travail salarié et son évolution. La loi, telle qu'on vient de l'aborder, nous indique que ce ne sont pas seulement les personnes salariées qui sont touchées par cette effervescence législative ; les professions libérales, les artisans et les paysans peuvent, au regard de certains textes, être aussi impliqués.

En ce qui concerne le contrat de travail salarié classique et à temps plein, la situation se précise. De 15 h à 18 heures par jour, le droit du travail a permis de passer à 11h en 1900, puis à 8h en 1919. D'aucun congé, on est passé à un repos hebdomadaire d'une journée en 1906. La mise en place des congés payés de 15 jours par an en 1936 est aussi un vrai bouleversement. Le passage de la semaine de 48 heures à 40 heures sans perte de salaire est une véritable évolution pour celles et ceux qui travaillent sous ce type d'engagement professionnel. Avec ce nouveau cadre législatif, la condition humaine des classes labo-

---

101 https://travail-emploi.gouv.fr/IMG/pdf/La_formation_ professionnelle_ dans_le_code_du_travail.pdf

102 https://www.fnasfo.fr/wp-content/uploads/2018/01/16-09-29-les-principales-lois-sociales-en-france-1.pdf

103 https://travail-emploi.gouv.fr/ministere/histoire-du-droit-du-travail/reperes-chronologiques/article/histoire-du-droit-du-travail-de-1841-a-nos-jours

104 http://www.perdre-la-raison.com/2012/03/il-y-80-ans-le-11-mars-1932-les.html

105 Dreyfus Michel, Ruffat Michèle, Viet Vincent et Voldman Danièle, "Se protéger, être protégé, Une histoire des assurances sociales en France", éditions Presses universitaires de Rennes, 2006

rieuses devient progressivement plus tolérable. On est passé du contrat de louage majoritaire dans la première partie du XIXe siècle, sans notion de subordination reconnue jusqu'en 1898, au contrat de travail salarié. Sous ce nouveau contrat, le travailleur est subordonné au patron légalement, avec un encadrement du travail plus favorable au salarié. Au regard des chiffres du recensement[106] de 1851, on peut relever que sur l'ensemble des actifs, y compris les chômeurs et les militaires du contingent, on trouve un ratio de 48,1% de salariés contre 51,7% de non-salariés. Cette donnée s'est inversée par la suite. En 1906, les salariés représentent 57% contre 43%. En 1911, on passe à 59,2% contre 40,8%. En 1936, 62,2% de la population active est passée dans ce qu'il est convenu d'appeler aujourd'hui le salariat. Précisons ce que peut recouvrir ce terme. Selon le dictionnaire[107], le terme "salariat" peut prendre trois significations. En premier lieu : *le salariat est la condition du salarié, personne liée à une autre par un contrat de travail.* En second lieu : *le salariat désigne l'ensemble des salariés par opposition au patronat ou aux professions indépendantes.* Le troisième sens proposé par ce dictionnaire est le suivant : *le salariat est un mode d'organisation du travail basé sur la rémunération de celui qui loue sa force de travail. Le salarié passe un contrat avec son employeur qui peut être un individu, une association, une entreprise, un État... Le contrat se caractérise par un lien de subordination juridique envers l'employeur.* De plus, la définition précise : *En échange du travail effectué, le salarié reçoit une rémunération mensuelle en général, ainsi que le financement de sa protection sociale. Issu de la révolution industrielle le salariat est le mode d'organisation du travail majoritaire dans le capitalisme, on parle de société salariale. En France, la population active est constituée à environ 90% de salariés (65% en 1954).* La définition ajoute : *Les autres sont essentiellement les travailleurs indépendants (exploitants agricoles, artisans, commerçants, professions libérales).* Pour compléter cette défi-

106 Marchand Olivier, "Salariat et non-salariat une perspective historique", Economie et statistique n° 319-320, 1998, 9/10

107 "Toupictionnaire", le dictionnaire de la politique comme il s'affiche sur le web

nition du salariat, l'exigence de trois critères est requise par la jurisprudence pour valider un contrat de travail : *Une prestation de travail réalisée pour autrui, une rémunération en espèces et/ou en nature, un lien de subordination dans l'exécution du travail à un employeur qui a le pouvoir de donner des ordres, des directives, qui peut contrôler l'exécution du travail et sanctionner d'éventuels manquements.*

On peut ajouter à cette définition polymorphe que la situation de subordonné du salarié implique pour lui des protections et pour l'employeur des obligations. Robert Castel (1933-2013)[108], quant à lui, a relevé dans son étude sur ce thème, 11 formes de salariat ou de semi-salariat préindustriel.

Notre propos est de nous focaliser sur le processus de légitimation et de délégitimation, ou pour le dire autrement, de nous centrer sur les processus d'apparition et de disparition des formes d'emploi en France. Nous venons de balayer, au-delà des formes antérieures de travail et d'emploi qui ont existé avant la Révolution, le contrat de louage d'ouvrage et le contrat de travail salarié jusqu'au Front populaire. Au regard de ce que nous avons relevé jusqu'à présent, on peut constater que le passage de l'un à l'autre n'est pas net. L'utilisation de l'expression "contrat de louage" ne disparaît que récemment.

Entre les formes de situations de travail intermédiaire, que Robert Castel cible dans la période préindustrielle, et les contrats de louage légitimés par le Code civil en 1804 sans aucune protection pour celui qui s'engage à travailler, la situation reste complexe. Rappelons dans ce contexte que le contrat de louage est perçu comme un contrat entre égaux jusqu'en 1898 (loi sur les accidents du travail), alors qu'il est depuis le début un contrat très inégalitaire entre les parties, en particulier au regard de l'imposition aux travailleurs du livret ouvrier et du règlement d'atelier. Ce contrat s'est pourtant imposé comme la norme majoritaire au cours du XIXe siècle. Comment passe-t-on du contrat de louage au contrat de travail salarié ? À notre sens, au regard de la première définition du salariat que nous avons relevée, il n'y a pas de différence entre les deux types de con-

---

108 Castel Robert, "Les métamorphoses de la question sociale, une chronique du salariat", éditions Fayard, 1995.

trats. Pour ce qui est du deuxième sens donné au terme salariat, là encore nous ne trouvons pas de réelle différence. Par contre, la troisième dimension de la définition du salariat nous renseigne. Elle précise que c'est l'aspect protection sociale attenant à l'activité salariale qui fait la différence entre les deux types de contrats. Cette protection sociale, associée au contrat de travail salarié, n'est pas venue sans le déploiement de combats intenses entre des forces divergentes. La bourgeoisie, propriétaire des moyens de production, s'est opposée à la classe des prolétaires née avec le développement de l'industrie. Certains auteurs affirment que la France passe d'une société précapitaliste à une société capitaliste lors du blocus organisé par Napoléon en 1806[109]. Cette situation oblige les industriels français à produire plus, en particulier dans le textile, la fabrication du sucre à partir de la betterave, etc. Avec la mise en place progressive du droit social, le contrat de louage disparaît puisque la loi s'impose à tous. Encore faut-il que l'État ait les moyens et la volonté de faire appliquer les textes qui ont été votés en direction du monde du travail ! La première loi sur l'interdiction du travail des enfants, bien que votée en 1841, n'a pas été, dans beaucoup de fabriques, directement appliquée. Le début d'un pouvoir de contrôle ne s'est mis en place que très progressivement et de façon très parcimonieuse. Nous voulons parler de la naissance du corps des inspecteurs du travail, rattaché par la suite au ministère du Travail en 1906[110]. Le droit de grève (1864) et la création des syndicats (1884) ont permis de donner aux ouvriers des mines et de l'industrie naissante, des armes pour revendiquer de meilleures conditions de travail. Nous avons relaté quelques exemples de grèves qui ont mal tourné. Nous avons relevé que souvent le pouvoir politique faisait usage de la force armée pour soutenir les positions patronales. Au regard de ces faits, la protection sociale attenante au contrat de travail salarié est le fruit de luttes. Celles-ci ont pris des formes diverses au fil du temps. Les revendications n'ont trouvé une issue positive

---

109 http://aujourdhui.over-blog.fr/2017/11/21-novembre-1806-napoleon-etablit-le-blocus-contre-l-angleterre.html

110 http://www.intefp.travail-emploi.gouv.fr/institut/metiers/inspection-du-travail/histoire

pour les salariés que lorsque le rapport de force était en leur faveur. Dans cette histoire sociale en devenir, 1936 en France marque le franchissement d'un cap pour les salariés. Le statut de salarié prend une tournure plus positive. On est loin désormais de la position de la Première Internationale qui s'opposait à la condition salariale. A cette époque, on était plutôt dans le statut des contrats de louage.

Avec autour de 60% de la population active employée sous contrat de travail salarié et bénéficiant des protections sociales qui lui sont attenantes, ce statut de salarié devient plus favorable. Il acquiert ses lettres de noblesse et gagne en légitimité aux yeux d'une majorité de citoyens, car de plus en plus protecteur.

Partons de cette situation pour aborder maintenant la consolidation et le renforcement de ce contrat de travail jusqu'à son apogée. Nous allons à présent aborder la phase 2 de ce chapitre consacré à ce qui se passe en France à propos de l'encadrement du travail avant et pendant le deuxième conflit mondial.

II - De l'après 1936 au gouvernement de Vichy

Donnons encore quelques précisions sur les Accords "Matignon". Sur 609 sièges à pourvoir à la Chambre, au deuxième tour des élections législatives du 3 mai 1936, 72 sont pris par le Parti communiste, 147 par la SFIO, 167 par les Radicaux et divers gauches, soit 386 élus de Gauche contre 223 représentants de Droite[111]. Avec ce score, le Front Populaire, qui constitue la Gauche réunie, arrive au pouvoir pour la première fois en France. Celui-ci, dans son élan initial, réussit à imposer une législation du travail plus favorable aux salariés. Mais cet état de grâce ne va pas durer. Ces avancées sociales sont actées dans la nuit du 7 au 8 juin 1936 entre la Confédération générale du travail (CGT), la Confédération générale du patronat français (CGPF) et l'État. Le gouvernement Léon Blum I (SFIO) dure du 4 juin 1936 au 21 juin 1937[112]. Va lui succéder ensuite le gouvernement Camille

111 https://fr.wikipedia.org/wiki/%C3%89lections_l%C3%A9gislatives_fran%C3%A7aises_de_1936
112 http://rakotoarison.over-blog.com/article-sr-20160604-leon-blum.html

Chautemps (parti Radical) du 29 juin 1937 au 10 mars 1938, toujours dans le cadre de l'alliance du Front populaire. Puis, le gouvernement Léon Blum II revient aux affaires du 13 mars 1938 au 8 avril 1938. À cette dernière date, Léon Blum demande les pleins pouvoirs en matière financière. Il veut mettre en place une politique keynésienne. Sa demande est validée par la Chambre, mais pas par le Sénat. Les milieux financiers, le patronat et la Droite s'y opposent. Léon Blum démissionne après son échec dans sa tentative de mettre en place une politique de grandes réformes financières. Le 12 avril 1938, il est remplacé à la présidence du Conseil par Edouard Daladier, chef du parti Radical. Ce dernier constitue un gouvernement d'union nationale avec la Droite. C'est la fin du Front populaire[113]. Les menaces d'un embrasement guerrier généralisé se font de plus en plus ressentir. Daladier laisse la main le 20 mars 1940[114]. Avant de quitter son poste, il remet en cause les conditions d'application de la loi sur les 40 heures par un décret-loi des 12-15 novembre 1938 nommé "aménagement" de la loi des 40 heures. L'évolution du droit du travail va régresser après la chute du Front populaire sauf pour les conventions collectives qui vont être au nombre de 6 000 en janvier 1940[115]. Paul Reynaud (alliance démocratique) va succéder à Daladier du 22 mars au 16 juin 1940[116]. Le 10 juin le gouvernement quitte Paris pour Bordeaux. La troisième République va se terminer avec l'arrivée de Philippe Pétain (sans étiquette) en position de Président du Conseil du 16 juin 1940 au 10 juillet 1940. Pétain signe l'armistice avec les Allemands le 22 juin 1940. Plus d'un million et demi de soldats français furent prisonniers et huit à dix millions de civils sont partis sur les routes du jour au lendemain, dans un exode qui dura plusieurs mois[117]. L'Assemblée nationale signe les pleins pouvoirs au Maréchal Pétain le 10

---

113 Vigreux Jean, "Le front populaire 1934-1938", collection Que sais-je, Presses universitaires de France, 2011

114 Rémond René et Bourdin Janine (sous la direction de), "Edouard Daladier, chef de gouvernement, avril 1938 - septembre 1939", Collection : Académique, éditeur : Presses de Sciences Po, 1977

115 http://www.senat.fr/rap/l03-1792/l03-17921.html

116 https://www.herodote.net/21_mars_1940-evenement-19400321.php

117 Noiriel Gérard, "Une histoire populaire de la France, de la guerre de cent ans à nos jours", Agone mémoires sociales, 2018, p. 568

juillet 1940. Ce dernier se désigne "chef de l'État français" le 11 juillet et abroge l'article 2 de la loi constitutionnelle du 25 février 1875 qui stipulait que le Président de la République était élu à la majorité absolue des suffrages par le Sénat et la Chambre des députés. Il gardera cette fonction jusqu'au 20 août 1944. Il existe dans cette prise de pouvoir une tentative de faire table rase du passé. Sur le plan idéologique, cette nouvelle puissance publique s'oriente vers l'idée de Révolution nationale dont la devise est "Travail, Famille, Patrie"[118], s'appuyant sur des forces traditionalistes, paternalistes et autoritaires. Sur le plan de l'organisation du travail, ce retour en arrière est manifeste. Le nouveau gouvernement de Vichy interdit les syndicats à partir du 9 novembre 1940. Les organisations syndicales réagissent en publiant "le manifeste des 12"[119]. Le 15 novembre 1940, ce sont 12 syndicats français qui signent ce document comme acte de résistance. Le 4 octobre 1941, la feuille de route est tracée par la publication d'une charte. Celle-ci confirme l'interdiction des syndicats (fin de la loi Waldeck Rousseau de 1884) . Elle supprime le droit de grève (fin de la loi Olivier de 1864). Elle abroge la possibilité du lock-out (grève patronale). Le gouvernement de la France occupée veut dans ce texte revenir sur toute l'organisation du travail mise en place progressivement depuis la Révolution française[120]. Il veut réintroduire le système des corporations (fin des décrets d'Allarde de 1791) et par là, tenter de circonscrire la lutte des classes (rivalité patronat/monde ouvrier). Les corporations vont se remettre en place par branche d'activité avec l'émergence des corporations ouvrières et des corporations paysannes. Dans un discours prononcé à Saint-Etienne le 1er mars 1941, assisté de son ministre de l'Économie nationale, René Belin, Pétain annonce qu'il va mettre en place un système dirigé par l'État[121]. Il veut pouvoir contrôler les corporations, fixer les prix et les salaires. Il annonce qu'il va imposer un salaire minimum vital. Ce dernier point ne

---

118 https://fr.wikipedia.org/wiki/Travail,_Famille,_Patrie

119 Andolfatto Dominique et Labbé Dominique, «Histoire des syndicats 1906-2006», Paris seuil 2006

120 Furet François et Richet Denis, "La Révolution Française", éditions Fayard/Pluriel, 2010

121 http://lhistoireenrafale.lunion.fr/2016/02/29/1er-mars-1941-le-discours-de-saint-etienne-du-marechal-petain/

sera pas mis en application pendant ses 4 ans à la tête de l'État. Dans la France occupée, il ne faut pas oublier la loi du 6 avril 1941 qui décide d'un plan de grands travaux (prémisses du pont de Tancarville et du tunnel de la Croix Rousse à Lyon, mise en valeur de la Sologne et de La Crau, mise en chantier de plusieurs barrages hydroélectriques, etc.)[122]. Cette initiative ressemble à une moindre échelle au New Deal américain[123]. Cette manière de faire a été reprise par le gouvernement de Gaulle à l'automne 1944 et s'est poursuivie ensuite avec les contrats de plan. La guerre a fait l'objet d'autres initiatives en matière d'emploi puisque l'occupant allemand nazi a exigé, à partir de la loi française du 16 février 1943, de mettre en place le Service du travail obligatoire (STO)[124]. Il s'agit de la réquisition, contre leur volonté, des ouvriers français. Ces personnes vont être transférées en Allemagne pour soutenir l'effort de guerre allemand. Il y a eu aussi des volontaires. Il faut ajouter à ces travailleurs français, les prisonniers de guerre qui, eux aussi, ont été intégrés au système de production allemand. Au total, le nombre de Français ayant travaillé pour l'Allemagne est estimé à 1,5 million[125]. Encore aujourd'hui, la polémique se poursuit. Les "requis" du travail souhaitent se faire désigner "déportés du travail" au lieu de "victimes du travail forcé en Allemagne nazie"[126]. Cette requête a été refusée par la Cour de cassation le 28 mars 2011.

Que peut-on dire du processus de stabilisation et de déstabilisation du travail et de son encadrement pendant cette période noire pour la France ?

Donner le pouvoir à un individu, ce qui fut le cas avec Philippe Pétain (1856-1951), qui a eu les pleins pouvoirs par la Chambre, est pour le moins dangereux. De son unique initiative, il peut, comme bon lui semble, changer ce qu'il veut, comme il veut. Il a réussi en 4 ans, par les mécanismes juridiques et admi-

---

122 http://www.archives.developpement-durable.gouv.fr/delegation-generale-a-l-equipement-national-dgen-r6883.html

123 Nord Philip, "Le New Deal français", éditions Perrin, 2016

124 https://francearchives.fr/findingaid/e23a95cb07394cb2e45d882ac239712fb5ee6131

125 https://fr.wikipedia.org/wiki/Service_du_travail_obligatoire_(France)

126 https://clio-cr.clionautes.org/les-sto-histoire-des-francais-requis-en-allemagne-nazie-1942-1945.html

nistratifs en place et sous sa férule, à faire passer 16 786 lois et décrets[127] dans tous les domaines de la vie des Français. Pourquoi tout cela fut-il possible ? Marc Bloch[128], dans des notes rédigées entre juillet et septembre 1940, tente une réponse à ce désastre en incriminant la vision rétrograde de l'état-major français, l'incapacité des services de renseignements, mais aussi et surtout les insuffisances des élites. Selon cet historien, on aurait pu poursuivre la guerre. Bloch décrit la défaite et la débâcle du pays comme autorisée et souhaitée par le commandement militaire et le Gouvernement influencés par les élites militaires, économiques et sociales. Certaines de ces personnes de haut rang (banquiers, industriels, etc.) sont allées jusqu'à soutenir le slogan : *Plutôt Hitler que le Front populaire*[129].

Avant de continuer notre analyse chronologique sur l'évolution de la construction du processus de "légitimisation" du contrat de travail salarié, faisons un point sur sa situation présente. Ce choix nous semble pertinent au regard de certains éléments de similitude observés entre la période de Vichy et la gestion actuelle du pouvoir élyséen. Ce point intermédiaire va nous permettre, à l'arrivée de la saison estivale 2018, d'apporter des précisions sur le temps présent en mouvement. Nous aborderons la sortie de la guerre et les prises de décision du gouvernement provisoire en matière de travail et de protection sociale ensuite.

III - Carottage dans le présent (temps présent intermédiaire) : Le contrat de travail salarié remis en cause dans sa forme actuelle par le pouvoir politique ou une tentative de "délégitimation" de celui-ci en devenir

Ce qui se passe aujourd'hui, autour de l'été 2018 et un peu avant, sur le plan politique en France présente des points de similitude avec l'autoritarisme du pouvoir pendant la parenthèse vichyste. Avec le système politique de la Ve République, le Président a un pouvoir élargi par rapport à la IVe République, d'au-

127 https://halshs.archives-ouvertes.fr/halshs-00190968/document
128 Bloch Marc, "L'étrange défaite", Gallimard, 1990
129 https://www.humanite.fr/culture/plutot-hitler-que-le-front-populaire-555149

tant plus si l'Assemblée nationale lui est favorable. Mais, relativisons tout de même, ce ne sont toutefois pas les pleins pouvoirs que le Maréchal Pétain a obtenus pendant l'Occupation. Concernant le travail et son organisation, sous la présidence Hollande, il y a eu une première salve avec la loi n° 2015-990 dite «loi Macron» du 6 août 2015[130] qui a pour objectif, entre autres, de tenter de remettre en question le Code du travail tel qu'il existe. La légitimité du propos de ce ministre à travers ce texte est de vouloir, selon lui, déverrouiller l'économie française. Cet écrit est souvent considéré comme une loi "fourre-tout". Sur le plan travail, elle remet en cause ou restreint le droit au repos le dimanche, elle facilite le travail de nuit, propose de plafonner les indemnités de licenciement ainsi que les dommages et intérêts demandés devant la juridiction prud'homale. Cette loi est définitivement adoptée le 18 juin 2015 par recours à l'article 49/3. La deuxième salve, dans la tentative de dérégulation du marché du travail à la française, est venue de la loi El Khomri (loi travail publiée en août 2016)[131]. Ce texte a aussi donné un sérieux coup de boutoir au Code du travail. Les manifestations et les oppositions de la rue, ainsi que de certains corps intermédiaires, n'ont pas suffi à inverser la donne. La loi El Khomri est présentée en Conseil des ministres le 24 mars 2016. Elle est visée par la Commission des Affaires sociales en avril. Elle est présentée à l'Assemblée nationale une première fois le 3 mai. Le Premier ministre, Manuel Valls, fait passer cette loi en s'appuyant sur l'article 49-3 dans une première lecture sans le vote des députés. La Droite dépose une motion de censure qui est rejetée à 246 voix contre 288. Le texte a été voté par le Sénat dans une version remaniée le 28 juin. La loi repasse une deuxième fois à l'Assemblée nationale le 5 juillet. Le 6 juillet, le Premier ministre a recours, une deuxième fois, à l'article 49/3. Le texte repasse au Sénat le 18 juillet. Le 20 juillet, la loi El Khomri arrive à l'Assemblée nationale pour une lecture définitive. Pour la troisième fois, l'article 49/3 est encore appli-

---

130 https://www.legifrance.gouv.fr/affichTexte.do?cidTexte=JORFTEXT000030978561&categorieLien=id

131 https://www.net-iris.fr/veille-juridique/actualite/35262/loi-travail-du-8-aout-2016-tout-sur-ses-principales-mesures.php

qué. Le Conseil Constitutionnel saisi donne un avis favorable à la mise en application de cette loi le 4 août 2016. La loi paraît au Journal officiel[132] du 9 août 2016. Les décrets d'application vont suivre. Au vu de cet engrenage, on constate que le combat législatif a été très vif, mais que le pouvoir a tous les moyens d'exercer ses souhaits malgré de fortes résistances. La "loi travail" est adoptée après 5 mois de conflits et de contestations sociales[133]. Rappelons que le quinquennat Hollande a débuté le 6 mai 2012. Le nouveau Président a été élu avec 51,6% des suffrages exprimés, soit avec 18 millions de voix[134], contre Nicolas Sarkozy. François Hollande lance le pacte pour la croissance, la compétitivité et l'emploi[135] le 6 novembre 2012, qui correspond à un allègement de charges pour les entreprises et une plus grande rigueur budgétaire. Son objectif affiché est d'inverser la courbe du chômage en un an. En mai 2016, en catégorie A, le chômage a augmenté de 556 000 personnes[136] par rapport à 2012. La mesure cible du pacte national pour la croissance, la compétitivité et l'emploi est le Crédit d'impôt pour la compétitivité et l'emploi (CICE). Cet axe est en vigueur depuis janvier 2013. Son taux est passé de 4 à 6% des rémunérations brutes versées depuis le 1er janvier 2014. A cette date est lancé par le Gouvernement le pacte de responsabilité qui est un allègement fiscal s'ajoutant aux mesures déjà en vigueur avec le CICE. Ces décisions aboutissent à ce que ces mesures deviennent la principale dépense fiscale de l'État, soit 10 milliards d'euros par an, coût bien supérieur au Crédit impôt recherche (CIR)[137] revisité sous la législature précédente par Ni-

132 http://www.journal-officiel.gouv.fr/aide-en-ligne/annonces-officielles/associations.html
133 https://www.lemonde.fr/politique/article/2016/07/21/apres-cinq-mois-de-contestation-sociale-la-loi-travail-est-definitivement-adoptee_4972875_823448.html
134 https://www.lepoint.fr/presidentielle/en-direct-une-soiree-pour-l-histoire-06-05-2012-1458672_3121.php
135 http://www.tarn.gouv.fr/pacte-national-pour-la-croissance-la-competitivite-a1524.html
136 http://www.leparisien.fr/economie/la-courbe-s-est-inversee-et-alors-25-11-2016-6372582.php
137 https://www.service-public.fr/professionnels-entreprises/vosdroits/F23533

colas Sarkozy (le coût pour l'État est de 5,567 milliards d'euros pour l'année 2013). Au total, ont été accordés aux entreprises 40 milliards d'euros d'allègement fiscal pour l'année 2014. Cet argent destiné aux entreprises devait en contrepartie générer 1,8 million d'emplois, mais rien dans cette opération n'a abouti à cela[138]. Il est prévu par le gouvernement actuel que le CICE soit remplacé pour l'année 2019 par un allègement des cotisations sociales sur les bas salaires (salaire inférieur à 2,5 fois le SMIC).

Au regard de ces éléments, on peut constater que depuis les années Sarkozy (2007-2012) une orientation franchement néolibérale est donnée à l'économie française par les pouvoirs politiques qui se succèdent. Il s'agit à la fois de subventionner les entreprises avec de l'argent public et de déréguler le marché du travail.

Sur une autre facette de la question de l'emploi, pendant la période Hollande, le Parlement vote l'allongement progressif de la durée des cotisations pour une retraite à taux plein et crée un compte pénibilité. Emmanuel Macron entre au Gouvernement comme ministre de l'Économie[139] le 25 août 2014 après un remaniement consécutif à la défaite importante du PS aux élections municipales. A cette époque, Emmanuel Macron se distingue déjà par ses petites phrases. Il dit au micro de RMC et de BFM TV le 20 janvier 2016 : *La vie d'un entrepreneur est bien souvent plus dure que celle d'un salarié. Il ne faut jamais l'oublier, il peut tout perdre, lui, et il a moins de garanties.*[140] Ce dernier démissionne le 30 août 2016 et crée son propre mouvement. François Hollande annoncera dans une allocution télévisée qu'il votera pour Emmanuel Macron au deuxième tour des élections présidentielles[141]. Précédemment, il avait fait une dé-

138 Jorion Paul, «Se débarrasser du capitalisme est une question de survie», Fayard, avril 2017, p. 248

139 https://www.lemonde.fr/politique/article/2014/08/27/emmanuel-macron-de-mozart-de-l-elysee-a-ministre-de-l-economie_4477318_823448.html

140 Pinçon-Charlot Monique et Pinçon Michel, «Le président des ultra-riches, chronique du mépris de classe dans la politique d'Emmanuel Macron», éditions La Découverte, 2019, p. 10

141 https://www.humanite.fr/presidentielle-francois-hollande-votera-emmanuel-macron-le-7-mai-635221

claration le 1er décembre 2016 où il précisait qu'il ne se représenterait pas à ces élections.

Emmanuel Macron est élu le 7 mai 2017. Il est investi le dimanche 14 mai 2017. A partir de ce moment, il se lance dans des réformes tous azimuts au pas de charge. En cela, on pourra comparer la boulimie de textes législatifs publiés depuis son élection avec les 4 années de Pétain au pouvoir où ce dernier a tenté de transformer en profondeur la société française par un intense travail législatif (16 786 lois et décrets). Emmanuel Macron veut aussi changer la société française et l'aligner sur ses conceptions. Il tente de légitimer son discours en disant que ses choix vont créer du travail, vont rendre la société plus juste, vont attirer les investisseurs, etc. Son *en même temps* n'est jusqu'à présent pas prouvé, car comment concilier "libérer" et "protéger" ? Sa façon verticale d'occuper le pouvoir, en ne laissant que très peu de marge aux contre-pouvoirs et en mettant à distance la nébuleuse médiatique, diffuse des relents de l'autoritarisme de Pétain.

Mais abordons maintenant l'effervescence autour des ordonnances Travail, voulues par Emmanuel Macron et pilotées par la ministre du Travail, Muriel Pénicaud. Où en est-on un an après[142]?

Le 23 mai 2017, le Président Macron reçoit les partenaires sociaux pour lancer sa réforme du Code du travail. Le 23 septembre 2017, soit trois mois après, cinq ordonnances paraissent au Journal officiel. Elles sont développées sur 160 pages[143].

---

142 www.clesdusocial.com, "Chronologie des ordonnances de réforme du Code du travail" Mise à jour au 15 juin 2018

143 Il s'agit des ordonnances :

- n° 2017-1385 du 22 septembre 2017 relative au renforcement de la négociation collective,
- n° 2017-1386 du 22 septembre 2017 relative à la nouvelle organisation du dialogue social et économique dans l'entreprise et favorisant l'exercice et la valorisation des responsabilités syndicales,
- n° 2017-1387 du 22 septembre 2017 relative à la prévisibilité et à la sécurisation des relations de travail,
- n° 2017-1388 du 22 septembre 2017 portant diverses mesures relatives au cadre de la négociation collective,

La machine législative a continué de fonctionner autour de la question du travail depuis la ratification de ces ordonnances. Une multitude de décrets et d'arrêtés se sont accumulés. Au 31 décembre 2017, 26 décrets d'application ont été publiés au Journal officiel qui portent sur 117 mesures[144]. La légitimité affichée pour soutenir ce choix d'assouplir le Code du travail est de permettre aux entreprises d'embaucher, d'être plus compétitives et de faire face à la conjoncture de manière plus "agile". La flexisécurité à la française serait donc contenue dans la possibilité de :

- faciliter le licenciement économique,
- permettre l'inversion de la hiérarchie des normes,
- pouvoir organiser un référendum d'entreprise,
- mettre en place un compte personnel d'activité,
- mettre en place une instance représentative unique (CSE) dans les entreprises,
- plafonner les indemnités prud'homales en cas de licenciement abusif,
- créer un contrat de "projet" inspiré du contrat de "chantier" existant dans le bâtiment (Le Premier ministre, Edouard Philippe, avait annoncé à la radio le 20 juin 2017 qu'il pourrait assouplir le CDI en proposant de mettre en place ce nouveau type de contrat),
- rendre plus flexible le CDD, le contrat de mission temporaire et le CDI chantier. Ces changements sont effectifs depuis le 24 septembre 2017 pour tout nouveau contrat engagé, etc.

Les syndicats font observer que toutes ces mesures contribuent au morcellement du droit du travail. Ils constatent par ailleurs qu'il existe un déséquilibre dans la négociation et que tous ces changements apportés au Code du travail contribuent à favoriser la précarité des salariés. Selon les Economistes atterrés, *l'objet du droit du travail devient de plus en plus de protéger l'entreprise des salariés et des syndicats et non plus de pro-*

- n° 2017-1389 du 22 septembre 2017 relative à la prévention et à la prise en compte des effets de l'exposition à certains facteurs de risques professionnels et au compte professionnel de prévention.

144 https://www.atlantico.fr/pepite/3268464/ordonnances-sur-le-travail--tous-les-decrets-ont-ete-publies-au-journal-officiel

téger le salarié. C'est la sécurisation de l'emploi version patronale[145].

Après tous ces changements touchant l'encadrement du travail, le Gouvernement va maintenant s'attaquer à la rentrée 2018 aux réformes annoncées de la refondation :

- de la formation professionnelle,
- de l'apprentissage,
- de l'assurance chômage,
- des retraites,
- de l'État,
- de la fonction publique
- du traitement de la pauvreté, etc.

Nous aborderons ces différents points ultérieurement, dans le fil de notre texte ou dans le dernier développement que nous allons consacrer au temps présent final, calé en décembre 2019.

Après ce retour au temps présent, reprenons notre fil de l'évolution du contrat de travail salarié. Nous allons revenir maintenant aux années 1940. Toutefois, la remarque qui s'impose est de constater que jusqu'aux années Sarkozy, le droit du travail évoluait dans le sens du salariat et devenait de plus en plus protecteur. A partir de 2007, force est de constater que cette logique s'est interrompue. Depuis lors, les pouvoirs politiques successifs sont à la manœuvre et tentent de remettre en cause les avantages acquis des salariés, obtenus au terme de conflits sociaux ou d'alternances politiques situées bien à gauche. Force est de constater aujourd'hui que quoi que les contre-pouvoirs tentent pour inverser cet engrenage, rien n'y fait. Le "détricotage" est en cours et on peut désormais se demander jusqu'où cela va aller. La puissance du mouvement ouvrier s'est, semble-t-il, éteinte. Les grèves n'aboutissent à rien, les syndicats sont très peu représentatifs et en position défensive. Pour l'instant, la vague néolibérale déferle. A contrario, on peut constater que les multinationales sont omniprésentes. Elles prennent de plus en plus de poids sur la vie publique. La puissance de leurs moyens financiers et leur capacité de lobbying auprès des instances politiques décisionnaires leur permettent d'imposer leur vision.

145 Sterdyniak Henri (coordonné par), Les économistes atterrés, "Macron, un mauvais tournant", éditions les liens qui libèrent, 2018, p. 118

Ces forces n'ont qu'un horizon, faire de l'argent, quel que soit le prix à payer par la communauté du monde du travail. La mondialisation en cours est portée par ce mouvement. Jusqu'à présent, l'Europe sociale n'existe pas. Les pays à l'intérieur même de l'Europe se font une concurrence économique déloyale en taxant les entreprises et les puissances financières de façon différente, instaurant un dumping social de fait. Pour les dirigeants économiques en place et les actionnaires, sur le plan comptable, le travail est un coût, alors que c'est le travail de ceux qui produisent qui crée la richesse. Il y aurait aussi à dire sur la question de la dette publique[146]. On abordera ce point dans un ouvrage ultérieur.

Revenons à ce que nous avions annoncé précédemment. Après la chute de la Révolution nationale vichyssoise le 20 août 1944, concrétisée par l'exil de Pétain en Allemagne à Sigmaringen[147] puis son arrestation le 26 avril 1945 et la victoire des Alliés, le Gouvernement provisoire s'installe. Nous allons maintenant investiguer les mesures prises en matière de travail par ce nouveau pouvoir.

IV - De la sortie de la guerre à la fin des Trente Glorieuses, le salariat devient pour beaucoup une situation enviable pour celles et ceux qui ont besoin de travailler pour vivre

Le Comité français de libération nationale (CFLN) créé le 3 juin 1943[148] passe la main au gouvernement provisoire de la République française (GPRF) sous la direction du Général de Gaulle[149]. Il se met en place du 10 septembre 1944 au 20 janvier 1946. Félix Gouin (1884-1917 - SFIO) va lui succéder jusqu'au

146 Sersiron Nicolas, préface Paul Ariès, "Dette et extractivisme", éditions Utopia, 2014

147 http://grand-angle.lefigaro.fr/allemagne-petain-nazis-chateau-sigmaringen-reportage

148 http://www.fondationresistance.org/pages/rech_doc/?p=glossaire&iIdGlossaire=5

149 http://www.charles-de-gaulle.org/wp-content/uploads/2017/07/Le-CFLN-gouvernement-provisoire-de-la-France-en-guerre-par-Ren%C3%A9-Hostache-Espoir-n%C2%B095-1.pdf

24 juin 1946 pour ensuite être repris par Georges Bidault (1899-1983 - Mouvement républicain populaire) jusqu'au 16 décembre 1946 et enfin dirigé par Léon Blum III jusqu'au 16 janvier 1947[150]. Une nouvelle Constitution est adoptée le 27 octobre 1946[151]. Les institutions de la IVe République sont effectives en janvier 1947. Pendant cette période, le travail législatif est conséquent[152] :

- Le 21 avril 1944, les femmes acquièrent le droit de vote.

- Une ordonnance du 9 août 1944 déclare nul et non avenu tout ce qui a été mis en place par le gouvernement de Vichy.

- Le 2 février 1945 est parue une ordonnance sur l'accompagnement de l'enfance délinquante.

- Le 22 février 1945, une ordonnance du Gouvernement provisoire issu de la Résistance et présidé par le Général de Gaulle crée les comités d'entreprise. Ces instances sont élues par les salariés et sont indépendantes de l'employeur. Les comités d'entreprise ont un rôle social, mais aussi économique et professionnel. Le CE est consulté dans l'entreprise sur l'organisation du travail, sur la formation continue, trois fois par an. Il peut aussi se saisir sur l'égalité professionnelle. Au-delà, il gère les œuvres sociales.

- Le 22 août 1945, la loi crée les allocations familiales fondant "l'État Providence[153]".

- Les ordonnances des 5 et 19 octobre 1945 instituent le régime général de la Sécurité Sociale obligatoire pour les assurés des professions non agricoles du secteur privé. Quel que soit le montant de leurs salaires, ils doivent cotiser à l'assurance vieillesse. Le système est fondé sur le principe de la répartition. La mise en place de la sécurité sociale est confiée au ministre du Travail communiste, Ambroise Croizat (1901-1951)[154], en fonction du 21 novembre 1945 au 4 mai 1947.

---

150 http://www.assemblee-nationale.fr/13/evenements/Ceremonie_quatre-vingts/leon-blum.asp

151 https://www.elysee.fr/la-presidence/la-constitution-du-27-octobre-1946

152 https://www.kartable.fr/ressources/histoire/cours/le-refondation-de-la-republique-1944-1947/33659

153 Ewald François, "L'État providence", Grasset, 1986

154 Perret Gilles, film "La sociale", produit par Rouge Productions : Jean Bigot. Sortie nationale le 9 novembre 2016.

- Une ordonnance crée l'École nationale d'administration (ENA) le 9 octobre 1945.

- Le journal "Le Monde" voit le jour sur les ruines du quotidien "Le Temps" qui a collaboré. Le premier exemplaire sort le 18 décembre 1945[155].

Le contexte politique de l'époque est lourd. La France est toujours un empire colonial. Après la décision du président américain Truman (1884-1972) de larguer deux bombes atomiques sur Hiroshima et Nagasaki les 6 et 9 août 1945, le Japon capitule. Citons[156] : *Le 6 août, à 8 h 15 minutes et 17 secondes : "Little Boy" est lâché sur Hiroshima par le B-29 "Enola Gay" du colonel Paul Tibbets (509ᵉ escadrille de bombardiers). La ville est rayée de la carte, il y a 70 000 morts... Les militaires ne désarment pas. Un second raid le 9 août 1945 détruit Nagasaki... Le 15 août, le Japon annonce officiellement qu'il capitule sans condition.* La guerre d'Indochine éclate fin 1946[157]. Elle durera jusqu'en 1954. Le deuxième conflit mondial a fait 530 000 morts en France et 5,5 millions en Allemagne. Les Russes ont perdu 17 millions d'habitants, les États-Unis 292 000 et l'Angleterre 396 000. Le nombre total de morts sur le plan mondial est évalué à 40 millions[158]. Le coût de la reconstruction en France est estimé à 4 900 milliards de Francs[159]. Sur le plan économique, la France décide plusieurs nationalisations et va emprunter. La reconstruction va être longue. Le plan Marshall[160] est proposé aux Européens par les Américains au sortir de la guerre. Il s'agit d'un prêt de 16,5 milliards de dollars (l'équivalent de 173 milliards de dollars de 2018). Le Président Truman signe ce plan le 3 avril 1948. Cette ligne budgétaire octroyée aux Européens avait un intérêt pour les États-Unis, car cet argent devait servir à payer des biens et des services prove-

155 Kupferman Fred, "Pierre Laval", éditions Tallandier, 2015

156 http://aerostories.free.fr/hiroshima/page9.html

157 Cadeau Ivan, "La guerre d'Indochine", éditions Tallandier, 2015

158 https://fr.wikipedia.org/wiki/Pertes_humaines_pendant_la_Seconde_Guerre_mondiale

159 https://www.cairn.info/revue-guerres-mondiales-et-conflits-contemporains-2009-4-page-45.htm

160 https://www.cvce.eu/collections/unit-content/-/unit/02bb76df-d066-4c08-a58a-d4686a3e68ff/84c940fe-a82b-4fe8-ad53-63144bfe30b1

nant du continent nord-américain. Cet engagement leur a permis d'écouler leur production et leur a donné les moyens de prendre un avantage compétitif sur les fournitures et les biens distribués. Parallèlement à ce plan et dans une logique stratégique, le Général de Gaulle décide avec son gouvernement de nationaliser[161] :

- la banque de France et les quatre principales banques de dépôt que sont : le crédit Lyonnais, la Société générale, le Comptoir national d'escompte de Paris et la Banque nationale pour le commerce et l'industrie (BNCI). Il fait en sorte que le système reste étanche entre ces banques et les banques d'affaires qui, elles, ne seront pas nationalisées. Par cette opération (loi du 2 décembre 1945), l'État prend le contrôle du crédit.
- Il est décidé par ailleurs de procéder à la nationalisation-sanction des usines Renault pour collaboration avec l'ennemi.
- Il en est de même avec la nationalisation-sanction de l'entreprise SNECMA, fabricant de moteurs d'avion et qui a été pendant la guerre un sous-traitant de BMW collaborant avec la Luftwaffe[162]. Sur le plan aéronautique, le pouvoir politique décide aussi de nationaliser Air France, né de la fusion de 4 entreprises en 1933.
- Les nationalisations touchent aussi le secteur des mines. Des milliers de mines sont regroupées en 1946 en une entreprise d'État qui prend le nom de "Charbonnages de France".
- Dans le secteur de l'énergie, les 1 450 sociétés françaises de production, de transport et de distribution d'électricité et de gaz sont regroupées dans l'entreprise d'Etat EDF-GDF[163].
- Le 4 octobre 1945 sont nationalisées les assurances contre les accidents du travail, elles seront intégrées à la Sécurité sociale.
- En avril 1946 est nationalisée la Caisse des Dépôts et Consignations.
- Le 25 avril 1946 sont nationalisées les 34 plus grandes compagnies d'assurances.

---

161 http://perspective.usherbrooke.ca/bilan/servlet/BMEve?codeEve=969
162 https://www.usinenouvelle.com/article/nationalisations-de-1945-renault-et-tous-les-autres.N151895
163 https://www.edf.fr/groupe-edf/qui-sommes-nous/histoire

- En mai 1946, c'est la nationalisation du Crédit foncier et des réseaux du Crédit agricole.

- Le 1er mai 1946 advient la nationalisation de la société nationale des entreprises de presse.

- Le 21 février 1947, deux sociétés françaises de navigation sont nationalisées.

- Le 21 mars 1948, la RATP-ORTP[164] est nationalisée.

En 1947, le secteur public d'entreprises emploie 1,15 million de salariés[165]. Au sortir de la Deuxième Guerre mondiale, ce qu'il est convenu d'appeler le compromis fordiste[166] se met à prendre de l'ampleur en France. La reconstruction va fournir du travail à tous. Le contrat de travail en CDI va s'imposer. On a besoin de main-d'œuvre stable et le statut de ce type d'engagement professionnel devient enviable, source de reconnaissance et d'identité sociales. Avec l'assurance d'un travail à 40 heures par semaine, des congés payés à raison de 15 jours par an, une protection sociale (qui couvre la maladie, les risques des accidents du travail et qui permet d'espérer toucher une retraite à 65 ans), ce package devient conséquent, d'autant plus que viennent s'ajouter à tout cela des Allocations familiales calculées au prorata du nombre d'enfants à charge. Voilà où l'on en est au sortir de la guerre, après les décisions prises par le Gouvernement provisoire d'union nationale entre 1944 et 1946. A cet acquit de base, favorisé par ce consensus national de courte durée, viendront par la suite s'ajouter des améliorations. Selon les chiffres de l'Insee, les effectifs des salariés par rapport à la population active évoluent ainsi :

- 1954, salariés 64,80%
- 1962, salariés 71,70%
- 1968, salariés 76,00%
- 1975, salariés 82,00%
- 1990, salariés 85,60%
- 1999, salariés 90,60%
- 2004, salariés 91,20%.

---

164 https://bibliotheques-specialisees.paris.fr/ark:/73873/pf0000261105

165 INSEE première n° 440 avril 1996

166 https://blogs.mediapart.fr/alain-santino/blog/120710/retraite-par-repartition-et-compromis-fordiste

Au vu de ces données, force est de constater que le contrat de travail salarié prend de plus en plus d'ampleur et s'impose comme la norme dominante, sans ambigüité, depuis la guerre. Les Trente Glorieuses, 1945-1973, sont considérées comme l'âge d'or du salariat. Le fonctionnement de la société française, appuyé sur ce type d'organisation du travail, permet d'affirmer que nous sommes entrés depuis la fin du second conflit mondial dans l'ère de l'État Providence[167]. Au regard de tout ce que nous venons de décrire, on repère maintenant très bien les points d'ancrage qui ont permis au contrat de travail salarié de devenir légitime. Un point reste ambigu : l'état de subordination du salarié face à son employeur. Jusqu'à présent, rien n'a été envisagé pour changer cet état de fait.

De 1945 à 1975[168], le boom économique de la société française n'est pas un vain mot. Pendant cette période, l'augmentation du PIB fluctuait de 5 à 7% l'an. Le partage des bénéfices de la production se répartissait de façon plus ou moins équitable entre les intérêts du capital et ceux du travail. Les hausses de salaire étaient régulières, en lien avec les gains de productivité et les bénéfices tirés de la production. Le cercle vertueux, gain de productivité, augmentation de salaire, augmentation de la consommation a alimenté la croissance économique du pays. La société de consommation s'est installée progressivement.

Après la guerre, au-delà des nouveaux droits acquis signalés précédemment, création des comités d'entreprise, de la Sécurité sociale et des Allocations familiales, est intervenue également la création de la médecine du travail et des Comités d'hygiène et de sécurité (CHS). Il est aussi à signaler que le droit de grève et le droit syndical ont été inscrits dans le Préambule de la Constitution. Suivirent jusqu'en 1975 d'autres initiatives en matière de droit du travail, en lien avec le contrat salarié[169] :

- Après signature par les partenaires sociaux, est actée en 1947 la naissance de la convention collective nationale créant pour les salariés cadres de l'industrie et du commerce un régime

---

167 Ibid (Ewald François)

168 Keynes John Maynard, "Théorie générale de l'emploi de l'intérêt et de la monnaie",1936

169 http://www.inspection-du-travail-sud-travail-affaires-sociales.fr/wp-content/uploads/2016/11/Histoire-du-droit-du-travail-1789-1998.pdf

de retraite complémentaire géré par les partenaires sociaux (Agirc).

- En 1950 est créé le Salaire minimum interprofessionnel garanti (SMIG).

- La troisième semaine de congés payés, d'abord accordée en 1955 dans la Régie Renault par Pierre Dreyfus son dirigeant, est étendue aux autres salariés par le Président du Conseil socialiste Guy Mollet et son ministre du Travail Albert Gazier qui font voter la loi du 27 mars 1956.

- En 1956, est instauré le minimum vieillesse pour les personnes âgées de plus de 65 ans. Cette prestation est financée par le Fonds national de solidarité (FNS). Cela implique que toute personne de plus de 65 ans a le droit à un minimum de ressources.

- Un accord avec les partenaires sociaux aboutit le 31 décembre 1958 à la création des ASSEDIC. Il s'agit de l'assurance chômage. Pour la première fois, tout travailleur relevant de l'industrie ou du commerce, ayant perdu son emploi, a droit à un revenu de remplacement.

- En 1958, les droits sociaux sont inscrits dans la Constitution.

- En 1968, les mouvements sociaux aboutissent aux Accords de Grenelle. Ceux-ci prévoient une augmentation conséquente du SMIG qui sera vite rattrapée par l'inflation. Ces négociations aboutissent à la création des sections syndicales dans les entreprises et autorisent la désignation de délégués syndicaux.

- La quatrième semaine de congés payés va être mise en place par le gouvernement Couve de Murville le 17 mai 1969.

- En 1970, la loi transforme le Salaire minimum interprofessionnel garanti (SMIG) en Salaire minimum interprofessionnel de croissance (SMIC).

- Enfin, la loi du 29 décembre 1972 généralise la retraite complémentaire à l'ensemble des salariés et anciens salariés affiliés à titre obligatoire au régime général de la Sécurité sociale.

Au crépuscule des Trente Glorieuses, le contrat de travail salarié à plein temps est pratiquement à son apogée. Sa légitimité est maximum. Ce contrat est encadré par un certain nombre d'institutions que nous avons vues se construire au fil du temps. Il y a eu :

- les syndicats(1884),
- l'inspection du travail (1892),
- le système d'assurance mis en place pour dédommager les accidents du travail (1898)
- le ministère du Travail (1906),
- le Code du travail (livre I en 1910, livre II en 1912 ...)
- les conventions collectives de branche (1919),
- la médecine du travail (1946),
- les structures de la sécurité sociale (1945),
- les IRP (1936 et 1968),
- les ASSEDIC (1959),
- les caisses de retraite complémentaire (1972), etc.

L'ampleur des structures qui se sont mises en place au fil du temps autour du contrat de travail salarié est un indicateur essentiel de l'importance que ce contrat a pris dans la société française. A notre sens, celui-ci est devenu la pierre angulaire du bon fonctionnement de notre vivre ensemble malgré les disparités fortes existant entre les personnes fortunées et le reste de la population. Toute cette nouvelle organisation du travail qui s'impose est immergée dans un contexte politique particulier. Au sortir de la guerre, sur le plan mondial, c'est la guerre froide qui prend le relais. Le monde se divise en deux blocs, l'Est et l'Ouest. Pendant la période d'après-guerre en France, il y a eu d'abord la reconstruction. Parallèlement, dans l'industrie, le travail à la chaîne est monté en puissance. Ce dernier a progressivement basculé vers la production du *juste à temps*[170] qui supprime les stocks et organise le travail en flux tendu. Dans le domaine agricole, la révolution productiviste prend de l'ampleur, surtout avec la mise en place de la politique agricole commune aux débuts de la Communauté économique européenne (CEE). Le secteur tertiaire se développe. Au regard de tout ce que nous avons écrit jusqu'à présent, nous pouvons affirmer que la situation politique est en permanence en lien direct avec la situation économique du pays.

170 https://fr.scribd.com/doc/88416317/Histoire-du-juste-a-temps

Après la guerre, la politique française s'empêtre dans des rapports de plus en plus conflictuels avec ses colonies. La guerre d'Indochine d'abord se termine en 1954. La guerre d'Algérie prend le relais du premier novembre 1954 jusqu'aux accords d'Evian le 18 mars 1962. La décolonisation[171] est en marche et se fait le plus souvent dans la crispation. Les événements d'Alger en 1958, point focal de la période, vont aboutir à la chute de la IVe République. Le 15 mai 1958, le général Salan sort de ses prérogatives et empiète sur le pouvoir civil. Les trois semaines qui suivent vont faire trembler la République. Affaibli, le Président du Conseil Pierre Pflimlin présente sa démission au Président de la République René Coty le 28 mai 1958. Le 1er juin 1958, le Général de Gaulle se présente seul à l'Assemblée nationale. Il va être investi par 329 voix contre 224. Par ce vote, de Gaulle devient le dernier chef de gouvernement de la IVe République[172]. Depuis 1946, celle-ci a été une suite de crises ministérielles où 25 gouvernements se sont succédé. La Ve République prend place le 4 octobre 1958, après le résultat du référendum du 28 septembre 1958 qui valide la nouvelle constitution à 80,7% des voix exprimées. La décolonisation en cours va également s'opérer en Afrique. Ce mouvement de l'histoire est orchestré par Jacques Foccart, le « Monsieur France Afrique » du général de Gaulle[173]. Pour la France, il s'agit que les pays africains francophones restent dans le giron français. La France garde les mains libres jusqu'à la chute du mur de Berlin en 1989. Le "pré carré" français est plus délicat à gérer ensuite.

Après la guerre, la France a besoin de main-d'œuvre. Dans les années 1930, les étrangers représentent 7% de la population totale[174]. Au sortir de la guerre, le 2 novembre 1945, l'État met

---

171 https://www.lemonde.fr/revision-du-bac/annales-bac/histoire-terminale/la-decolonisation-et-ses-consequences-1945-fin-des-annees-1980_t-hrde124.html

172 Rioux Jean-Pierre, La France de la Quatrième République, volume 2, L'expansion et l'impuissance, 1952-1958, Point Seuil, Paris, 1983

173 Berstein Serge et Milza Pierre, Histoire de la France au XXe siècle, Complexe, Bruxelles, 1995

174 Musée national de l'histoire de l'immigration, palais de la porte dorée, Première partie: "L'histoire de l'immigration en France après 1945"

en place l'Office National de l'Immigration. En 1962, les Italiens représentent un groupe de 62 9000 individus. Les Espagnols passent de 289 000 en 1954 à 607 000 en 1968. Les Portugais sont 20 000 en 1954 et 759 000 en 1975. Les Algériens sont 711 000 en 1975. La population immigrée représente 7% de la population active en 1975[175]. La population étrangère, à cette date, est de 3 442 000 personnes. Tous ces travailleurs immigrés sont employés le plus souvent dans le secteur du bâtiment et des travaux publics.

Pendant les Trente Glorieuses, une autre population est mise à contribution, ce sont les femmes. Elles intègrent de plus en plus le monde du travail salarié. En 1962, la population active totale est constituée de 19,8 millions de personnes dont 13,2 millions d'hommes et 6,6 millions de femmes. En 1975, ces chiffres passent, pour la population active totale, à 22 millions. Les hommes représentent 13,9 millions et les femmes 8,1 millions[176]. Nous avons repéré dans un tableau précédent que le nombre de salariés en 1975 représentait 82% de la population active. Nous verrons ultérieurement que ce chiffre va augmenter, renforçant encore la légitimité de ce type de contrat de travail salarié.

Avant d'aborder le point de bascule où l'engrenage des années d'expansion se grippe, revenons quelques instants sur des événements qui ont été effacés de la mémoire collective. Il s'agit des grèves de 1947 qui ont fait des dizaines de morts et ont mobilisé pendant la période autour de 3 millions de grévistes. En 1998, l'historien Robert Mencherini en décrit les tenants et les aboutissants dans un ouvrage intitulé : "Guerre Froide, grèves rouges"[177]. Ce livre a été réédité aux éditions Syllepse. Les grèves débutent d'abord à la régie Renault de Boulogne-Billancourt le 25 avril 1947. Elles se poursuivent ensuite dans différentes régions de France jusqu'à la fin de l'année. La situation dégénère à Marseille à partir du 10 novembre

---

175 http://www.histoire-immigration.fr/des-ressources-pour-enseigner/parcours-histoire-de-l-immigration-en-france-depuis-1945/premiere
176 Sources INSEE, recensement de la population pour la période de 1962 à 1998, Enquête emploi 1998
177 Mencherini Robert, "Guerre froide, grèves rouges, les grèves insurrectionnelles de 1947", éditions Syllepse, 1998

1947. Les grèves vont se poursuivre jusqu'au 9 décembre 1947[178]. Concrètement, la ville de Marseille bascule de justesse à Droite aux élections municipales avec le soutien de la mafia corse. Le maire communiste Jean Cristofol perd sa place au profit de Michel Carlini, estampillé RPF (Rassemblement du Peuple français), mouvement lancé par le général de Gaulle. Dans ce contexte délétère, quatre militants CGT sont arrêtés au motif de ne pas avoir voulu payer leur ticket de métro en résistance à la vie chère. Au cours d'une manifestation pour exiger la libération de ces salariés, Vincent Voulant, militant CGT, participant au rassemblement, tombe sous les balles tirées par des membres de la mafia locale. Le 14 novembre 1947, lors de ses funérailles, les 3/4 des salariés marseillais se mettent en grève. La crise sociale devient une crise politique. Le socialiste et Président du Conseil Paul Ramadier démissionne pour laisser la place à Robert Schuman (MRP) le 24 novembre 1947. A cette date, c'est tout le pays qui bascule à Droite. Face aux événements, le mouvement syndical se divise. La CGT, qui revendique à ce moment environ 6 millions d'adhérents, se crispe. Une minorité de ses membres se désolidarise et préconise de reprendre le travail le 26 novembre 1947. La CGT majoritaire, quant à elle, demande le retour à l'usine le 9 décembre 1947. La scission entre les pro et les anti-communistes va être entérinée en décembre 1947 par la création, avec l'aide des syndicats américains et de la CIA, d'une nouvelle centrale la CGT-FO, menée dans un premier temps par Léon Jouhaux. C'est aussi à la suite de ces grèves de 1947 que la Fédération de l'Education nationale (FEN) prend son indépendance par rapport à la CGT. Toute cette effervescence conflictuelle se fait sur fond de pénurie alimentaire, de vie chère, de résistance contre le plan Marshall proposé par les Américains pour financer la reconstruction de l'Europe et de l'éviction du Gouvernement par Paul Ramadier des ministres communistes le 4 mai 1947. Les bénéfices de ces grèves pour les salariés sont médiocres : une prime mensuelle de 1 500 francs à tous les travailleurs et une augmentation de 22% des allocations familiales. La répression étatique a été sévère. 1 375 personnes ont été poursuivies sur le plan

178 https://www.universitepopulairetoulouse.fr/IMG/pdf/article_718620.pdf

judiciaire. Des salariés ont été révoqués dans la fonction publique, en particulier à la Poste et à la SNCF. Robert Mencherini démontre dans son ouvrage qu'il n'a jamais été question de grèves insurrectionnelles fomentées par le PC pour prendre le pouvoir. Cette argumentation a été avancée par le Gouvernement pour tenter de légitimer la violence de la répression étatique.

Après avoir traité la montée en puissance du contrat de travail salarié de 1914 à 1973, nous allons envisager maintenant la remise en cause progressive de la gestion keynésienne de l'économie française au tournant des années 1973 qui a pour corollaire la déstabilisation du contrat de travail salarié à durée indéterminée (CDI).

Chapitre 3

Les prémices d'une remise en question du CDI

Nous avons structuré ce chapitre en deux parties. La première est centrée sur les événements politiques en France et à l'étranger qui ont eu un impact majeur sur la situation du travail. Dans un second temps, nous allons voir les mesures prises sur le plan de l'emploi pour tenter de surmonter la crise et qui, de fait, viennent concurrencer le CDI.

I - Les circonstances de la bascule et son impact sur le marché du travail

Les années fastes sur le plan de l'emploi et du PIB se sont stoppées brutalement. Il y a eu des signes avant-coureurs. La course à l'espace, très coûteuse, entre les États-Unis et l'Union soviétique de 1957 à 1975 et la guerre du Vietnam[179] de 1963 à 1975 (la République du Vietnam est instaurée dans le sud du pays en 1955) ont épuisé en grande partie la réserve d'or américaine. Ce stock d'or correspondait, à la fin de la guerre, aux 2/3 de la réserve mondiale. Cette situation a généré une poussée inflationniste. La RFA (République fédérale d'Allemagne), très sensible sur la question, a décidé la première de quitter le système mis en place à Bretton Woods[180]. Les États-Unis ont réagi de façon unilatérale, en désindexant le dollar de l'or le 15 août 1971. En cela, ils remettent en cause une partie des décisions de la conférence de Bretton Woods. Ces accords avaient été signés par 44 pays le 22 juillet 1944. Ils avaient pour but de réorganiser le système monétaire international en créant un Fonds Monétaire international (FMI) et une Banque Internationale pour la Reconstruction et le Développement (BIRD). Pendant cette rencontre, l'option a été prise de faire du dollar la monnaie de

---

179 https://www.lhistoire.fr/carte/30-ans-de-guerre-au-vietnam

180 https://www.glossaire-international.com/pages/tous-les-termes/bretton-woods.html

référence en lieu et place de l'or. Par cette dernière initiative, les devises étrangères se sont trouvées liées au dollar qui devint une valeur supranationale. Les États-Unis peuvent émettre des dollars pour financer leurs achats. Toutefois, le dollar est indexé sur l'or, puisque 35 dollars équivalent à une once d'or. Les États-Unis, par leur rupture d'engagement en 1971, contribuent à déstabiliser le système monétaire international en place depuis l'après-guerre. Les conséquences de cette nouvelle donne n'ont pas traîné. Le dollar fluctuant très fortement, les pays de l'Organisation des pays exportateurs de pétrole (OPEP)[181], créée le 14 septembre 1960, ont réagi en multipliant le prix du baril de pétrole par 4 sur la période. Le système de taux de change fixe s'est écroulé. En 1976, les devises fluctuent librement puisque les pays abandonnent à cette date la réglementation mise en place à Bretton Woods. Le prix de l'énergie étant déstabilisé, ainsi que le cours des monnaies, les prévisions à long terme ne sont plus de mise. Les pays européens ont tenté de trouver une parade en instaurant le Serpent monétaire européen[182] (SME) le 10 avril 1972 à Bâle. Ce pare-feu ne va pas tenir face à la dépréciation massive du dollar. Après d'âpres négociations, le 13 mars 1979, se met en place le Système monétaire européen[183].

Les deux principales mesures de ce nouveau dispositif sont :

- les devises prendront comme référence un panier moyen appelé "ECU" en lien avec les devises adhérentes au nouveau système et,

- La nouvelle fluctuation de 1,125% se fait par rapport à l'ECU, l'objectif étant que chaque devise puisse flotter par rapport à la moyenne des autres.

Pour donner une idée de l'état du dollar, celui-ci a perdu 96,5% de sa valeur en 2008 par rapport à 1971. A cette date, l'once d'or est passée à 1 000 dollars au lieu de 35 dollars initialement. L'augmentation du coût de l'énergie a des répercussions

---

181 https://www.connaissancedesenergies.org/fiche-pedagogique/opep
182 https://www.cvce.eu/education/unit-content/-/unit/7124614a-42f3-4ced-add8-a5fb3428f21c/a4bac59d-7f5c-403e-83ec-5508ba53346b
183 https://www.humanite.fr/node/60702

sur la production industrielle. En France, l'inflation atteint 14%. Sur ce taux, 3% sont dus au cours du pétrole[184].

Les raisons de la crise sont à imputer aussi en partie au conflit israélo-arabe. Le 6 octobre 1973, la Guerre du Kippour[185] est déclenchée. L'Égypte et la Syrie lancent une offensive sur Israël. Les États-Unis soutiennent Israël. Les pays arabes décident de mettre en place un embargo sur la production de pétrole à destination des Américains et de la Hollande (Rotterdam étant le principal port de transit du pétrole à destination de l'Occident). En baissant la production de 5% chaque mois jusqu'à ce qu'Israël ait quitté les territoires arabes, les pays de l'OPEP ont trouvé un moyen de pression. Un autre élément joue dans la première crise pétrolière. Il s'agit de la nationalisation de l'industrie pétrolière en Libye après le coup d'État de Kadhafi en 1969[186].

En Angleterre, la hausse du pétrole, doublée de conflits sociaux dans les mines, provoque des remous politiques. L'inflation est galopante. Son taux est de 19,1% en 1974. Il atteint un pic à 24,5% en 1975. Dans ce contexte, le marché des obligations sur lequel les entreprises et l'État anglais peuvent se financer est discrédité. Un crédit d'une ampleur exceptionnelle est consenti par le FMI pour parer à l'urgence. En contrepartie, le FMI pose des conditions drastiques sur les lignes budgétaires du social et de la santé, et impose l'interdiction d'augmenter de plus de 5% les salaires pour lutter contre l'inflation. En octobre 1978, au regard du mécontentement populaire que ces décisions engendrent, et à la suite du licenciement de 70 000 mineurs, des grèves massives sont organisées. En mars 1979 le gouvernement travailliste[187] est contraint à la démission. Le parti conservateur reprend la main, avec à sa tête Margaret Hilda Roberts, baronne Thatcher (1925-2013)[188], qui devient Première

---

184 https://www.cairn.info/revue-vingtieme-siecle-revue-d-histoire-2004-4-page-83.htm?contenu=resume

185 http://www.lefigaro.fr/histoire/archives/2018/10/05/26010-20181005ARTFIG00249-guerre-du-kippour-l-egypte-et-la-syrie-attaquent-par-surprise-israel-le-6-octob

186 https://www.cairn.info/revue-tumultes-2012-1-page-173.htm

187 http://revuesocialisme.pagesperso-orange.fr/s7blair.html

188 https://www.lenouveleconomiste.fr/4-mai-1979-margaret-thatcher-premier-ministre-63340/

ministre du Royaume-Uni du 4 mai 1979 au 28 novembre 1990. Elle est reconduite aux affaires pour trois mandats successifs, ce qui représente une longévité au pouvoir d'une durée exceptionnelle. Madame Thatcher a le temps de faire sa révolution conservatrice (politique, économique et idéologique). Surnommée par les Soviétiques "la Dame de fer", elle procède à de nombreuses privatisations. Inspirée par le courant du libéralisme économique, elle prône le libre échange au sein de la Communauté économique européenne. Elle s'inspire, entre autres, des théories économiques portées par Friedrich Hayek (1899-1992) [189] ou Milton Friedman (1912-2006)[190]. Sa façon de gérer particulière finit par prendre le nom de "Thatchérisme[191]". Cela signifie affaiblir les syndicats et les corps intermédiaires, baisser les impôts directs, maîtriser l'inflation et le déficit public, augmenter les impôts indirects, être ferme dans la gestion des mouvements sociaux (répression de la grève des mineurs de 1984-1985)[192], restructurer l'industrie au pas de charge, provoquant une montée du chômage impressionnante. Ce dernier passe de 5,4% en 1979 à 11,8% en 1983. Sa doctrine économique s'appuie principalement sur trois points : le libéralisme économique, le conservatisme et le traditionalisme social. Son idéologie est nourrie par la valeur travail, le sens de l'effort et le goût pour l'ordre. Madame Thatcher s'oppose à la planification et à l'intervention de l'État par la mise en place d'une politique monétariste et la préconisation d'un marché libre. Londres devient le phare de la financiarisation mondiale et de la mobilité des mouvements de capitaux. La forte rétraction du marché autour du "mercredi noir" du 16 septembre 1992[193] et la construction de la bulle financière des années 2000 sont considérées comme la

189 Hayek Friedrich, "La route de la servitude", première édition 1944, Blumberg Georges (Traduction), éditions PUF, 2013

190 Friedman Milton, "Capitalisme et liberté" (titre original : Capitalism and Freedom, première édition américaine 1962), Traduit par Charno A. M., éditions Flammarion, 2016

191 https://blogs.mediapart.fr/bernard-gensane/blog/051013/le-thatcherisme-une-reponse-au-declin-du-royaume-uni-7

192 https://wikirouge.net/Gr%C3%A8ve_des_mineurs_britanniques_de_1984-1985

193 http://www.captaineconomics.fr/-comment-georges-soros-a-t-il-fait-sauter-la-banque-d-angleterre

résultante de la dérégulation financière initiée par Madame Thatcher.

À partir du premier choc pétrolier, les demandeurs d'emploi augmentent de façon continue en France. Entre mars 1973 et mars 1974, le chômage fait un bond de 12%[194], passant de 394 000 à 440 000 sans emploi, inscrits à l'ANPE. La période de mai 1968 avait fait l'objet de larges mouvements sociaux, tant du côté des étudiants que du côté des salariés. Ce coup de tonnerre dans le paysage politique français a, entre autres, remis en question pendant un temps le mode de consommation lié au mode de production industriel (appuyé sur le taylorisme et le fordisme). On peut penser que la critique virulente de la société de consommation, qui s'est imposée à ce moment, a freiné quelque temps la rentabilité du capital. De 1974 à 1981, c'est V. Giscard d'Estaing qui est Président de la République. Il essaie plusieurs stratégies pour remédier à la crise à travers ses chefs de gouvernement successifs. D'abord, Jean Pierre Fourcade, ministre de l'Économie et des Finances en 1974 sous les gouvernements Chirac (du 27 mai 1974 au 29 mars 1977), tente de stopper l'inflation par le plan qui porte son nom, sans succès. Jacques Chirac décide ensuite d'une politique de relance avec l'injection de 32 milliards de Francs dans l'économie, mais le chômage et l'inflation persistent. Les gouvernements de Raymond Barre (du 25 août 1976 au 31 mars 1981) tentent de traiter la question par une politique d'austérité et le blocage du pouvoir d'achat. Ils suivent ce chemin sans pouvoir contrôler les coûts de production. Là encore, le succès n'est pas au rendez-vous. En 1979, le deuxième choc pétrolier[195] accentue la situation. En 1980, la barre des 2 millions de chômeurs est dépassée. L'inflation persiste et le déficit extérieur s'accentue. Le deuxième choc pétrolier, encore plus puissant que le premier, est déclenché par ce qui se passe en Iran et la signature du traité de paix entre l'Égypte et Israël. La crise éclate le 27 mars 1979, au

---

194 Eymard-Duvernay François, Economie et Statistique, Année 1974, 62, pp. 39-43

195 https://www.lemonde.fr/vous/article/2009/08/06/1979-les-milliards-des-pays-de-l-or-noir_1226186_3238.html

lendemain de la signature de cet accord de paix[196]. En Iran, la révolution fait basculer le régime. Le 8 septembre 1978, des émeutes éclatent à Téhéran. Le 16 septembre 1979, le Shah d'Iran prend la fuite et la guerre éclate entre l'Iran et l'Irak le 22 septembre 1980. Elle durera 8 ans. La crise mondiale des prix du pétrole oblige le monde à s'interroger sur des énergies alternatives qui pourraient devenir rentables au regard du prix du baril de pétrole qui passe de 13 dollars en 1978 à 35 dollars en mai 1979[197].

En France, l'alternance politique arrive le 10 mai 1981. Pierre Mauroy, Premier ministre veut initier la relance et appliquer plutôt une politique keynésienne. Il décide de mettre en application le programme commun de gouvernement[198] négocié avec le parti communiste. Il s'agit, en premier lieu, de nationaliser les 5 premiers groupes industriels français que sont la Compagnie Générale d'Electricité, Péchiney, Rhône-Poulenc, Saint Gobin et Thomson, ainsi que trente-neuf banques et deux compagnies financières[199]. Cette initiative gouvernementale a concerné 667 000 salariés. Pendant la période 1982-1984, les entreprises du secteur public ont contribué au soutien de l'investissement et à la progression de la recherche industrielle[200]. En 1983, ce qu'il est convenu d'appeler maintenant "le tournant de la rigueur" change la donne. Le discours officiel est de dire que les marchés sont ouverts et que par conséquent, si la France va seule dans cette direction, cela ne peut pas fonctionner. Laurent Fabius arrive aux affaires et prend un nouveau cap[201]. En 1984, il met en place une réforme bancaire qui va s'aligner sur celle de la finance anglo-saxonne. La logique financière prend le pas sur la recherche

196 Le 27 mars 1979, Début du deuxième « choc pétrolier », Texte rédigé par l'équipe de Perspective monde

197 https://france-inflation.com/graph_oil.php

198 https://jean-jaures.org/nos-productions/27-juin-1972-la-signature-du-programme-commun-de-gouvernement

199 https://www.usinenouvelle.com/article/nationalisation-retour-sur-celles-de-1981.N187410

200 Le Duigou Jean-Christophe, "Pourquoi les espoirs nés à la suite des nationalisations de 1981 ont été déçus?", L'Humanité, jeudi 6 décembre 2012

201 https://www.lemonde.fr/economie/article/2013/03/25/1983-la-gauche-prend-le-tournant-de-la-rigueur_1853681_3234.html

d'une efficacité économique et sociale. Tout cela aboutit aux prémices de la financiarisation du capital, à l'argent roi, à la gestion néolibérale, et à la dérégulation de l'économie. Cette politique annoncée va faire le terreau de la déstabilisation du contrat de travail salarié à durée indéterminée, mais cela va prendre du temps, sauf à vivre des troubles majeurs.

Abordons au regard de ces faits la déstabilisation de ce contrat.

II - Les facteurs de déstabilisation potentiels du contrat de travail salarié à plein temps

Au vu de ce que nous venons de décrire dans ce passage du crépuscule des Trente Glorieuses, force est de constater que l'économie, si elle n'est pas mondialisée pour l'heure, est pour le moins ouverte. Le prix de l'énergie est un paramètre incontournable de la production et on vient de voir comment celui-ci a impacté l'économie mondiale et a alimenté les tensions internationales, poussant parfois jusqu'à la guerre. Pour retrouver des marges de manœuvre, les entreprises, qui le peuvent, vont tenter de se restructurer. Elles vont à la fois essayer de gagner des parts de marché à l'international et externaliser une partie ou l'ensemble de leur production dans des pays où le prix de la main-d'œuvre est plus faible. L'âge d'or du salariat s'en trouve remis en cause, car comment lutter en France avec des coûts de main-d'œuvre parfois 20 fois supérieurs à celui des pays du tiers-monde ? A ce moment, le compromis fordiste est remis en question et le processus de déstabilisation du contrat de travail salarié en CDI va prendre racine. Des moyens de pression vont se mettre en place progressivement pour tenter de casser, ou du moins, fragiliser ce type d'engagement professionnel. Ceux-ci sont multiples : il peut s'agir de ne plus signer ce type de contrat, de supprimer son côté à durée indéterminée, de bloquer ou de diminuer les revenus tirés de cette relation salariale, ou enfin, d'attaquer le package attenant à cet engagement salarial en remettant en cause les éléments de protection sociale qui y sont afférents.

Pour tenter de déstabiliser le contrat de travail salarié à temps plein et à durée indéterminée (CDI), la première argumentation de poids est la montée du chômage. Ce fait est un catalyseur qui légitime la mise en place sur le marché du travail de nouveaux types de liens entre employeur et employé. Sur ce registre, les pouvoirs publics sont à la manœuvre. Ils y sont depuis 1974, mais sur le fond rien ne change. On essaie d'occuper les chômeurs en les inscrivant à des stages ou en leur proposant d'intégrer des dispositifs tampons, le but étant d'entrer dans ce qui, depuis 1945, constituait ce que l'on pourrait appeler le monde ordinaire du travail, c'est-à-dire la société salariale avec en poche un CDI. Les résultats de ces initiatives ne sont pas à la hauteur des attentes. Elles perdurent depuis plus de 40 ans au gré des alternances politiques. Ce sont ces mesures, prises au fil du temps, qui constituent le contenu des politiques de l'emploi visant à enrayer le chômage de masse.

La société salariale a subi une très forte secousse avec les événements de mai 1968 qui débutent par des grèves étudiantes à partir de mars, cette crise sociale allant réinterroger les fondements de notre société salariale devenue aussi société de consommation[202]. La grève générale, qui débute le 13 mai 1968 avec plus de la moitié des actifs salariés grévistes (6 à 7 millions de personnes) et plus d'un million de personnes dans la rue, a déstabilisé le pouvoir en place sans le renverser[203]. Le Président de Gaulle a quitté la France quelques jours, avant de revenir le 30 juin 1968. Son retour a déclenché une manifestation nationale en sa faveur. Au vu de cet élan, il a provoqué la dissolution de l'Assemblée nationale. Des élections législatives ont eu lieu dans la foulée, donnant à la Droite une large majorité puisque l'UDR (Union des Démocrates pour la République créée en 1967) remporte 293 sièges sur 487[204]. Mais, depuis ces troubles rien n'est plus vraiment comme avant. Les certitudes de chacun se sont trouvées remises en question, allant réinterroger la dynamique du progrès. L'idée est que demain sera meilleur

202 Chessel Marie-Emmanuelle, "Histoire de la consommation", éditions la Découverte, 2012

203 https://www.franceculture.fr/histoire/13-mai-1968-la-journee-de-lunite

204 Les clefs du social, accords de Grenelles 25-27 mai 1968

qu'aujourd'hui et que la science, devenue religion d'Etat, va répondre à toutes les difficultés à venir. Le mouvement s'arrête avec le constat de Grenelle[205]. Mais, il reste un goût d'amertume, de quelque chose qui n'est ni résolu, ni terminé. L'autoritarisme et la suffisance des dominants en ont pris un coup, leur légitimité de fait n'est plus. Tous les cadres institutionnels ont perdu de leur aura. L'autorité des pères, des chefs et des patrons a été interrogée et remise en cause. Ce nouveau contexte a obligé les élites et les décideurs de tous bords à revoir leur façon de diriger et de manager. Le coup de "menton" ne suffit plus, il faut trouver autre chose.

Les événements internationaux que nous avons abordés précédemment, et la période de mai 68 en France aboutissent à déstabiliser le marché du travail. Le fait dominant est la montée massive du chômage. Le marché du travail est impacté par la prise de décision des sociétés nationales et multinationales de s'ouvrir davantage sur l'extérieur, en allant chercher de nouvelles parts de marché à l'étranger. Il est aussi perturbé par les mutations technologiques en cours (machines à commande numérique, informatique, etc.) et les décisions prises au niveau européen et mondial de sortir du protectionnisme en permettant la circulation des capitaux, des hommes et des marchandises avec le moins d'entraves possible.

A l'aune de ces évolutions, le processus de perte de crédit du contrat de travail salarié à plein-temps et à durée indéterminée peut de mieux en mieux s'ancrer. Entre trouver de nouvelles parts de marché, produire en conséquence et externaliser sa production pour baisser les coûts de main-d'œuvre, où met-on le curseur ?

Il y a une France des propriétaires des moyens de production qui s'internationalisent. Ces derniers vont extraire leurs gains de productivité et leur plus-value à l'étranger, provoquant un décalage de plus en plus important entre les frontières politiques et les espaces économiques. De l'autre côté, il existe une France condamnée à travailler sur place, qui n'a pas les moyens de

---

205 http://www.lefigaro.fr/histoire/archives/2018/05/25/26010-20180525ARTFIG00280-27-mai-1968-le-projet-de-protocole-des-accords-de-grenelle.php

bouger et qui est de plus en plus contrainte d'accepter les travaux faiblement rémunérés pour vivre chichement ou à défaut, sans travail, tenter de survivre grâce aux minima sociaux. La nouvelle organisation du travail qui se profile sur le plan national, mais aussi international, avec la montée de la mondialisation (libre circulation des marchandises, des capitaux, des services, des hommes, des techniques et de l'information) met de plus en plus la pression sur les salaires, en les bloquant ou en les réduisant. Revenons un instant sur le constat de Grenelle, mis en place par le gouvernement (III) de Georges Pompidou. Qu'ont-ils apporté de neuf au statut et à l'encadrement du contrat de travail salarié ?

A l'initiative du Premier ministre Georges Pompidou, les partenaires sociaux, patronat et syndicats, se réunissent à l'hôtel du Châtelet le 27 mai 1968 pour une négociation marathon de 25 heures, aboutissant à des propositions qui n'ont pas été signées, mais qui ont été mises en oeuvre par le Gouvernement. Il s'agit :

- de l'augmentation du SMIG de 35%, soit passer, en équivalent d'aujourd'hui, de 2,5 euros à 3,5 euros.
- de l'augmentation des autres salaires de 10% (7% au premier juin et 3% en octobre 1968),
- de la hausse du Salaire minimum agricole garanti (SMAG) qui rejoint le niveau du salaire minimum garanti,
- du retour à la journée de 40 heures, avec un delta ne pouvant dépasser 48 heures,
- de la création de la section syndicale dans l'entreprise et la mise en place d'un délégué syndical dans les entreprises de plus de 50 salariés.

Un autre avantage, collatéral à ces échanges, fut la négociation, pendant deux ans, de l'accord du 9 juillet 1970, instituant la formation professionnelle continue dans toutes les entreprises de plus de 10 salariés[206].

Cette nouvelle donne, qui s'installe après 1968, a été propice à la négociation, contrairement à ce qui s'est passé entre 1964 et 1967, où les rencontres entre patronat et syndicats, au terme de

---

206 https://www.vie-publique.fr/politiques-publiques/formation-professionnelle-continue/chronologie/

mouvements de grève, n'aboutissaient à rien. Il y a eu à nouveau un retournement de situation avec la montée du chômage de masse entre 1974 et 1977.

Depuis 1974, un verrou a sauté, ouvrant la porte à la remise en cause du contrat de travail salarié tel qu'il s'est construit progressivement jusqu'à présent. Du 27 mai 1974 au 12 janvier 1976, Paul Granet[207] est secrétaire d'État à la formation professionnelle dans le gouvernement Chirac initial. Il est le premier politicien à proposer des stages pour les 16/20 ans inscrits à l'ANPE. 37 000 jeunes ont bénéficié de ce premier dispositif d'initiation à la vie professionnelle. Les «stages Granet» constituent le premier pas vers le phénomène de "stagiairisation[208]" qui va se développer en France. Plus globalement, on pourrait parler de l'émergence d'un monde nouveau : "le champ de l'insertion[209]". Sur cette voie, on peut distinguer quatre grandes sources de mise en situation de travail atypique qui se constituent en-dehors du contrat de travail salarié en CDI, en CDD ou en intérim, à savoir :

- 1 - secteurs d'activité :

☞ Le secteur de l'insertion par l'économique[210], qui émerge entre 1968 et 1979 et qui devient pérenne ensuite (entreprises intermédiaires devenues aujourd'hui d'insertion, associations intermédiaires, entreprises d'intérim d'insertion, chantiers d'insertion, etc.).

- 2 - structures :

☞ Les structures de pilotage des demandeurs d'emploi :

- L'ANPE depuis 1967, devenue Pôle Emploi en 2008.

---

207 https://blogs.alternatives-economiques.fr/abherve/2017/11/24/paul-granet-inventeur-des-stages-qui-portent-son-nom-nous-a-quitte

208 https://www.linternaute.fr/dictionnaire/fr/definition/stagiairisation/

209 https://www.vie-publique.fr/politiques-publiques/politiques-insertion/chronologie/

210 https://www.avise.org/decouvrir-less/insertion-par-lactivite-economique/histoire-de-liae

- Les Missions locales et les Permanences d'accueil, d'information et d'orientation (PAIO) en direction des publics 16/25 ans depuis l'ordonnance du 26 mars 1982[211].

- Cap emploi pour les personnes handicapées, depuis la loi du 11 février 2005[212].

☛ Les structures de l'Education nationale[213] sur un axe spécifique. Citons par exemple :

- Le Pôle insertion, anciennement dénommé Cycle d'insertion professionnelle par alternance (CIPPA) à partir de 1986.

- La Dispositif d'insertion des jeunes de l'Education nationale (DIJEN).

- Les Modules de re-préparation aux examens (MOREA).

☛ Les centres de formation (AFPA, GRETA, FJT, INFREP, groupe FIM, CPS, etc.). Le volet insertion attribué à ces établissements débute en 1975.

- 3 - Dispositifs (nous n'en citerons que quelques-uns) :

☛ Stages Granet de 1975 à 1977. Rappelons qu'ils ont touché 37 000 jeunes âgés de 16 à 20 ans et inscrits à l'ANPE.

☛ Pactes pour l'emploi («Stages Barre»). Du 1er juillet 1977 au 30 juin 1980, il y a eu trois pactes pour l'emploi en direction des jeunes 18/25 ans. Cela a concerné environ 1,2 million de jeunes sur trois ans[214].

☛ Préparation active à la qualification et à l'emploi (PAQUE), entre 1991 et 1993, en direction d'un public jeune ne maîtrisant pas les savoirs de base. 122 100 jeunes ont bénéficié de ce programme[215].

☛ Trajet d'accès à l'emploi (TRACE), débute en octobre 1998, dans le cadre de la loi contre l'exclusion du 29 juillet 1998. Ce dispositif a concerné 95 000 jeunes âgés de 16 à 25 ans sur deux ans[216].

---

211 https://travail-emploi.gouv.fr/IMG/pdf/les20mission3315.pdf
212 https://travailemploi.gouv.fr/IMG/pdf/GuidePratique_EmploiPH.pdf
213 Palbeta U., « La domination scolaire », Paris PUF, 2012
214 https://www.persee.fr/doc/forem_07596340_1985_num_9_1_143
215 https://www.cnle.gouv.fr/IMG/pdf/Insertion_jeunes_INSEE_-_2011.pdf
216 https://www.lemoniteur.fr/article/application-du-programme-trace-trajet-d-acces-a-l-emploi.256279

☞ Le dispositif Plan local pluriannuel pour l'insertion et l'emploi (PLIE), [217]financé à travers le Fonds social européen. Il propose un accompagnement renforcé à des bénéficiaires du RSA ou à des chômeurs longue durée. Les textes de référence sont[218] : la Circulaire DGEFP 99/40 du 21 décembre 1999 relative au développement des PLIE et la Circulaire DGEFP du 8 juin 2009 relative aux modalités de financement de l'activité des PLIE au titre des programmes FSE 2007-2013

☞ Le programme Contrat d'insertion dans la vie sociale (CIVIS) financé par l'État depuis 2005[219].

☞ Le Service civique, créé par la loi du 10 mars 2010, initié par Martin Hirsch[220]. Il remplace le service volontaire existant depuis 2006. Il concerne des jeunes âgés de 18 à 28 ans, pour une rétribution de 700 euros par mois sur une durée de 6 mois, renouvelable 3 fois.

☞ Le dispositif ANI Décrocheurs (Accords nationaux interprofessionnels du 11 juillet 2011[221]), financé par les partenaires sociaux et qui est adossé à la Plateforme locale de suivi et d'appui aux décrocheurs (PSAD). Celle-ci est composée, par exemple à Cherbourg en Cotentin, du CIO, des pôles insertion du CFA, du groupe FIM (Formations interconsulaires de la Manche), du Greta, de la Mission d'insertion de l'Education nationale et de la Mission locale.

☞ Le programme Parcours personnalisé d'accès à l'emploi (PPAE)[222], financé par Pôle emploi dans le cadre de l'accord de partenariat Mission locale / Pôle emploi.

☞ Les dispositifs de "primo insertion" ELAN (Espace local d'activités novatrices) et ESPOIR, initiés par la région Bas-Normande depuis 2009[223].

---

217 https://travail-emploi.gouv.fr/ministere/acteurs/partenaires/article/plie-plans-locaux-pluriannuels-pour-l-insertion-et-l-emploi
218 https://travail-emploi.gouv.fr/ministere/acteurs/partenaires/article/plie-plans-locaux-pluriannuels-pour-l-insertion-et-l-emploi
219 https://dares.travail-emploi.gouv.fr/IMG/pdf/2007.01-03.1-2.pdf
220 https://www.vie-publique.fr/actualite/dossier/service-civique-volontaire/service-civique-createur-lien-social-ou-substitut-emploi.html
221 https://www.unedic.org/sites/default/files/2017-05/accord_national_interprofessionnel_du_11_juillet_2011.pdf
222 https://www.pole-emploi.fr/candidat/le-projet-personnalise-d-acces-a-l-emploi-@/article.jspz?id=60640

4 - Mesures d'aide à l'emploi

☞ Les contrats aidés[224] : Travaux d'utilité collective (TUC), Contrat emploi solidarité (CES), Contrat emploi consolidé (CEC), Contrat d'accompagnement dans l'emploi (CAE), Contrat initiative emploi (CIE), Contrat à durée déterminée pour les seniors (CDD seniors), Contrat unique d'insertion (CUI), etc. , et depuis peu, les Emplois d'avenir (2013), les Contrats de génération (2013), CIE Starter (avril 2015). Il est à relever par ailleurs « La Garantie jeunes », mise en place à titre expérimental depuis 2013 dans certains départements. Cette mesure est généralisée depuis janvier 2017. "La Garantie jeunes" est un droit ouvert aux jeunes de 16 à 26 ans, en situation de précarité, qui ne sont ni en emploi, ni en formation, ni en études. C'est un accompagnement assorti d'une aide financière pour faciliter des démarches d'accès à l'emploi.

L'encadrement de tous ces dispositifs s'est fait avec un financement de l'État, des collectivités territoriales ou des partenaires sociaux. Au regard de la définition que nous avons donnée du travail virtuel[225] toute cette ingénierie sociale est à classer dans cette rubrique. A côté du marché du travail primaire[226] qui concerne l'offre et la demande de travail en CDI, se constitue parallèlement un marché du travail secondaire, qui intègre les CDD, les contrats en intérim et toute cette nébuleuse que nous venons d'énumérer et que nous avons décidé d'appeler "travail virtuel", pour simplifier. Depuis ces prémices, de 1974 jusqu'à aujourd'hui en 2019, les mises en situation de travail virtuel persistent et dérogent aux fondamentaux du Code du travail, dont l'objet principal est l'encadrement et le pilotage du contrat de travail. Pour que toutes ces mesures dérogatoires puissent exister, il a fallu légiférer. Toute cette logistique spécifique, en vue d'accompagner un retour à l'emploi ou d'aider à

---

223 http://paroisse.saintbenoitenauge.cef.fr/files/cemea.pdf

224 https://www.senat.fr/rap/r06-255/r06-255_mono.html

225 Jourdam Georges, chercheur associé au laboratoire Dysola, Université de Rouen, Communication pour les JIST 2016, Athènes, 11-13 mai 2016, "Crises et travail virtuel au croisement des légitimations et des délégitimations des formes du travail et de l'emploi"

226 https://www.linternaute.fr/dictionnaire/fr/definition/segmentation-du-marche-du-travail/

trouver un premier travail, a été rendue possible par la mise en œuvre de cette législation d'exception. Ces mesures dérogatoires sortent du cadre légal du contrat de travail salarié classique. Elles n'auraient pas pu se développer sans ce contexte particulier de crise économique remettant en cause le plein emploi. Dans notre thèse de sociologie, nous avons démontré que le travail virtuel prend racine et se développe autour de trois éléments :

- En premier lieu, un facteur déclenchant, la crise économique qui débute en 1973 (avec les éléments que nous connaissons), relancée par le deuxième choc pétrolier de 1979. Cette situation fait monter de façon massive le chômage.
- En second lieu, la mise en place d'un cadre législatif spécifique qui a permis d'amarrer légalement les nouvelles mesures et nouveaux dispositifs (la loi-cadre sur la formation continue de 1971, appelée «loi Delors»).
- Et, en troisième lieu, un champ expérimental. Celui-ci s'est progressivement structuré entre 1945 et 1975 auprès d'un public handicapé ou inadapté (l'Education spécialisée avec la création des Centres d'aide par le travail (CAT), des Ateliers protégés (AP), des entreprises intermédiaires, etc.).

Cette nouvelle donne économique, qui s'installe progressivement depuis les années 1973, met la pression sur le marché du travail et de l'emploi national. Ces expériences alternatives de mise au travail se construisent à côté des contrats déjà existants que sont les CDI, les CDD et les contrats en intérim. Les personnes acceptent ces propositions de travail atypique parce qu'elles ne trouvent rien d'autre.

Au regard de cette nouvelle situation, le contrat de travail à durée indéterminée commence à poser problème aux employeurs. Il était pourtant devenu dominant dès les années 1950-1970, grâce au développement industriel et à l'élan suscité par la reconstruction d'après-guerre. A cette période, le patronat souhaitait une main-d'œuvre fiable et stable dans la durée. Avec la crise, la donne change. Ce qui semblait acquis est réinterrogé. On souhaite désormais une main-d'œuvre compétente, souple, flexible et la moins coûteuse possible. Les chefs d'entreprise montent de plus en plus au créneau et interpellent les politiques pour tenter de déconsidérer le CDI. Ils dénoncent sa rigidité, sa lourdeur et son coût. Avec l'ouverture des frontières et la construction d'un espace économique européen qui met pour l'heure la fiscalité des entreprises en concurrence, la situation politique internationale n'arrange pas les choses. Le dumping social, les distorsions de concurrence, les délocalisations de la production industrielle et des services, discréditent en partie la main-d'œuvre nationale à la faveur d'une main-d'œuvre étrangère meilleur marché. Depuis deux décennies, la tendance actuelle est d'avoir recours à des contrats à durée déterminée. Selon la DARES, les CDD signés dans une année passent de 7% en 1993 à 87% en 2017. Pendant cette dernière année, 30% des CDD ne durent qu'une journée. A contrario, le CDI reste hégémonique. En 2017[227], il représente encore 88% de la population salariée hors intérim alors que les salariés en CDD ne sont que 12%.

En 2016[228], la population active française, hors Mayotte, est chiffrée à 29,6 millions de personnes au sens du BIT. 26,6 millions de ces actifs ont un emploi et 3 millions sont au chômage. Le taux d'activité des personnes qui sont dans la fourchette des 15 à 64 ans s'établit à 71,4%. Ces quelques informations donnent une vision chiffrée de la situation globale en France.

Depuis la fin des années 1970, bien que cette période sonne le glas d'une certaine illusion d'une société salariale idéale, l'encadrement du travail salarié en CDI continue à engranger de nouveaux acquis. A la suite de l'arrivée de la Gauche au pouvoir, une ordonnance de 1982 instaure la journée de travail à 39 heures, la 5ème semaine de congés payés et l'abaissement à 60 ans de l'âge de départ à la retraite. De plus, les quatre lois Auroux modifient de manière importante le droit du travail. Elles mettent l'accent sur la liberté des travailleurs dans l'entreprise (loi n° 82-689 du 4 août 1982), sur le développement des institutions représentatives du personnel (loi n° 82-915 du 28 octobre 1982), sur la négociation collective et le règlement des conflits du travail (loi n° 82-957 du 13 novembre 1982), sur la mise en place des CHSCT (Comités d'hygiène, de sécurité et

---

227 Dares Analyses 2018-026 - CDD, CDI : comment évoluent les embauches et les ruptures depuis 25 ans ?
228 Enquête emploi 2016

des conditions de travail, loi n° 82-1097 du 23 décembre 1982). De plus, ces textes Auroux[229] permettent de renforcer la responsabilité des acteurs sociaux (salariés, syndicats et chefs d'entreprise), en instaurant notamment des accords de branche dérogatoires à la réglementation du travail. A ce moment, le Code du travail s'en trouve modifié de pratiquement 1/3 puisque le contenu de ces réformes se regroupe dans 300 articles. Les « lois Auroux » apportent aussi les stipulations suivantes :

- aucun salarié ne peut être sanctionné ou licencié en raison de ses opinions politiques, de ses activités syndicales ou de ses convictions religieuses,
- la mise en place d'un droit d'expression dans l'entreprise,
- une dotation de fonctionnement égale à 0,2% de la masse salariale brute pour le fonctionnement des comités d'entreprise,
- la mise en place d'une Obligation annuelle de négocier (NAO) dans l'entreprise, sur les salaires, la durée et l'organisation du travail,
- l'instauration d'un droit de retrait du salarié en cas de danger grave et imminent.

En lien avec la situation économique du pays et les conséquences de la montée du chômage sur la population, la loi relative au Revenu minimum d'insertion (RMI) est votée le 1er décembre 1988. Ce nouveau dispositif évoluera vers le Revenu de solidarité active (RSA) le 1er décembre 2008. A sa création sont recensées 400 000 personnes, 20 ans plus tard ce chiffre atteint 1,17 million d'individus[230]. Ces dispositifs ont été instaurés pour faire face à une nouvelle pauvreté qui s'installe en France et qui touche désormais la population active. Le passage du RMI au RSA a pour but de faire en sorte que toute augmentation d'activité se traduise par un gain financier. C'est effectivement la poussée persistante du chômage de longue durée qui oblige le monde politique et les pouvoirs publics à légiférer dans ce sens. Ils vont tenter de poser un filet de sécurité général. Ce dernier va aller au-delà des 7 minima sociaux en place et prévus pour

229 https://lentreprise.lexpress.fr/actualites/les-lois-auroux-quatre-textes-de-1982-revisitant-le-droit-du-travail_1541061.html
230 https://www.vie-publique.fr/actualite/dossier/rsa-revenu-solidarite-active-emploi/emploi-quel-sera-impact-du-revenu-solidarite-active.html

des situations particulières comme l'âge, la maladie ou le handicap.

Pour compléter encore la législation sur l'évolution du CDI, il faut ajouter le passage aux 35 heures. Cela s'est fait en deux temps, avec les «lois Aubry 1 et Aubry 2», en 1998 et 2000. Au-delà de la recherche du progrès social, le sens de cette loi vise à partager le travail puisqu'il n'y en a plus assez pour tous. Elle permet aussi de flexibiliser le travail en annualisant son temps. Au 1er janvier 2002, toutes les entreprises françaises doivent réduire à 35h par semaine le temps de travail de leurs salariés. Dans le cas où ceux-ci travaillent davantage, ils doivent récupérer le temps supplémentaire en jours de Réduction du temps de travail (RTT).

En 2002, la loi de modernisation sociale[231] définit de façon plus restrictive le licenciement économique. Elle pose le recours à un médiateur et renforce les contenus des plans sociaux.

En 2007, la loi de modernisation du dialogue social[232] rend obligatoire une phase de concertation avec les partenaires sociaux avant tout projet gouvernemental de réforme, dans les domaines des relations du travail, de l'emploi ou de la formation professionnelle, en vue d'une éventuelle négociation collective nationale et interprofessionnelle.

En 2008, l'instauration des ruptures conventionnelles[233] est une nouvelle forme de rupture du contrat de travail. Cette mesure permet au salarié démissionnaire, en accord avec son employeur, de bénéficier du chômage.

En 2016, la « loi El Khomri », que nous avons déjà abordée, élargit les thèmes sur lesquels le chef d'entreprise et les représentants du personnel peuvent, par accord, fixer leurs propres règles. Elle institue le principe de l'accord majoritaire. Les accords validés seront ceux signés par les syndicats ayant obtenu 50% des suffrages exprimés aux élections d'entreprise. En cas de litige, il reste la possibilité de recourir au vote des salariés. La loi prévoit aussi un Compte personnel d'activité (CPA). Avec

231 https://www.legifrance.gouv.fr/affichTexte.do?cidTexte=JORFTEXT000000408905&categorieLien=id

232 https://www.ladocumentationfrancaise.fr/dossiers/dialogue-social/index.shtml

233 https://www.cairn.info/revue-de-l-ires-2012-3-page-3.htm

la «loi El Khomri», on entre concrètement dans le reflux des acquis sociaux et dans le mouvement de délégitimation du contrat de travail à durée indéterminée tel qu'il s'est construit jusqu'à présent.

Les raisons politiques et les décisions qui s'en sont suivies sur le plan de l'emploi étant posées, nous pouvons maintenant aborder les institutions qui encadrent le CDI et aller visiter comment celles-ci se sont construites et évoluent. Elles sont d'abord là pour renforcer l'assise du contrat de travail. Aujourd'hui, elles semblent, elles aussi, être dans une situation de régression face à des tentatives de limiter leurs prérogatives. Globalement, ces institutions se trouvent fragilisées. Nous allons donc poursuivre cette grande fresque sur le contrat de travail salarié par l'étude de ces différentes structures qui viennent étayer la condition salariale. Ensuite, nous continuerons notre investigation en allant rechercher les nouvelles initiatives prises en matière d'encadrement du travail, qui vont venir perturber la norme encore dominante du CDI.

Comme annoncé, avant de conclure, nous achèverons notre propos par un développement sur un temps présent final qui va se clore au 31 décembre 2019.

Chapitre 4

Le balayage des institutions qui encadrent le travail salarié et leurs fluctuations

Dans ce registre, nous avons déjà abordé plusieurs entités comme la mise en place progressive de l'inspection du travail, puis la construction du ministère du Travail qui ouvre officiellement en 1906. Nous avons donné quelques éléments sur l'origine des conseils de Prud'hommes et leurs mutations. Nous avons effleuré la construction du Code du travail ainsi que les racines du syndicalisme en France. Mais l'encadrement du travail, c'est aussi la médecine du travail et la sécurité sociale depuis 1945, les institutions représentatives du personnel (IRP) depuis 1982, les mutuelles[234], les caisses de retraite, la caisse d'assurance chômage (ANPE, Pôle Emploi), la formation continue, etc. Le tour d'horizon que nous allons maintenant entreprendre marque, comme s'il fallait encore le démontrer, la place et la puissance de la forme d'emploi que constitue encore aujourd'hui le travail encadré par le contrat à durée indéterminée (CDI). Pourtant, ce dernier, au regard de ce que nous venons d'observer dans le chapitre précédent, est mis à rude épreuve face aux nouvelles données du marché instrumentalisées par la mondialisation en cours.

Nous allons traiter dans ce chapitre successivement : les Prud'hommes, le ministère du Travail, l'Inspection du Travail, les syndicats, la médecine du travail, les instances représentatives du personnel (IRP), le Code du travail, les conventions collectives et la formation continue.

Commençons notre développement par l'organe de régulation des conflits entre patrons et salariés, à savoir les Prud'hommes.

---

234 Bizard Frédéric, "Complémentaires santé, le scandale !", éditions Dunod, 2016

I - Les Prud'hommes

Dans ce premier sous-chapitre, nous allons remonter des origines à aujourd'hui et tenter de relever les évolutions dans la gestion des litiges entre les travailleurs et les employeurs.

Les premiers conseils des Prud'hommes, traduits parfois dans la littérature par l'expression "hommes preux, vaillants et braves", ont été constitués en l'an 1296[235] sous le règne de Philippe-le-Bel, comme nous l'avions déjà signalé. Au départ, il s'agissait de régler des conflits d'intérêts entre artisans (compagnons, maîtres et apprentis). Les historiens ne sont pas unanimes sur le fonctionnement des Prud'hommes sous l'Ancien Régime. Un édit de Louis XI aborde la question en 1464[236]. A cette époque, seuls les marchands, les banquiers et les chefs d'atelier sont représentés dans ces offices. Comme tous les corps intermédiaires, les conseils des Prud'hommes ont été supprimés sous la Révolution par la « loi Le Chapelier » de 1791. Les conseils de Prud'hommes ont été réhabilités sous Napoléon 1er par la loi du 18 mars 1806, complétée par le décret du 3 juillet 1806[237]. Cette loi institue le premier conseil de Prud'hommes à Lyon[238], qui est à cette date la première ville ouvrière de France, avec notamment 30 000 canuts qui travaillent la soie. Cette nouvelle législation établit que ce premier conseil sera composé de neuf membres dont 5 négociants-fabricants et 4 chefs d'atelier. Nous pouvons relever dès à présent que les ouvriers ne sont pas représentés. La spécificité de ce tribunal particulier est qu'il est composé de magistrats non professionnels appartenant au monde du travail. Leur but est de concilier les parties et de faire naître des accords amiables dans des différends concernant le travail. La saisine de ce tribunal est gratuite. A la fin du Premier Empire en 1815, il existe autour de 40 conseils des Prud'hommes en France[239]. Sous la Restauration en

235 http://www.conseilsdeprudhommes.fr/

236 http://www.le-blog-de-roger-colombier.com/page-4461347.html

237 Pélissier Jean, Supiot Alain, Jeammaud Antoine, "Droit du travail", éditions Dalloz, Collection Précis, 2004 (22e édition), p. 159-192

238 http://www.exploralyon.fr/?p=109

239 https://www.napoleon.org/histoire-des-2-empires/articles/les-prudhommes-sous-la-deuxieme-republique-et-le-second-empire/

1830, on en dénombre 53 puis, au terme de la monarchie de Juillet en 1848, il en existe 71 parmi les villes les plus industrieuses. Paris a le sien en 1844[240]. La Deuxième République apporte des modifications importantes en introduisant la parité entre les patrons et les ouvriers dans le cadre de la loi du 27 mai 1848[241]. A partir de cette date, tous les ouvriers deviennent électeurs et éligibles. De nouvelles restrictions vont voir le jour sous le Second Empire, en particulier avec la loi du 1er juin 1853[242]. La Troisième République légifère une première fois : la loi du 7 février 1880[243] installe de façon pérenne la parité pour l'élection du président et du vice-président, mais autorise les employeurs à aller devant le tribunal de commerce lorsqu'ils n'obtiennent pas gain de cause devant le tribunal des Prud'hommes. La loi du 15 juillet 1905[244] instaure une procédure d'appel devant un tribunal civil et désigne le juge de paix comme compétent en dernier ressort (le juge de paix devient juge d'instance en 1958). C'est la loi du 27 mai 1907[245] qui va marquer le cadre légal de fonctionnement des tribunaux des Prud'hommes jusqu'aux années 1970. Ce texte met véritablement en œuvre la parité entre les parties et rend les femmes électrices aux Prud'hommes. Celles-ci seront éligibles à partir de 1908. Des évolutions importantes vont arriver ensuite avec la loi du 18 janvier 1979[246]. Auparavant, il y a eu d'autres textes, comme la loi du 25 décembre 1932 qui institue les conseils des Prud'hommes agricoles[247], ou le décret du 12 septembre 1974 qui modifie la procédure prud'homale[248]. La loi n° 86-1 du 18 janvier 1979, pilotée par Robert Boulin, ministre du Travail, constitue une ré-

---

240 https://francearchives.fr/fr/commemo/recueil-2006/39549

241 http://larhra.ish-lyon.cnrs.fr/cdeprudhomme2/election.htm

242 http://www.numdam.org/article/JSFS_1894__35__307_0.pdf

243 https://books.openedition.org/putc/2469?lang=fr

244 https://criminocorpus.org/fr/outils/bibliographie/consultation/ouvrages/75246/

245 http://www.oomark.com/culturerh3/culture_rh_le_27_mai_1907_les_femmes_francaises_obtiennent_le_droit_de_vote._dans_quel_scrutin_.html

246 http://www.travail-et-securite.fr/visu/ts/ArticleTS/TI-TS768page44.pdf

247 https://www.archives-loiret.fr/epluchez-les-archives-des-prud-hommes-archives-actualites--129176.htm

248 https://www.legifrance.gouv.fr/affichTexte.do?cidTexte=JORFTEXT000000857742&categorieLien=id

forme globale de l'institution. Elle instaure un collège électoral pour les cadres. Elle désigne le tribunal des Prud'hommes seul compétent pour juger en première instance les conflits individuels nés de l'exécution du contrat de travail concernant les salariés relevant du droit privé. Ce texte généralise l'institution, à la fois sur un plan géographique, mais aussi dans la couverture des branches d'activité (industrie, commerce, agriculture, professions diverses et cadres). Cette législation installe un conseil de Prud'hommes dans chaque Tribunal de Grande Instance, soit 164 tribunaux répartis sur tout le territoire national en 2018[249]. L'État prend en charge les frais de fonctionnement, sauf pour les locaux, dont le coût d'entretien revient aux mairies ou aux départements. Des aménagements de cette refonte globale ont eu lieu en 1982, comme la réduction du mandat des élus qui passe de 6 à 5 ans. Ensuite, pratiquement chaque année, de petits aménagements ont modifié à la marge le fonctionnement des conseils. En 2015, il a été relevé 182 800 saisines des Prud'hommes, dont 94% faites par des salariés en raison d'une rupture de contrat de travail[250]. Pour ce faire, 14 800 conseillers ont été sollicités. Les tribunaux donnent raison partiellement ou totalement à 70% des demandeurs.

Focalisons-nous maintenant sur les dernières évolutions engagées par les présidences Hollande et Macron. A compter du 24 septembre 2017, les indemnités prud'homales versées en cas de licenciement sans cause réelle et sérieuse, c'est-à-dire abusif, sont désormais fixées selon un barème prévoyant un montant maximum et un montant minimum en vertu de l'ordonnance n° 2017-1387 du 22 septembre 2017 modifiant l'article L.1235-3 du Code du travail[251]. Les montants plancher et plafond varient selon l'ancienneté du salarié et la taille de l'entreprise. Le bilan de l'activité des Prud'hommes[252], relevé dans le quotidien du

---

249 http://www.justice.gouv.fr/statistiques-10054/chiffres-cles-de-la-justice-10303/

250 https://www.lexpress.fr/emploi/conseils-emploi/prud-hommes-ce-qu-il-faut-savoir-avant-d-y-aller_1323321.html

251 https://business.lesechos.fr/directions-ressources-humaines/partenaire/partenaire-1408-nouvelles-regles-de-procedure-et-de-motivation-applicables-au-licenciement-quell

252 https://www.dalloz-actualite.fr/ (consulté le 21 juin 2019)

droit Dalloz actualisé du 3 septembre 2018, indique une baisse du nombre des saisines de 15% pour l'année 2017. Celles-ci avaient déjà chuté de 18,5% en 2016. Quelles sont les raisons de ce constat ? Emmanuel Macron, ministre des Finances fait passer une réforme le 6 août 2015, qui modifie en profondeur la procédure prud'homale[253]. Ce texte crée un bureau de conciliation et d'orientation (BCO). Il remplace la procédure orale existante par une procédure écrite qui se formalise par la rédaction d'un document de 6 pages nécessitant le plus souvent l'aide d'un avocat ou d'un défenseur syndical. Un échange dématérialisé se fait entre les parties et le greffe du tribunal. Il est par ailleurs mis en place une fonction restreinte de deux conseillers qui doivent statuer dans un délai de 3 mois. Il est aussi prévu la saisine directe d'une formation composée de quatre conseillers et d'un juge du Tribunal de Grande Instance. Le nombre d'affaires passant par le bureau de conciliation et d'orientation est de 33 900 en 2016 et de 47 000 en 2017, soit une augmentation de 40%. Les affaires conciliées sont au nombre de 8 800 pour 2016 et de 7 800 pour 2017[254]. Malgré les changements introduits par la loi, les délais de traitement progressent. Ils étaient de 17 mois en 2016, ils sont de 17,3 mois en 2017. Au regard de la baisse des saisines, le stock du nombre d'affaires à traiter diminue. Le site "Miroirsocial" précise : *Quant au nombre d'affaires terminées, il est également en baisse. Le Gouvernement a enregistré une diminution de 11 % en 2017 alors que le chiffre ne cessait d'augmenter depuis 2013. Les Prud'hommes ont bouclé 180 500 affaires en 2016, contre 160 000 environ en 2017*[255]. La légitimité de cette institution n'est pas remise en cause, mais force est de constater, au vu de cette dernière réforme, qu'il existe, semble-t-il, une volonté de minimiser l'impact des décisions prises par ces tribunaux sur le monde de l'entreprise. Voilà reprise à grands traits, depuis leur création, l'évolution juridique des tribunaux des Prud'hommes. Ces mutations,

253 https://www.village-justice.com/articles/reforme-justice-prud-homale-apres-loi-Macron-Etat-des-lieux-analyse,24731.html
254 https://www.force-ouvriere.fr/comment-decourager-les-salaries-d-agir-en-justice-pour-faire
255 https://www.miroirsocial.com/comment-decourager-les-salaries-d-agir-en-justice-pour-faire-respecter-leurs-droits

nous l'avons relevé, ne sont pas sans conséquences sur la gestion des conflits entre les salariés et les employeurs du secteur privé. Tout comme on perçoit depuis les années 1975 une remise en cause du CDI, on constate aussi, à propos de l'évolution de l'institution des Prud'hommes, une fragilisation tant au niveau de leur saisine que de leur fonctionnement, et ceci, au désavantage des salariés.

Nous allons maintenant, comme annoncé dans l'introduction de ce chapitre 4, aborder la naissance et l'évolution à la fois de l'Inspection du Travail et du ministère du Travail, mais de façon conjointe puisque finalement, la première s'est trouvée absorbée par le second.

II- Le ministère du Travail et l'Inspection du Travail

La mise en place et l'évolution de ces deux entités ont permis de penser et d'encadrer le droit du travail dans la relation salariés-entreprises.

Ces institutions n'ont eu pignon sur rue qu'au prix de luttes entre des forces conservatrices et la mouvance ouvrière qui a émergé au cours du XIXe siècle. On a donné des exemples de ces confrontations dans un chapitre précédent. On peut aujourd'hui considérer que le ministère du Travail est devenu le bras armé de l'État en matière de droit du travail en relation avec le monde des actifs. Nous avons déjà repéré que celui-ci est devenu une institution à part entière par le décret du 25 octobre 1906[256]. Il se nommait alors "le Ministère du Travail et de la Prévoyance sociale". En 1907, il se constituait d'un effectif de 156 salariés. En 1939, ce chiffre est passé à 715[257]. Aujourd'hui, ce ministère est installé à l'hôtel du Châtelet à Paris. Il a en charge les questions du travail, de l'emploi, de la formation professionnelle, du dialogue social, de la prévention des accidents du travail et des maladies professionnelles. Cette entité est

256 Dänzer-Kanof Boris, Lefebvre Véronique, Torres Félix, Lucas Michel, «Un siècle de réformes sociales, une histoire du ministère du Travail (1906-2006)». Documentation française, 2006

257 https://travailemploi.gouv.fr/.../Evolution_des_structures_de_l_administration_du_tra...

chargée de mettre en œuvre la politique du Gouvernement dans ces différents domaines. Le budget du ministère du Travail pour l'année 2017 est de 15,3 milliards d'euros, soit 1,8 milliard d'euros de plus par rapport à l'année 2016. Le ministère du Travail dispose de différentes structures de fonctionnement. Au niveau régional, il existe la Direction régionale des entreprises, de la concurrence, de la consommation, du travail et de l'emploi (DIRECCTE).

Sur le plan national, on trouve :

- les établissements publics, comme l'Agence nationale pour l'amélioration des conditions de travail (ANACT), Pôle Emploi, etc.
- la Direction générale du travail (DGT).
- La Direction de l'animation, de la recherche, des études et des statistiques (DARES).
- La Délégation générale à l'emploi et à la formation professionnelle (DGEFP),
- La Direction de la recherche, des études, de l'évaluation et des statistiques (DREES),
- L'Inspection générale des affaires sociales (IGAS),
- Le Secrétariat général des ministères chargés des affaires sociales (SGMAS).

Selon une intersyndicale du personnel du ministère, les effectifs, tous services confondus, sont en chute libre. Pour le périmètre travail-emploi, le bilan social de 2015 annonce 10 449 agents effectifs physiques et 9 804 agents en fonction. Entre 2009 et 2016, il est constaté la suppression de 20% des effectifs, soit une perte de 1 843 postes. Les contrôleurs du travail ont perdu 23% de leurs effectifs et les adjoints des contrôleurs, quant à eux, subissent une baisse de 26%. A cela, il faut ajouter pour 2017 une perte de 150 postes[258]. Selon le site web du magazine "Challenges"[259] (mise en ligne du 24/09/2018), le projet de budget 2019 prévoit la suppression de 1 618 postes au

258 http://solidaires49.org/IMG/pdf/Tract_effectifs_national_actions_regionales_2017.pdf

259 https://www.challenges.fr/economie/fonctionnaires-les-ministeres-les-plus-touches-en-2019_614895

ministère du Travail, principalement dans les services de Pôle Emploi (800 ETP).

Un secteur du ministère du Travail est particulièrement touché par les réformes depuis 2009, c'est l'Inspection du travail. A cette date, il y a eu la fusion des inspections [260]. Rappelons que l'Inspection du travail est un corps de fonctionnaires d'État qui sont chargés de contrôler l'application du droit du travail dans tous ses aspects. L'Inspection du travail a pour mission de conseiller et d'informer les employeurs, les salariés et les représentants du personnel, sur leurs droits et obligations. Elle a aussi la mission de faciliter la conciliation amiable entre les parties lorsque des conflits collectifs surgissent dans l'entreprise. L'Inspection du Travail est née le 19 mai 1874 d'abord au plan départemental[261], puis elle a pris une dimension nationale en 1892[262]. Elle rejoint le ministère du Travail à sa création en 1906.

En 2008, elle[263] était dotée d'un effectif de 535 inspecteurs et de 1 171 contrôleurs chargés de vérifier 1,6 million d'entreprises, soit un agent de contrôle pour mille entreprises.

En 2013, l'Inspection du travail compte un effectif de 743 inspecteurs du travail et de 1 493 contrôleurs[264]. Dans le bilan de ce service, on a relevé par ailleurs que sur une population salariée de 18,3 millions, il a été donné 8 millions de renseignements et conseils. Il a été effectué 265 300 interventions en entreprise, dont 160 000 contrôles, 6 223 arrêts de travaux et 880 médiations dans des conflits collectifs. Pour cette même année, le nombre de procès-verbaux dressés est de 7 217 et le nombre d'infractions à la législation constatées s'élève à 1,2 million.

En 2014, le plan "Sapin" a procédé à un redécoupage complet de toutes les sections, appelées dans le jargon "territoire

---

260 https://fr.wikipedia.org/wiki/Inspection_du_travail

261 https://travail-emploi.gouv.fr/IMG/pdf/Loi_du_19_mai_1874.pdf

262 https://travailemploi.gouv.fr/fichiers/numerisations3/bull.insp.trav_1896.pdf

263 https://travailemploi.gouv.fr/IMG/pdf/Rap_WEB_BIT_2008_19_11_09.pdf

264 https://travail-emploi.gouv.fr/IMG/pdf/dossier_information_IT.pdf

cohérent"[265]. Il en existe désormais 790. Cette réforme a débuté en septembre 2012, pour une mise en application fin 2014. Pour les syndicats, cette réorganisation a pour objectif de mettre au pas les inspecteurs du travail. Dans les faits, ceux-ci ont pour mission principale de faire de la régulation sociale. Entre autres, comme nous venons de le préciser, l'Inspection du travail est un service public au service des travailleurs et des entreprises. Elle est censée aider les salariés à garantir leurs droits. Les agents disent : *C'est notre seule légitimité*. La direction du ministère du Travail dit : *Vous n'avez pas à traiter la demande individuelle, celle-ci relève des Prud'hommes*. Le plan Sapin[266] prévoit la mise en place d'une plateforme pour la demande de renseignements. Mais, la réforme entérine aussi que les inspecteurs du travail doivent désormais passer sous l'autorité hiérarchique d'un responsable d'unité de contrôle pour faire valider leurs décisions. Avant ces changements, et après avoir été assermenté, ce personnel était totalement indépendant. Cela signifie que les inspecteurs pouvaient faire fermer une entreprise, le temps que celle-ci se mette en conformité avec la loi. Désormais, l'inspecteur du travail doit obtenir l'aval de sa hiérarchie pour agir. Ce changement dans la prise de décision fait perdre une partie de sa légitimité ainsi que de ses prérogatives à l'agent et donne une souplesse supplémentaire aux employeurs qui ne respectent pas la législation en vigueur. Cette réforme, mise en place sous le gouvernement Ayrault, n'a pas été sans provoquer de sérieux remous, en particulier, dans l'Unité départementale (UD) de l'Inspection du travail de Haute Savoie. Pour un certain nombre de ses agents et pour deux syndicats implantés sur ce site, selon le journal Le Monde[267], la réforme ne passe pas et a fait basculer ce service départemental dans une crise de confiance entre les salariés et l'encadrement. L'Inspection générale des affaires sociales est amenée à faire un rapport sur la situation. A ce scénario vient se greffer "l'affaire Tefal", où une ins-

---

265 http://www.cariforef-mp.asso.fr/files/actualites/Instruction_Pour_un_ministere_plus_fort.pdf
266 https://travailemploi.gouv.fr/IMG/pdf/l_inspection_du_travail_en_france_en_2016.pdf
267 https://www.lemonde.fr/politique/article/2017/02/21/inspection-du-travail-le-rapport-qui-derange_5083034_823448.html

pectrice est condamnée en première instance, puis en appel, pour divulgation d'informations internes à l'entreprise. Cet agent est considéré comme lanceur d'alerte par certains collègues. La Cour de cassation lui donne finalement raison et certains syndicats solidaires de l'Inspection du travail se sont positionnés en disant[268] : *Ce verdict est un encouragement pour les agents de l'Inspection du travail, dans un contexte où le ministère multiplie les sanctions, menaces et notes de service visant à les mettre au pas, ont réagi la CGT, Sud, la CNT, FO et la FSU.* Ces syndicats se sont positionnés en disant : *Nous continuons à exiger une condamnation publique des agissements de Tefal par la ministre du Travail. Nous appelons nos collègues dans les services à s'organiser collectivement pour résister aux menaces et sanctions, en défense d'une Inspection du travail indépendante du pouvoir politique et du patronat.* Cette situation, qui est devenue l'affaire "Laura Pfeiffer", illustre bien les enjeux et les rapports de force qui existent entre le pouvoir politique, les directions d'entreprises, les salariés et les syndicats.

En 2016, le champ d'intervention "entreprises" relevant de l'Inspection du travail s'élève à 1,76 million de contrôles pour 18,7 millions de salariés. Ces chiffres étaient respectivement de 1,82 million et 18,2 millions en 2014[269].

Au regard de ces éléments, force est de constater que le personnel employé pour faire face à l'immensité du champ de l'entreprise paraît dérisoire. Cette situation installée de façon chronique, doublée des dernières réformes de l'Inspection du travail, va vers une limitation des prérogatives des inspecteurs du travail. Cette donne est à rajouter à l'argumentaire qui laisse présager d'un affaiblissement de la condition salariale face aux dirigeants d'entreprises qui sont, de fait, moins susceptibles d'être contrôlés.

Après ce bref retour sur le ministère du Travail et l'Inspection du travail, abordons la question syndicale à la fois dans son histoire, mais aussi dans sa situation actuelle. Nous ferons, là

268 https://lentreprise.lexpress.fr/rh-management/droit-travail/affaire-tefal-l-inspectrice-du-travail-gagne-une-manche_2039935.html

269 https://travailemploi.gouv.fr/IMG/pdf/l_inspection_du_travail_en_france_en_2016.pdf

encore, le constat que les syndicats sont en perte de vitesse et que cette situation vient renforcer l'idée, comme avec les Prud'hommes ou l'Inspection du travail, d'une fragilisation des systèmes de protection des salariés et au-delà, d'une remise en cause de la pérennité du CDI.

III - Splendeur et perte de vitesse des syndicats français

Aujourd'hui, nous sommes à plus de 120 ans d'existence des syndicats salariés et employeurs. Ces instances représentatives se sont, au fil du temps, retrouvées en position d'interlocuteurs entre des forces antagonistes défendant des intérêts divergents dans nombre de collectifs de travail. Nous allons constater leur montée en puissance et leur importance non contestable jusqu'à la crise des années 1975, puis leur fragilisation progressive, enclenchée au tournant des années 1980. Cette dernière situation vient poser des questions de légitimité sur la représentation syndicale, en particulier dans les concertations entre les partenaires sociaux et l'État.

Pierre Waldeck-Rousseau (1846-1904), républicain modéré et ministre de l'Intérieur du gouvernement Jules Ferry (1832-1893), permet, par la loi du 21 mars 1884 déjà précitée, la légalisation des syndicats professionnels ouvriers et patronaux. Dans la foulée, en 1886, naît la Fédération nationale des syndicats (FNS) de tendance Guesdiste[270]. Elle met en avant les idées marxistes. En 1887, une bourse du travail est mise en place à Paris[271]. Ces nouveaux services se fédèrent en 1892. Ils sont d'obédience révolutionnaire, sous l'influence de Fernand Pelloutier (1867-1901) qui en devient secrétaire général en 1895. Ce personnage historique adhère au parti ouvrier de Jules Guesde (1845-1922) en 1882. Les bourses du travail[272], au nombre de 33 en 1894, passent à 81 en 1901. Ces entités constituent une

---

270 https://www.universalis.fr/encyclopedie/jules-guesde/2-le-guesdisme-un-parti-d-un-type-nouveau/
271 https://boursedutravail-paris.fr/histoire
272 http://www.voiretagir.org/FERNAND-PELLOUTIER-ET-LES-BOURSES.html

nouvelle forme de solidarité. Elles peuvent faire fonction de bureau de placement pour lutter contre le chômage. Elles font aussi office de caisse maladie, de caisse de soutien en cas de décès. Ce sont des lieux de rassemblement des syndicats les plus divers. Ce sont aussi des espaces de contre-pouvoir, des foyers d'action culturelle, etc. En 1887, un syndicat chrétien voit le jour : le Syndicat des employés du commerce et de l'industrie (SECI)[273]. Du 23 au 28 septembre 1895, un congrès rassemble les fédérations nationales des syndicats et des bourses du travail et aboutit à la naissance de la Confédération générale du travail (CGT)[274]. Ce nouveau syndicat se dote d'un journal en 1900, "La voix du peuple"[275]. En 1912, la CGT est le seul syndicat français confédéral. Il revendique 700 000 adhérents pour une population salariée de 7 millions de personnes[276].

En opposition à ce développement du syndicalisme, qualifié de "rouge" ou de "révolutionnaire", qui recherche l'égalité sociale et adhère globalement aux idées socialistes ou communistes, est né en 1899 un syndicat dit "jaune" ou "maison"[277]. Il s'agit d'une organisation financée par les employeurs, regroupant des ouvriers adhérant aux positions patronales. Leurs objectifs sont de casser les grèves et d'entraver l'action des syndicats de Gauche. Ils sont nommés parfois syndicats de la droite prolétarienne. Il en existe aussi à l'étranger, qui se font appeler "Yellow-Unions". Un premier syndicat de ce type a vu le jour sous l'impulsion d'Eugène Schneider II, qui crée le 29 octobre 1899 le "syndicat des corporations ouvrières du Creusot et de ses dépendances"[278]. Cette initiative arrive dans un contexte social local très dégradé, puisque les grèves se sont succédé et répondu l'une l'autre en Saône-et-Loire, entre les sites du Creu-

---

273 https://fr.wikipedia.org/.../Syndicat_des_employés_du_commerce_et_de_l%27industri...
274 file:///D:/Georges/Downloads/histoire_du_mouvement_ouvrier-2.pdf
275 file:///D:/Georges/Downloads/SR_010_0309.pdf
276 http://ulmetz.reference-syndicale.fr/les-secretaires-durant-la-periode-allant-de-1885-a-1945/la-cgt-un-peu-dhistoire-de-1864-a-1945/
277 http://www.lefigaro.fr/histoire/archives/2018/11/28/26010-20181128ARTFIG00147-les-jaunes-en-1902-le-figaro-les-soutient.php
278 https://linformateurdebourgogne.com/histoire-syndicale-patronale-de-terroir/

sot et de Montceau-les-Mines, pendant trois ans[279]. Pour la première ville, ces conflits ont duré de mai 1899 à juillet 1900 et pour la deuxième, de juin 1899 à mai 1901. Il est à noter qu'à Montceau-les-Mines, une des phases du conflit a duré 105 jours, du 19 janvier au 12 mai 1901, constituant l'une des plus longues grèves de l'histoire du mouvement ouvrier français. Ce type de syndicat "jaune" s'est par la suite développé dans d'autres municipalités. Pierre Bietry (1872-1918), député de Brest de 1906 à 1910, tente de fédérer ce mouvement d'extrême droite et antisémite, en créant une Fédération nationale des "Jaunes" de France le 1er avril 1902, dont la devise est "paix, travail, famille, patrie". Cette entité, qui regroupe 100 000 adhérents en 1906, rejette la lutte des classes et prône la coopération des ouvriers et des patrons[280]. Au Creusot, 9 000 personnes travaillent dans la métallurgie et on dénombre environ 4 000 grévistes le 29 mai 1899. A Montceau-les-Mines, site de houillères, 9 880 grévistes sont comptés le 6 juin 1899 sur un total de 11 500 salariés. Finalement, le résultat de ces grèves est limité[281]. Il est validé une augmentation de salaire de 4,7 % et l'instauration de délégués du personnel dans l'entreprise. Rapidement au Creusot, ces représentants du personnel sont mis hors-jeu, ainsi que le syndicat ouvrier qui avait pris racine.

Pour continuer dans cette rétrospective non exhaustive de la construction des syndicats et de leur évolution, rappelons qu'en 1905, se crée, à l'initiative de Marius Nègre (1870-1952)[282], le Syndicat national des instituteurs (SNI)[283].

Les premier et deux novembre 1919, se crée la Confédération française des travailleurs chrétiens (CFTC)[284]. En 1920, les réformistes et les révolutionnaires de la CGT se séparent. A côté

---

279 Sirot Stéphane, "La grève en France : Une histoire sociale (XIXe-XXe siècle)", Paris, Odile Jacob, 2002

280 Maillard Christophe, "Pierre Biétry (1872-1918), un parlementaire iconoclaste", revue d'histoire politique 2008/2 (n° 10), p. 126-137

281 Sirot stéphane, "La grève en France, une histoire sociale (XIXe-XXe siècle)", éditions Odile Jacob, 2002

282 https://fr.wikipedia.org/wiki/Marius_N%C3%A8gre

283 Geay Bertrand, " Le syndicalisme enseignant", éditions La Découverte, 2005

284 https://www.cftc.fr/notre-histoire

de la CGT, se crée la CGTU, proche du PC. En 1926, une nouvelle scission a lieu, donnant naissance à la CGT-SR (SR pour Syndicalisme révolutionnaire)[285]. Après les événements de février 1934, les syndicats se regroupent en 1936 au congrès de Toulouse[286]. Par la suite, une nouvelle rupture se consomme entre les réformistes et les révolutionnaires. Le 3 septembre 1939, la France entre en guerre. Le 9 novembre 1940, Philippe Pétain dissout les centrales syndicales ouvrières et patronales[287]. Avant ces fermetures, plus de 600 syndicats avaient été mis sur la touche, avec l'exclusion des adhérents syndicaux membres du PC qui ne s'étaient pas prononcés contre le pacte germano-soviétique. Le 27 mai 1943, avec les accords du Perreux[288], la CGT réunifiée et la CFTC participent au Conseil national de la Résistance (CNR). La Confédération générale des cadres (CGC) voit le jour le 15 octobre 1944[289]. Au 26ème congrès de la CGT, du 8 au 14 avril 1946, le syndicat revendique 5,5 millions d'adhérents. En 1946, la charte de Grenoble crée le syndicat des étudiants (UNEF)[290]. Le 19 décembre 1947, au sein de la CGT, une minorité anticommuniste crée la confédération Force ouvrière (CGT-FO)[291]. Les membres du syndicat se déchirent sur l'acceptation du plan Marshall par le Gouvernement, qui favorise l'influence américaine en France au détriment de l'Union soviétique. Les ministres communistes quittent leur poste. En 1948, est lancée la Fédération de l'Education nationale (FEN)[292]. En 1962, au ministère des Impôts, se crée une nouvelle entité : le Syndicat national unifié des Impôts. En 1964, la déconfessionnalisation de la CFTC aboutit à la création de la CFDT[293]. En 1966, un arrêté définit 5 confédérations syndicales

---

285 https://fr.wikipedia.org/wiki/Chronologie_du_syndicalisme_en_France
286 http://www.lesutopiques.org/1921-1936-de-scission-a-reunification/
287 Belin René, "Du secrétariat de la CGT au Gouvernement de Vichy" (Mémoires 1933-1942), Paris, éditions Albatros, 1978
288 http://fdgpierrebe.over-blog.com/2018/05/les-accords-du-perreux-le-17-avril-1943-et-la-place-de-la-cgt.html
289 https://www.cfecgc-snuhab.fr/fr/Le-SNUHAB/Histoire.html
290 http://www.germe-inform.fr/?p=2233
291 Dreyfus Michel "Histoire de la C.G.T.", éditions complexes, 1995
292 https://www.jstor.org/stable/3807104?seq=1#page_scan_tab_contents
293 https://istravail.com/actualites-etudes/les-etudes-sociales-et-syndicales/10217-de-la-cftc-a-la-cfdt-histoire-d.html

comme représentatives et irréfragables : la CGT, la CFDT, FO, la CFTC et la CGC. Le constat de Grenelle entérine la création de la section syndicale d'entreprise[294]. Celle-ci devient légale le 27 décembre 1968. Elle va permettre une meilleure audience des syndicats. Avec l'arrivée de la Gauche au pouvoir en 1981, sont mis en place dans les entreprises les Comités d'hygiène, de sécurité et des conditions de travail (CHSCT). Là aussi, cette nouvelle structure renforce la présence syndicale dans l'entreprise. Globalement, les syndicats ont pour fonction de remplacer l'affrontement par le dialogue. Ils sont présents pour négocier de meilleures conditions de travail dans l'entreprise, mais aussi pour participer aux instances paritaires et représentatives.

Toutefois, Dominique Andolfara et Dominique Labbé[295] pensent aujourd'hui que la mise en veilleuse du paradigme de la classe ouvrière diminue l'antagonisme entre le capital et le travail. Ils pointent du doigt le rôle du syndicat en tant que fonctionnaires du social. Dans la grande transformation en cours, pour ces auteurs, les syndicats ont renoncé à communiquer avec leurs adhérents et plus encore avec leurs salariés. Les méthodes traditionnelles d'action syndicale s'en trouvent très affaiblies. La diffusion de tracts, distribués et affichés sur les panneaux syndicaux, semble devenue désuète. La prise de parole publique est faible. Les grèves et les défilés aboutissent de moins en moins à des résultats positifs pour les grévistes, comme si ce type d'action était devenu inaudible et indifférent aux décideurs. En mars 2016, les manifestations portées par les syndicats contre la loi travail de Myriam El Khomri ont vu apparaître en parallèle un mouvement social nommé "Nuits debout[296]". Il s'agit d'un type d'action d'un nouveau genre, qui se disait non affilié à la mouvance syndicale, mais dont l'objet était aussi de s'opposer à la loi travail. Ce mouvement tente de valider sa légitimité nouvelle en se revendiquant fonctionner autour d'une forme de démocratie participative. Malgré toutes les actions entreprises pour s'op-

---

294 https://travail-emploi.gouv.fr/IMG/pdf/Accords_Grenelle1.pdf

295 Andolfara Dominique et Labbé Dominique, "La transformation des syndicats français, vers un nouveau modèle social", revue française de science politique, 2006/2, vol 56

296 https://www.europe1.fr/societe/en-quoi-consiste-le-mouvement-nuit-debout-2710441

poser à cette loi, rien n'y a fait. La loi a été imposée, via l'article 49-3 de la Constitution. Dans la nébuleuse syndicale en mouvement, il faut aussi faire référence au syndicat appelé depuis janvier 1998 "SUD[297]" (Solidaires, Unitaires, Démocratiques). Cette nouvelle étoile dans le mouvement revendicatif a vu le jour le 10 décembre 1981 sous l'intitulé «Union syndicale Solidaires».

Ce nouvel agencement syndical s'est construit autour du rassemblement de dix organisations syndicales. Celles-ci veulent maintenir leur indépendance tout en souhaitant collaborer afin de s'entraider et de développer des revendications plus efficientes. Elles refusent de s'établir en confédérations. Ce G10, à ses débuts, est constitué des organisations suivantes :

- Fédération autonome de la Défense nationale (FADN) , créée en 1947
- Fédération autonome des transports (FAT), créée en 1954
- Fédération générale autonome des agents de conduite de la SNCF (FGAAC), créée en 1885
- Fédération générale des syndicats de salariés des Organisations professionnelles de l'Agriculture et de l'industrie agroalimentaire (FGSOA), créée en 1945
- Fédération autonome des syndicats de Police (FASP), créée en 1969
- Fédération générale autonome des fonctionnaires (FGAF), créée en 1949
- Syndicat national des contrôleurs du trafic aérien (SNCTA), créé en 1965
- Syndicat national des journalistes (SNJ), créé en 1918
- Syndicat national unifié des impôts (SNUI) créé en 1962, devenu Solidaires finances publiques,.

Les mouvements sociaux qui ont émergé depuis 1981 ont alimenté l'adhésion de nouveaux salariés à SUD. Avec le retour de la Droite au gouvernement, ce dernier syndicat est davantage impliqué dans la défense du secteur public à partir de 1986. Il s'engage fortement dans les grèves à la SNCF de l'hiver 1986-

297 http://www.sudsdis-national.fr/qui-sommes-nous/histoire-sud-solidaires.html

1987[298], qui sont jusqu'à cette date les plus longs mouvements sociaux vécus depuis la création de l'établissement en 1937. En 1988, il est en première ligne lors de la grève des conducteurs de camions de la Poste, avec occupation des centres de tri. Ce conflit aboutit à l'exclusion d'adhérents des organisations syndicales traditionnelles. Certains d'entre eux rejoignent le groupement SUD. Dans le même ordre d'idée, on peut aussi rappeler les grèves interprofessionnelles de 1995 contre le plan Juppé. Le soutien au projet gouvernemental de Nicole Notat, secrétaire générale de la CFDT et des responsables de sa confédération a poussé bon nombre de ses adhérents dans les rangs de SUD. En 2008, les confédérations CGT et CFDT signent, avec le patronat et le Gouvernement, un accord sur la représentativité, qui élimine les organisations ayant obtenu moins de 10% des suffrages exprimés aux dernières élections professionnelles[299]. Dans cette logique, plusieurs organisations syndicales disparaissent. Cela a été le cas à la SNCF.

Aujourd'hui, contrairement aux années d'après-guerre, les effectifs des adhérents des syndicats ont fortement chuté[300]. Jusqu'à la fin des années 1970, près d'un salarié sur trois était syndiqué. Entre 1975 et 1990, les syndicats ont perdu un grand nombre de leurs effectifs. En 1975, la CGT affichait 2,377 millions d'adhérents. En 1990, elle en compte 1,8 million. La CFDT, à ces mêmes dates, a reculé de 750 000 inscrits et passe à moins de 500 000 membres. La FEN, principal syndicat enseignant, pendant ce laps de temps, se divise en deux entités, l'UNSA-Education et la FSU, et descend de 550 000 à 300 000 syndiqués. Il est constaté pour FO et la CGC un reflux de 100 000 cotisants. Il en est de même pour la CFTC. Les 5 syndicats, irréfragables et représentatifs pour négocier avec le patronat et le Gouvernement, se trouvent de fait en position de perte de légitimité et de faiblesse face à la société. Mais, comme le fait remarquer le journal Libération du 1er juin 2016[301], la CGT à elle seule, avec près de 650 000 membres, soit moins de 3% de

298 Ribeill Georges, article, "L'hiver de grève des cheminots", 1987, pp. 21-23, Vingtième siècle revue Histoire
299 www.cairn.info/revue-idees-economiques-et-sociales-2011-1-page-8.htm
300 https://dares.travail-emploi.gouv.fr/IMG/pdf/2016-025.pdf
301 https://boutique.liberation.fr/collections/anciens-numeros?page=15

la population salariée, est plus nombreuse que les adhérents de tous les partis politiques français réunis. Ce constat permet de relativiser la situation syndicale en lien avec les partis politiques. La mesure d'audience des syndicats, instaurée par la loi du 20 août 2008, intervient tous les 4 ans. Lors des derniers décomptes, il a été constaté que 5,6 millions de salariés se sont exprimés. Le 31 mars 2017, la Direction générale du travail (DGT) a présenté aux partenaires sociaux les premiers résultats de l'audience syndicale. Les chiffres[302] exposés sont le résultat de l'agrégation des scores enregistrés par les organisations syndicales sur le cycle 2013-2016. Le 14 mars 2018, un bilan complet des résultats de la représentativité, au niveau national interprofessionnel et au niveau des branches, a été émis. Ces résultats déterminent les organisations syndicales reconnues représentatives pour négocier les accords collectifs de travail jusqu'au prochain relevé de la représentativité syndicale qui aura lieu en 2021.

Les résultats définitifs de la représentativité syndicale au niveau national et interprofessionnel sont les suivants (arrêté du 22 juin 2017 publié au Journal Officiel du 30 juin 2017)

syndicats	Suffrages exprimés	Audience	Poids relatif
CFDT	1 384 355	26.39%	30.33%
CGT	1 303 750	24.85%	28.56%
CGT-FO	818 393	15.60%	17.93%
CFE-CGC	560 618	10.69%	12.28%
CFTC	497 368	9.48%	10.90%

Désormais, selon la loi, pour être représentatives dans une branche professionnelle, les organisations syndicales devront dans tous les cas satisfaire au critère de l'audience de 8% dans cette branche, et plus largement, respecter l'ensemble des critères de la représentativité. Le ministère du Travail précise que

302 Ministère du Travail, "Mesure d'audience de la représentativité syndicale 2017", mise à jour le 19 09 2018

selon la loi n° 2014-1528 du 18 décembre 2014[303], les modalités de désignation des conseillers prud'hommes se fondent désormais sur la mesure d'audience des organisations syndicales et patronales.

Les partenaires sociaux sont composés des syndicats salariés, mais aussi des organisations patronales. Ces dernières se sont d'abord développées dans les branches professionnelles. Après le vote de la loi Olivier du 25 mai 1864, les organisations patronales ont émergé en premier lieu pour se prémunir contre le traité "Cobden-Chevalier" de libre-échange, signé avec l'Angleterre en 1860[304]. Sont apparus à cette période, le Comité des forges en 1864[305], le Comité des houillères en 1887[306], le Comité des filatures de coton en 1899, etc. Le 19 mars 1919 est créée la Confédération générale de la production française (CGPF) à l'initiative du ministre du Commerce et de l'Industrie, afin de fédérer les diverses corporations patronales. Ce sont les représentants de cette nouvelle structure qui signeront en 1936 les accords Matignon avec le Gouvernement et les syndicats ouvriers. Plus tard, en décembre 1945, cette confédération s'appellera Conseil national du patronat français (CNPF)[307]. Le 27 octobre 1998, cette entité évoluera encore pour prendre le nom de Mouvement des entreprises de France (MEDEF). Cette organisation patronale a pour tâche de représenter les entrepreneurs auprès de l'État et des organisations syndicales, tout comme les autres organisations patronales concurrentes. Au niveau des petites et moyennes entreprises, le syndicat dominant est la Confédération générale des petites et moyennes entreprises (CGPME), créée par Léon Gingembre en octobre

---

303 https://travail-emploi.gouv.fr/demarches-ressources-doc/documentation-et-publications-officielles/textes-et-circulaires/lois/article/loi-no-2014-1528-du-18-decembre-2014-relative-a-la-designation-des-conseillers

304 https://www.napoleon.org/histoire-des-2-empires/articles/coup-detat-douanier-et-liberalisation-des-echanges-le-grand-tournant-de-1860/

305 http://www.archivesnationales.culture.gouv.fr/camt/fr/egf/donnees_efg/41_AS/41_AS_FICHE.html

306 http://www.archivesnationales.culture.gouv.fr/camt/fr/egf/donnees_efg/40_AS/40_AS_FICHE.html

307 Weber Henri, "Le parti des patrons, le CNPF 1946-1986", Seuil, 1986

1944[308]. Cette confédération change de nom le 1er janvier 2017. Elle se fait appeler désormais Confédération des petites et moyennes entreprises (CPME). Elle réunit 250 fédérations professionnelles qui regroupent autour de 1,5 million d'entreprises. Tout comme pour les syndicats de salariés, la loi sur la représentativité s'applique aux structures patronales. Le 14 mai 2018, un bilan complet des résultats de la représentativité au niveau national a été diffusé par le ministère du Travail. Au regard de ces relevés ministériels, le MEDEF revendique 111 683 entreprises adhérentes, la CPME, 101 578 et l'U2P, 94 989[309]. Cette dernière confédération, appelée aussi Union des entreprises de proximité, est née du rapprochement de certains artisans et professions libérales. Au regard de ces chiffres, le MEDEF est reconnu comme la première organisation patronale française[310], suivi par la CPME et l'U2P. Ce classement est effectif pour 4 ans. En ce qui concerne le nombre de salariés, le MEDEF revendique 8,25 millions de salariés dans ses entreprises adhérentes, la CPME, quant à elle, en relève 3 millions et l'U2P, 507 000. Les prochains décomptes se feront par le ministère du Travail en 2021[311]. La mesure de l'audience des organisations syndicales de salariés et patronales est importante pour leur autorisation à négocier, pour la répartition des sièges dans les instances paritaires comme l'Unedic, l'Agirc-Arrco, etc., mais aussi pour leur budget[312]. Les sommes allouées sont conséquentes. Par exemple, en 2011, la CPME a reçu 6,8 millions d'euros de subventions publiques, au titre de sa contribution aux organismes paritaires, sur un budget de 9 millions d'euros, soit un subventionnement à hauteur de 75% de ses recettes. En 2017, cette organisation a dépensé entre 200 000 et 300 000 euros pour faire du lobbying. Pour mesurer la représentativité

308 file:///D:/Georges/Downloads/120716034809-ethique-et-cgpme-essai-protege.pdf

309 https://www.netpme.fr/actualite/medef-cpme-lu2p-reconnues-organisations-patronales-representatives/

310 26/04/2017 18:38:50 - Paris (AFP) -

311 https://www.batiactu.com/edito/nombre-adherents-organisations-patronales-est-connu-48911.php

312 https://www.capital.fr/votre-carriere/la-jolie-hausse-des-subventions-aux-syndicats-1260667

des organisations patronales, la loi du 5 mars 2015, puis la «loi Travail», posent un cadre juridique qui s'appuie sur le seul critère du paiement d'une cotisation des entreprises à un syndicat employeur. Avant cette date, le système était auto-déclaratif. Dans le nouveau dispositif, la mesure privilégie les effectifs salariés par rapport au nombre d'entreprises adhérentes.

Il s'agissait ici d'aller investiguer ces formes particulières d'organisations syndicales, au regard de la construction de leur légitimité, et peut-être, au-delà, d'aller investiguer une déprise potentielle de celle-ci.

Nous avons repéré que les organisations représentatives patronales et salariales sont apparues progressivement au cours de la deuxième moitié du XIXe siècle. Elles se sont fortement développées au XXe siècle et ont permis de mettre en place des instances de négociation entre des groupes d'intérêts divergents.

On vient d'approcher, dans notre texte, la perte de vitesse des syndicats de salariés, en particulier au regard du nombre de leurs adhérents. Ces chiffres sont vraiment faibles en miroir à la situation d'avant les années 1975. La fin des Trente Glorieuses avec la crise des années 1980, la remise en cause du système de production fordiste, les délocalisations et la montée massive du chômage ont contribué à discréditer les syndicats. Ceux-ci n'ont pas réussi à protéger les salariés contre la nouvelle donne qui s'organise pour casser les collectifs. Ils n'ont pas non plus réussi à corriger les excès engendrés par les nouvelles méthodes de management. Ces formes alternatives d'organisation du travail mettent en concurrence les salariés entre eux. Pour tenter de réagir à cette impuissance des syndicats classiques, nous avons relevé quelques initiatives, comme la création du syndicat SUD et le mouvement «Nuits debout». Il y a eu d'autres actions, comme la coordination des infirmières à l'automne 1988, qui paralysa une partie des hôpitaux et un nombre important de cliniques pendant 7 mois. Cette contestation a été menée en-dehors des syndicats. Les infirmières[313] réclamaient de meilleures conditions de travail et une augmentation des salaires. Dans cette coordination, chaque établissement touché par le mouvement avait des représentants. En 2017, selon le ministère

313 https://drees.solidarites-sante.gouv.fr/IMG/pdf/serieetud101-2.pdf

des Solidarités et de la Santé, il existe 681 459 infirmiers (es) sur la France entière (outre-mer inclus). Il y a 122 341 infirmières libérales ou mixtes, soit environ 17,95% du total de la profession. Au regard de ces chiffres, les infirmières sont la première profession de santé de France. En 2012, le taux d'adhésion des salariés dans la fonction publique hospitalière est de 12% et moins de 8% dans le secteur privé[314]. Pour l'heure, ces nouvelles formes de contestation, à côté des syndicats, restent limitées. Avec les résultats des mouvements sociaux récents, on est en droit de se demander jusqu'où l'inefficacité des syndicats et des autres types d'actions va aller en matière de contestation. La «loi El Khomri» est passée avec l'utilisation du 49-3. Il en est de même pour les cinq ordonnances Macron concernant le Code du travail. Le dernier mouvement des cheminots, qui débute le 3 avril 2018[315] par une grève intermittente pour le maintien du statut de la SNCF, a abouti à la signature en juin 2018 par Emmanuel Macron du projet de loi de réforme de la SNCF basé sur 4 axes. En premier lieu, il précise qu'il va y avoir un investissement de 10 millions d'euros par jour pendant dix ans dans le but de moderniser le réseau. Puis, il annonce que la décision est prise de mettre un terme au recrutement des nouveaux salariés au statut de cheminot. Ensuite, il est décidé de transformer juridiquement la société. En dernier lieu, il affirme que la SNCF va s'ouvrir à la concurrence. Après cette prise de parole présidentielle, certains syndicats décident de poursuivre le mouvement pendant l'été, en particulier SUD et la CGT. Selon le journal les Echos du 27 juillet 2018, le groupe annonce une perte de 762 millions d'euros au premier trimestre, mais "SNCF Mobilité" affiche un profit record du fait d'une réévaluation liée à la réforme. Donnons encore un dernier exemple de mise en difficulté des syndicats par rapport à l'efficacité réelle de leurs actions. Pendant les élections présidentielles, la grève médiatisée, suite à la mise en liquidation judiciaire en mai

---

314 Sainsaulieu Ivan, "La mobilisation collective à l'hôpital : contestataire ou consensuelle", revue française de sociologie Vol LIII, 2012/3

315 http://www.lefigaro.fr/social/dossier/reforme-sncf-statut-cheminot-train-manifestation-syndicat

2017[316] de l'entreprise "GMetS" à la Souterraine en Creuse[317], n'a pas donné de résultats satisfaisants. Un an après, sur 277 salariés, 150 sont au chômage. Selon un représentant local de la CGT, le site tourne actuellement à 35% de son potentiel. Ces événements font suite à un désengagement programmé des donneurs d'ordres historiques que sont les groupes Peugeot et Renault. Pour l'instant, seulement 17 salariés chômeurs ont retrouvé du travail. Derrière tout cela, se joue une bataille médiatique et politique.

Au regard de tout ce que nous venons de décrire, force est de constater que le vent souffle dans le sens d'un libéralisme débridé et sans entrave. Pour l'heure, rien ne résiste à ce sens de l'histoire. Les syndicats de salariés et les syndicats patronaux gardent une légitimité minimum, pour servir d'interlocuteurs aux pouvoirs publics et au Gouvernement dans le cadre de leur participation aux instances paritaires et autres lieux de représentation. Mais finalement, qui ces syndicats représentent-ils ? Il se dégage un sentiment de malaise, comme si le peuple se déconnectait progressivement de ses représentants syndicaux et de ses élus politiques.

Au terme de cette mini rétrospective sur la montée en puissance des syndicats depuis la fin du XIXe siècle et leur déprise actuelle, force est de constater que la situation présente devient délicate, en particulier pour les salariés et la défense de leurs droits. Aujourd'hui, il existe encore une classe ouvrière de plus de 6 millions d'individus[318]. Cette classe sociale n'a maintenant plus de visibilité propre, au sens marxiste du terme, c'est-à-dire que ce groupe n'existe plus en soi et pour soi. L'individualisme favorisé par l'économie de marché et la société libérale arrive finalement à éroder les collectifs, notamment, ceux construits autour du travail. Ce constat vient rajouter un élément supplémentaire à notre hypothèse que le contrat de travail salarié à plein temps et à durée indéterminée doit être remis en cause

316 https://juricaf.org/arret/france-couradministrativedappeldebordeaux-20181012-18bx02692
317 https://www.sudradio.fr/index.php/economie/la-souterraine-creuse-les-salaries-de-gms-entre-colere-et-resignation
318 Beaud Stéphane et Pialoux Michel, "Retour sur la condition ouvrière", éditions Fayard, 1999

selon la doctrine néolibérale. Les syndicats de salariés, contestés et fragilisés par leur manque d'adhérents, vont être moins en mesure de maintenir et de négocier de meilleures conditions de travail. Le Président Macron a, dans sa première année de mandat, contribué à renforcer cet état de fait. Le mouvement des Gilets jaunes, apparu lors du dernier trimestre 2018, est venu rappeler que l'on ne pouvait pas se couper des corps intermédiaires sans conséquences. Les partenaires sociaux restent faibles au regard de ce qu'ils ont été. La question de la représentativité de la société civile dans ses divers aspects est devenue aujourd'hui un enjeu sociétal majeur. Notre choix initial de croiser l'histoire et le temps présent vient s'illustrer ici avec cette mouvance des Gilets jaunes qui agit, apparemment, sans véritable leader.

Notre regard va se focaliser maintenant sur un autre acteur de l'encadrement du travail salarié : la médecine du travail et son action. Nous allons en faire un historique, mais aussi constater, là encore, que dans la dernière décennie, cet accompagnement spécifique de la santé va se trouver chahuté et affaibli.

IV- La médecine du travail et son évolution

Dans une question posée au Sénat par Eric Boquet[319], sénateur du Nord (publiée dans le JO Sénat du 26 avril 2018, page 2 050), ce dernier affirme que notre pays ne compte plus que 4 858 médecins du travail pour 18 millions de salariés dans le secteur privé. Il précise qu'en 10 ans, notre pays a perdu 30% de ses médecins du travail et que 75% de ceux qui sont encore en place ont plus de 55 ans. Cette situation se concrétise par une moyenne de 300 départs annuels pour moins de 100 entrants. Ce sénateur relève encore que les accidents du travail entraînent 90 000 arrêts de travail chaque année. Au regard de ce constat, nous allons remonter le fil du temps, d'abord afin d'aller investiguer le développement de la médecine du travail en France, et ensuite pour tenter de comprendre les raisons de sa situation actuelle. La médecine du travail est récente dans le paysage

319 https://www.senat.fr/questions/base/2018/qSEQ180404636.html

professionnel français puisqu'elle date de la loi n° 46-2195 du 11 octobre 1946[320]. Ce texte fait obligation aux employeurs d'organiser une surveillance médicale pour leurs salariés. Le nouveau médecin du travail devra agir pour suivre la santé des travailleurs et avoir une expertise sur le maintien de ces derniers à leur poste de travail. Il doit être en mesure de repérer les maladies professionnelles. Toutefois, son action au sein de l'entreprise reste mal définie et n'est pas toujours reconnue comme légitime et allant de soi. A la Libération, c'est plus particulièrement au professeur Henri Desoille, nommé en novembre 1945 inspecteur général du travail, que l'on doit la création de ces nouveaux services médicaux du travail, en lien et sous le contrôle des comités d'entreprise. Il est à souligner, dans cette mise en place, l'intervention de l'Ordre des médecins. Dans un premier temps, ce dernier a réussi à imposer que les médecins du travail n'aient aucune mission de soins. Leurs prérogatives doivent se cantonner à la prévention des maladies professionnelles et des accidents du travail. Le deuxième frein à l'élargissement des prérogatives de la médecine du travail est venu de l'opposition de l'Union des industries métallurgiques et minières qui a réussi à limiter la portée des réformes.

Sur le plan historique et international, le lien entre le travail et la médecine ne date pas d'hier. Hippocrate, en 450 Av JC, fait un rapprochement entre les poussières respirées dans le travail de la taille de pierre et l'apparition de l'asthme[321]. Ulrich Ellenbog, chirurgien, écrit le premier ouvrage connu de médecine du travail qu'il fait paraître en 1473[322]. Il s'agit d'un traité sur les vapeurs et les fumées toxiques. En 1533, Paracelse[323], médecin suisse, publie un traité sur le mal des montagnes. Il s'intéresse à l'extraction des minerais et au travail des métaux. Il essaie de trouver des parades aux dangers encourus, comme l'exposition au radon qui génère le cancer du poumon. En 1700, Bernardino

320 https://www.gouvernement.fr/partage/8746-11-octobre-1946-70e-anniversaire-de-la-loi-instituant-la-medecine-du-travail
321 http://docnum.univ-lorraine.fr/public/SCD_T_2011_0117_REMEN.pdf
322 https://fr.calameo.com/read/0021858240f45c74fb717
323 http://www.histophilo.com/paracelse.php

Ramazzini[324], qui enseigne la médecine à Padoue, sort un ouvrage intitulé "Traité des maladies des artisans". Ce livre est traduit en français en 1777. A cette date, les pathologies professionnelles sont enseignées dans les facultés de médecine. En 1775, en Angleterre, Percival Pott[325], chirurgien, prouve que la suie, particules fines produites par la combustion de la houille, provoque des cancers plus spécifiquement chez les ramoneurs. Aux États-Unis, Benjamin Franklin, physicien, étudie la toxicité du plomb et, dans un courrier datant de 1776, il en décrit ses effets, à savoir le saturnisme[326]. Il faudra attendre 1919 en France pour que cette maladie soit reconnue comme maladie professionnelle. Ce sera la première.

Au début de l'ère industrielle, le seul à faire remonter les conditions de travail effroyables des ouvriers dans les manufactures et les usines au XIXe siècle, est Louis René Villermé, précédemment cité. Il est médecin, chirurgien et sociologue avant la lettre. Il quitte la médecine proprement dite en 1818, pour se consacrer à l'étude du monde ouvrier. Il a été missionné par le pouvoir en place pour rédiger un rapport sur l'état physique et moral des ouvriers employés dans les manufactures de coton, de laine et de soie. Ce document est paru en 1840. Ce texte a permis la mise en œuvre d'une première législation en direction des enfants et des femmes dans les entreprises. Plus tard, nous l'avons déjà abordé, est votée le 9 avril 1898 la loi sur les accidents du travail. Il faudra attendre la loi du 25 octobre 1919 pour que soit créé le régime de répartition des maladies professionnelles[327]. Dans les prémices de la future construction du champ de la médecine du travail, devenue institution en 1946, il faut avancer le nom de René Barthe (1893-1957)[328]. Il est mé-

---

324 https://www.legeneraliste.fr/actualites/article/2014/10/11/ramazzini-precurseur-de-la-medecine-du-travail_252236

325 Platel Sylvie, "La reconnaissance des cancers professionnels : entre tableaux et CRRMP, une historique prudence à indemniser...", Mouvements 2009/2 (n° 58), pages 46 à 55

326 http://docnum.univlorraine.fr/public/DDOC_T_2012_0007_OULHOTE.pdf

327 https://www.legifrance.gouv.fr/affichTexte.do?cidTexte=JORFTEXT000000869167&categorieLien=id

328 https://fr.wikipedia.org/wiki/Ren%C3%A9_Barthe

decin et a travaillé auprès du professeur Langlois, spécialiste des maladies professionnelles. Le docteur Barthe aspire à devenir médecin d'usine. Il se fait embaucher à la société d'éclairage, de chauffage et de force motrice de Gennevilliers. Il y développe un service médico-social qui prend en compte la prévention. Cette façon de faire va devenir un exemple à suivre. Le médecin d'usine Barthe est finalement reconnu comme l'un des instigateurs de la médecine du travail entre les deux guerres. Il oriente la pratique vers davantage de prévention et de protection des travailleurs au détriment d'une vision trop fonctionnelle. C'est lui qui est à l'origine des premiers dossiers médicaux d'usine. Dans sa pratique de médecin d'usine, il met en avant six points :

- la pratique des soins d'urgence et des consultations,
- la sélection et l'orientation des ouvriers à l'embauche,
- l'organisation de l'hygiène industrielle,
- la collaboration avec les comités de sécurité et les services de prévention des accidents et des maladies professionnelles,
- le conseil en organisation scientifique du travail,
- la recherche scientifique dans les domaines propres à l'industrie où travaille le médecin.

Au début de la Deuxième Guerre mondiale, le ministère du Travail sort un texte sous le nom de "Recommandation de 1940", qui reprend la totalité de ce que préconise le docteur Barthe. En 1941, sous le gouvernement de Vichy, est mise en place l'Inspection médicale du travail. En 1942, est devenue obligatoire la création de services médicaux et sociaux dans les entreprises industrielles et commerciales visées par l'article 65 du livre II du Code du travail. Une loi du 28 juillet 1942[329] va obliger les entreprises de plus de 50 salariés à mettre en place une médecine du travail pour leurs employés. A la sortie de la guerre, René Barthe n'est pas associé à la rédaction de la loi de 1946, car, pour certaines personnes influentes de l'époque, il est resté trop proche du gouvernement du Maréchal Pétain. En

329 http://www.wkrh.fr/preview/BeDhHlCfDgAdJnEhBfOs/edition/ls/lamy_social_2013/4599_mise_en_place_d_un_service_social_du_travail

1955, le docteur Barthe rédige "Une histoire de la médecine du travail française de 1915 à 1940"[330].

Par ce rappel sur l'implication du docteur Barthe entre les deux guerres, on pointe du doigt qu'il y a eu des liens bien antérieurs à 1946 en France, qui établissent une relation entre le travail et la médecine. En 1810, est paru un décret imposant au patronat de payer les frais médicaux des ouvriers blessés lors des accidents du travail. Les propriétaires de certaines mines ont réagi en embauchant des docteurs en médecine qui sont devenus alors les premiers médecins d'entreprise. Un autre décret instaure la même année une inspection et un contrôle des établissements industriels insalubres ou dangereux. Un embryon de médecine du travail se met en place à partir de la Première Guerre mondiale, mais elle reste parcellaire, et ne concerne que quelques entreprises. Un diplôme d'hygiène industrielle et de médecine du travail est créé en 1933[331]. Le 7 juillet 1937, un décret instaure un corps de médecins-conseils de l'Inspection du travail, afin d'aider les inspecteurs du travail à appliquer les dispositions réglementaires à caractère médical[332].

Dans l'article premier de la loi du 11 octobre 1946[333] est mentionnée la mission des médecins du travail qui est encore retenue aujourd'hui par le Code du travail : *Les établissements énumérés à l'article 65 du livre II du Code du travail, ainsi que les offices publics et ministériels, les établissements relevant de professions libérales, les sociétés civiles, les syndicats professionnels et les associations de quelque nature que ce soit occupant des salariés devront organiser des services médicaux du travail.* Il est ajouté : *Ces services seront assurés par un ou plusieurs médecins qui prennent le nom de « médecins du travail » et dont le rôle exclusivement préventif consiste à éviter toute altération de la santé des travailleurs du fait de leur travail, notamment en surveillant les conditions d'hygiène du tra-*

330 Buzzi Stéphane, Devinck Jean-Claude et Rosental Paul-André, "La santé au travail 1880-2006", Collection Repères, éditions la Découverte, 2006

331 https://aist89.fr/histoire-et-evolution-de-la-sante-au-travail-aist-89.html

332 http://dictionnaire.sensagent.leparisien.fr/Histoire%20de%20la%20m%C3%A9decine%20du%20travail/fr-fr/

333 https://www.senat.fr/rap/l10-232/l10-232_mono.html

vail, les risques de contagion et l'état de santé des travailleurs. La loi précise :

- le caractère obligatoire de la décision,
- son financement assuré par les employeurs,
- une orientation exclusivement préventive de l'action de travail,
- l'indépendance technique et le respect de la déontologie médicale,
- la spécialisation des médecins du travail.

Il est à signaler qu'un décret de 1969 précise l'obligation faite au médecin du travail de passer un tiers de son temps sur les lieux de travail. Autour des années 2000, il a été envisagé une réforme de la médecine du travail. En 2007[334], un rapport a été établi par les professeurs Françoise Conso et Paul Frimat. Il y est relevé la multiplication des troubles musculosquelettiques, des symptômes dus au stress, une forte augmentation des maladies professionnelles et une désaffection pour le métier de médecin du travail. Ce rapport fait aussi mention de l'affaire de l'amiante, qui a révélé les carences d'un système n'ayant pas permis d'empêcher une catastrophe sanitaire. Le droit européen est venu pousser la réforme de l'organisation de la médecine du travail par sa directive du 12 juin 1989[335]. Celle-ci préconise :

- l'évaluation a priori des risques, qui devient un élément essentiel de la prévention dans l'entreprise. Ainsi, l'employeur « doit disposer d'une évaluation des risques pour la sécurité et la santé au travail ».
- l'appel, par l'employeur, aux compétences nécessaires (article 7 de la directive) pour assurer les activités de prévention des risques professionnels dans l'entreprise. Cette disposition constitue la base à partir de laquelle sera introduite la notion de pluridisciplinarité, la prévention des risques professionnels supposant la mobilisation de savoirs très divers qui dépassent le cadre médical : toxicologie, psychologie, ergonomie, etc.

Au 1er janvier 2009, selon le rapport du Sénat, la population suivie par la médecine du travail s'élève à 15 956 000 salariés.

---

334 http://christian.crouzet.pagesperso-orange.fr/smpmp/images-SMT/Rapport_Frimat-Conso.pdf
335 Sénat, un site au service des citoyens le 26 septembre 2018

En 2010, la médecine du travail fait l'objet d'un nouveau rapport alarmiste. Celui-ci est consacré à la formation des professionnels de santé, au travail et à l'attractivité de ces métiers. La réforme qui s'esquisse à ce moment s'articule autour de plusieurs points :

- En premier lieu, mettre en place des équipes pluridisciplinaires coordonnées par le médecin du travail.
- Ensuite, mieux couvrir tous les salariés, y compris les intérimaires.
- Puis, tenir compte de la démographie médicale, 75% de médecins du travail ont plus de 50 ans.
- Enfin, mieux prévenir la désinsertion professionnelle en cas d'inaptitude.

En relation avec la médecine du travail, la « loi El Khomri » permet que la visite médicale d'embauche ne soit plus obligatoire, excepté pour les postes à risque (amiante, rayonnements ionisants, plomb, agents cancérigènes, risque hyperbare, agents biologiques des groupes 3 et 4, risque de chute). Désormais, les autres salariés passeront une visite d'information et de prévention avec un professionnel de santé qui n'est pas forcément médecin. Cela pourra être fait par exemple par une infirmière. Pour de nombreux médecins, ce fait constitue une véritable régression dans la protection des salariés. L'entrée en vigueur de cette loi au premier janvier 2017 introduit trois autres changements dans le suivi médical des salariés. Désormais, les visites médicales vont être plus espacées. La procédure de constatation de l'inaptitude est modifiée en profondeur et la procédure de contestation de l'avis médical va être également transformée. Dans le cadre d'un suivi dit "normal", l'espace entre deux visites ne pourra pas dépasser 5 ans. Globalement, le montant du financement de la médecine du travail reste opaque. Selon la fondation iFRAP[336], la médecine du travail représente pour les entreprises un coût moyen de 70 euros par an et par employé, ce qui fait un prix total de 1,2 milliard d'euros pour l'année 2013, soit un budget de 223 000 euros par médecin du travail. Au premier janvier 2013, le nombre de médecins du travail est de 5 666. En

336 Meisterman Manon, fondation iFRAP, Think Tank dédié à l'analyse des politiques publiques, laboratoire d'idées innovantes, publié le 18 février 2014

2009, ils étaient 6 874. Selon cette même source d'information, le ministère du Travail ne donne plus la composition des effectifs de la médecine du travail depuis 2009. Toutefois, on peut estimer à 15 000 personnes le nombre d'agents non médicaux employés par les services de médecine du travail. Précisons encore que les médecins du travail sont salariés, soit d'un service du travail interne (en 2012, il existe 580 services autonomes d'entreprises) ou bien externe (en 2012, 268 services interentreprises couvrent 95% des salariés). Ces éléments nous démontrent que le prix réel de la médecine du travail reste inconnu. Les employeurs qui ont recours à un service interentreprises cotisent pour un montant fixé chaque année par l'assemblée générale de l'association à but non lucratif à laquelle ils adhèrent. L'Inspection générale des affaires sociales a déploré cet état de fait. Comparer une consultation de médecin généraliste à 23 euros à une visite de médecin du travail à 70 euros laisse interrogatif. En 2011, on recense 641 000 accidents avec arrêt de travail. Relevons aussi que les 268 services interentreprises sont quasiment en situation de monopole. Globalement, le cadre institutionnel du dispositif français de santé au travail est particulièrement complexe[337].

Poursuivons ce rassemblement d'informations sur la médecine du travail en faisant le constat que, depuis sa naissance en 1946, celle-ci a vécu plusieurs mutations. Dans l'objectif de cette médecine particulière de contribuer à la santé au travail des salariés, rappelons de façon liminaire que la dernière réforme de la médecine du travail avant le vote des ordonnances Macron est la loi travail n° 2016-1088 du 8 août 2016[338]. Celle-ci apporte des modifications en matière de santé et de sécurité au travail sur 9 points :

- Le changement opéré en matière d'aptitude ou d'inaptitude.
- L'allègement de la surveillance médicale des salariés.
- Les nouvelles règles pour le CHSCT.
- Le renforcement de la prévention des agissements sexistes.

337 https://fr.wikipedia.org/wiki/Sant%C3%A9_au_travail_en_France
338 https://www.net-iris.fr/veille-juridique/actualite/35262/loi-travail-du-8-aout-2016-tout-sur-ses-principales-mesures.php

- Le régime probatoire en matière de harcèlement moral et sexuel.

- Les changements concernant certaines catégories de travailleurs.

- L'amiante.

- Le travail de nuit.

- Le travail détaché.

Les dernières retouches apportées au fonctionnement de la médecine du travail arrivent avec la ratification des ordonnances Travail signées le 14 février 2018. Parmi ces ultimes modifications, on peut signaler un changement en matière de contestation des documents émis par le médecin du travail. On relève aussi la mise en place d'une visite médicale avant le départ en retraite de certains salariés.

"L'assurance maladie risques professionnels", dans un communiqué de presse du 14 septembre 2017[339] annonce plus d’un million de sinistres (accidents du travail, de trajet et maladies professionnelles) reconnus et pris en charge en 2016. Parmi ceux-ci, près de 764 000 ont entraîné un arrêt de travail ou une incapacité permanente. Selon cette institution, la fréquence globale des accidents du travail (AT) poursuit sa baisse et se stabilise à un niveau historiquement bas. En 2016, l’assurance maladie a recensé 33,8 accidents du travail pour 1 000 salariés. En 1946, ces chiffres étaient de 120 accidents pour 1 000 salariés. Mais il faut relativiser, la situation n'est pas identique d'un secteur d'activité à l'autre. Dans l'environnement des aides et soins à la personne, ainsi que dans le domaine de l'intérim, la situation ne s'améliore pas. Pour le premier secteur, en 2016, il est relevé 94,6 accidents du travail pour 1 000 salariés, soit une hausse de 2%. Dans ce champ d'activité, le nombre d'accidents est trois fois supérieur à la moyenne. Pour l'intérim, il est constaté une hausse de 7,8% des accidents. Globalement, aujourd'hui la première cause d'accidents du travail est liée aux activités demandant le plus d'efforts physiques. Il s'avère que la manutention est à l'origine de 53% des accidents, les chutes représentent 25% et les problèmes liés à l'outillage à main sont res-

339 https://www.carsat-nordpicardie.fr/images/CP_sinistralit%C3%A9_AMRP_14092017.pdf

ponsables de 9% des blessures. En 2016, l'assurance maladie dénombre 514 décès dus aux accidents du travail. Pour cette même année, les accidents du travail représentent 41,3 millions de journées de travail non effectuées. Ces chiffres permettent de constater que la médecine du travail a encore de quoi s'occuper et reste nécessaire et légitime dans le suivi médical des salariés. On peut néanmoins se poser des questions sur son fonctionnement au regard de ce qui s'est passé et se passe encore à l'égard de l'amiante. Les premiers doutes sur la dangerosité de l'amiante ont été émis en 1906[340] dans le rapport de l'inspecteur du travail Denis Auribault[341]. En France, il faut attendre 1945 pour que l'asbestose, maladie due à l'amiante soit reconnue comme maladie professionnelle. Il faut encore patienter jusqu'en 1977 pour que soient établies les premières règles spécifiques de protection des travailleurs. Ce n'est qu'en 1996 que l'utilisation de l'amiante va être complètement supprimée. Une directive européenne interdisant l'amiante ne va voir le jour qu'en 2005. Selon un rapport du Sénat, relevé le 30 septembre 2018 sur son site, 35 000 personnes sont mortes en France d'une maladie liée à l'amiante entre 1965 et 1995. Il y est ajouté qu'il faut s'attendre à encore environ 50 000 à 100 000 décès de salariés d'ici 2025[342]. L'Organisation internationale du travail (OIT) quant à elle, annonce la mort de 10 000 personnes par an dans le monde, chaque année, en lien avec l'amiante. Au regard de ces faits, il est légitime de s'interroger sur le rapport d'indépendance et de soumission des états face aux entreprises. En outre, on est en droit de se poser des questions sur les conséquences du lien

---

340 INRS histoire de la problématique amiante

341 Luton Pierre, Le Bulletin de l'Andeva, Numéro 13 (juin 2004). Auribault cite l'exemple d'une usine de filature et de tissage d'amiante établie en 1890 à Condé sur Noireau (Calvados) qui avait totalement ignoré les règles de l'hygiène édictées par la loi concernant l'hygiène et la sécurité des travailleurs dans les établissements industriels votée en juin 1893. *Au cours de ces cinq premières années de marche, aucune ventilation artificielle n'assurait l'évacuation directe des poussières produites par les différents métiers ; cette inobservation totale des règles de l'hygiène occasionna de nombreux décès dans le personnel : une cinquantaine d'ouvriers et d'ouvrières moururent au cours de ces cinq années.*

342 http://temis.documentation.developpement-durable.gouv.fr/docs/Temis/0062/Temis-0062972/18071.pdf

financier qui existe entre l'institution "médecine du travail" et le patronat. Au final, si ce dispositif est censé protéger les salariés contre les risques liés au travail, cela n’a n'a manifestement pas été le cas pendant des décennies concernant l'amiante !

Aujourd'hui, la médecine du travail reconnait 112 tableaux de maladies professionnelles pour le régime général et 65 pour le régime agricole. Dans ceux-ci, elle reconnaît que les troubles musculosquelettiques (TMS) représentent 85% des causes de maladies professionnelles reconnues pour les actifs du régime général[343]. Dans l'actualité récente, il a été porté par le groupe parlementaire des Insoumis, une tentative de reconnaissance par l'Assemblée Nationale du burn-out comme maladie professionnelle. La ministre du Travail, Muriel Pénicaud, s'y est opposée avec son groupe parlementaire. Le burn-out est un syndrome d'épuisement professionnel et d'angoisse permanente causé par l'accumulation de stress. La médecine du travail reconnaît un nombre d'affections psychiques en lien avec le travail de l'ordre de 10 600 cas par an. Elle en classe 10 000 en accidents du travail et 600 en maladies professionnelles. Il est maintenant avéré que ce résultat est la conséquence d'organisations du travail pathogènes. Plus globalement, les risques psychosociaux prennent de plus en plus d'ampleur dans tous les secteurs d'activité. Les risques psychosociaux (RPS) sont toutes les formes de violences morales, stress, harcèlement moral, harcèlement sexuel, etc. Marie Pezé[344], docteur en psychologie, psychanalyste et experte auprès de la Cour d'appel de Versailles, crée en 1997 la première consultation "souffrance et travail" au centre d'accueil et de soins hospitaliers de Nanterre. Aujourd'hui, il existe 35 antennes de ce type en France. Au regard de ces faits, la visite médicale proposée tous les 5 ans aux salariés "ordinaires" pose problème. On est obligé de relever que le choc de simplification en cours de la médecine du travail, en direction des employeurs, trouve là une grosse faille. Marie Pezé constate que ce temps long entre deux visites médicales n'est pas propice à la prévention des burn-out. Un salarié qui souffre au travail a le temps de

343 Santé sécurité au travail

344 www.souffrance-et-travail.com/a-propos/marie-peze/

subir plusieurs burn-out avant que la médecine du travail puisse agir.

Au travers de ce regroupement d'informations sur la médecine du travail, et en lien avec son utilité auprès des salariés, on peut affirmer, sans ambigüité, que cette protection reste et demeure plus qu'indispensable. Cependant, force est de constater que le lobbying passé et présent du monde des dirigeants d'entreprises reste d'actualité. Il influence les pouvoirs politiques en permanence, dans le but de relativiser toujours plus les dangers et les risques que les employés prennent sur leur lieu de travail.

Les données que nous avons relevées dans ce sous-chapitre concernant l'institution de la médecine du travail et son évolution ne sont pas rassurantes pour les salariés du secteur privé, quel que soit leur statut (CDI, CDD, intérim, etc.). Cette situation ne contribue pas véritablement à renforcer leur sécurité et vient rajouter de l'incertitude sur ces situations salariales contractualisées.

Dans notre tour d'horizon des institutions qui encadrent le contrat de travail salarié et les méandres de sa déstabilisation potentielle, abordons maintenant ce que l'on appelle les Instances représentatives du personnel (IRP).

V – Les Instances représentatives du personnel (IRP) : des origines à leurs formes actuelles

Les instances représentatives du personnel ont eu du mal à se mettre en place dans les entreprises. La résistance des milieux professionnels dirigeants a été très forte. Pour l'heure, ces instances ne sont que consultatives. Elles ne sont pas décisionnaires. Pour développer cet autre thème, nous avons fait le choix, après avoir donné des informations générales sur ce champ, de poursuivre en traitant successivement trois aspects de la question. Il s'agit de la naissance et de l'évolution des trois instances que sont les Délégués du personnel (DP), les Comités d'entreprise (CE), et les Comités d'hygiène, de sécurité et des conditions de travail (CHSCT).

Les délégués du personnel, nous l'avons vu, sont apparus en 1936 avec les accords Matignon. Dans le deuxième grand tournant de la construction des acquis sociaux, en 1945 est mis en place le Comité d'entreprise (CE). Les DP et les membres du CE sont élus dans le cadre d'élections professionnelles. Ces personnes représentatives ne sont pas forcément syndiquées. La négociation institutionnalisée dans les entreprises apparaît au troisième grand moment social du XXe siècle, produit par les événements de mai 1968. A partir de cette date, les délégués syndicaux implantés dans les entreprises peuvent signer des accords avec le patronat lorsque ces négociations sont plus favorables que le Code du travail ou les accords de branche. Le quatrième virage est négocié à la suite de l'arrivée de la Gauche au pouvoir en 1981. En 1982, les «lois Auroux»[345] autorisent la mise en place des CHSCT et obligent à une négociation d'entreprise une fois par an. Les thèmes à aborder sont les salaires, l'emploi et les conditions de travail. Il est clair que le dialogue social s'inscrit en lien direct avec la situation économique de l'entreprise et la situation politique du pays. Pour qu'un dialogue social puisse exister, s'inscrire dans le temps et acquérir une légitimité, il a fallu des événements politiques importants. Chacune des pièces de ce puzzle est issue d'une conquête sociale. Précisons que dans ces avancées, les délégués syndicaux ne sont pas élus mais désignés par les syndicats. Ces derniers bénéficient, depuis un décret de 1966, de la présomption d'irréfragabilité[346], tout au moins pour les cinq syndicats représentatifs que sont la CGT, la CFDT, la CGT-FO, la CFTC et la CGC. Ces structures représentatives sont légitimes pour négocier avec le Gouvernement, mais aussi avec les entreprises au niveau local. La loi n° 2008-789 du 20 août 2008 modifie cet état de fait. Ce texte abolit la présomption irréfragable de représentativité pour les syndicats historiques[347]. Elle requiert désormais des délégués syndicaux, qu'ils obtiennent un nombre minimum de suf-

---

345 https://www.anact.fr/les-lois-auroux-une-etape-cle-de-lhistoire-de-lamelioration-des-conditions-de-travail

346 https://www.vie-publique.fr/actualite/dossier/syndicat-representativite/reforme-representativite-syndicale-necessite-difficile-negocier.html

347 https://halshs.archives-ouvertes.fr/halshs-00609506/document

frages, à savoir 10% des suffrages exprimés lors du premier tour des élections professionnelles du CE ou des DP. Précisons qu'une loi antérieure (2004[348]) avait déjà introduit les premiers critères de représentativité électorale. Relevons qu'avec la «loi El Khomri» en 2016[349], qui instaure le référendum d'entreprise à l'initiative de l'employeur, cette possibilité permet aux décideurs de contourner totalement les syndicats dans l'élaboration des accords d'entreprise. Ce dernier point va affaiblir encore un peu plus le socle de légitimité de ceux-ci.

Les ordonnances Macron ont entériné, par le décret du 29 décembre 2017, la mise en place du Comité social et économique (CSE)[350]. Cette nouvelle entité doit, pour les entreprises de plus de 50 salariés, regrouper trois instances au préalable distinctes, à savoir le CHSCT, les DP et le CE. Le CSE constitue la nouvelle instance habilitée à négocier dans l'entreprise. Celle-ci garde la prérogative d'ester en justice et de demander des expertises lorsqu'elle le juge nécessaire. Aux compétences du CSE s'ajoute la capacité de négocier et de conclure des accords d'entreprise, attribution jusqu'alors réservée aux syndicats. Cet état de fait constitue la fin d'une époque. Avant la mise en place des "ordonnances travail", la question de la fusion des instances avait déjà été abordée sous plusieurs angles. La loi quinquennale pour l'emploi du 20 décembre 1993[351] a rendu possible la première Délégation unique du personnel (DUP), instance regroupant les fonctions de délégués du personnel et de membres du CE, dans les entreprises de moins de 200 salariés. La «loi Rebsamen»[352] du 17 août 2015 crée la deuxième DUP,

---

348 https://www.cairn.info/revue-idees-economiques-et-sociales-2011-1-page-8.htm?try_download=1#

349 https://lentreprise.lexpress.fr/rh-management/droit-travail/loi-travail-accord-d-entreprise-et-referendum-d-entreprise_1788752.html

350 https://www.editions-legislatives.fr/dossiers-speciaux/mise-en-place-du-cse-comite-social-et-economique-quels-moyens-nego-cier?c=S00G9999&gclid=EAIaIQobChMImIvI9eCu4gIV2JTVCh3iUQMKEAAYASAAEgK0lfD_BwE

351 https://www.gereso.com/actualites/2016/06/28/mettre-en-place-une-delegation-unique-du-personnel/

352 https://www.village-justice.com/articles/Presentation-loi-aout-2015,20276.html

cette fois pour réunir les DP, les CE et les CHSCT dans les entreprises de moins de 300 salariés, si un accord majoritaire avec les organisations syndicales est validé. Plusieurs rapports sont sortis pour tenter d'étudier l'intérêt de cette initiative. Il y a eu entre autres, le rapport Hadas-Lebel[353] (mai 2006), la commission Attali (2008), le rapport de Jacques Barthélémy et de Gilbert Cette[354] (2010), le rapport de l'institut Montaigne[355] (2011), etc. Antérieurement, est parue l'étude de Gérard Lang et de Claude Thélot[356] (1985). Les arguments déployés par le Gouvernement précisent que les entreprises hésitent à passer de dix à onze salariés. Ce choix est en lien avec la présence, qui s'impose à l'employeur, d'un délégué du personnel au-delà de 10 salariés dans l'entreprise. Il existerait un deuxième palier pour les établissements passant de 49 à 50 salariés. Pour ces deux points, les études prouvent que ces effets de seuil sont marginaux. La demande de création d'une délégation unique était une revendication récurrente du patronat. Pour appuyer cette démarche, il a aussi été avancé la complexité du Code du travail. Sur cette question, il existe en effet 460 textes législatifs portant sur les représentants du personnel[357]. A ceux-ci, il faut ajouter les décisions des tribunaux et la jurisprudence qui en découle. Selon la Dares, dans le système en place avant l'application des ordonnances, de nombreux représentants du personnel cumulaient déjà des mandats de CE, DP, CHSCT et DS (Délégué Syndical). En 2016, il a été relevé que 35% des représentants du personnel cumulaient 2 mandats et 19% étaient positionnés sur trois délégations. Patrice Laroche, professeur de sciences de gestion à l'université de Lorraine, dans un article à la Tribune du 28 septembre 2017[358], précise que cette argumentation est falla-

353 https://www.ladocumentationfrancaise.fr/rapports-publics/064000364/index.shtml

354 http://www.wk-rh.fr/actualites/upload/rapport-refondation-droit-social-barthelemy-cette.pdf

355 https://www.institutmontaigne.org/publications/reconstruire-le-dialogue-social

356 https://www.epsilon.insee.fr/jspui/bitstream/1/19480/1/estat_1985_173_1.pdf

357 http://theconversation.com/fusion-ce-chsct-dp-la-fin-dune-epoque-84423

358 https://www.latribune.fr/opinions/tribunes/fusion-ce-chsct-dp-la-fin-d-une-epoque-752006.html

cieuse, d'autant plus que moins de 50% des établissements employant de 50 à 200 salariés disposent d'un délégué du personnel. Précisons en outre que seulement 42% bénéficient d'un CE. Il a été calculé que le coût de la représentation du personnel s'élève à 4% de la masse salariale. Au regard de ce chiffre, on est en droit de penser que cette représentation du personnel est un service utile à l'entreprise et non une charge. Finalement, pour Patrice Laroche, cette initiative gouvernementale relève d'une posture idéologique.

Pour les établissements de plus de 300 salariés, les ordonnances ont prévu une instance nommée «Commission santé, sécurité et conditions de travail» (CSSCT). Les entreprises de 50 à 300 salariés ne disposent plus d'instance représentative du personnel dédiée aux risques professionnels, sauf pour certains secteurs d'activité, comme les installations nucléaires, les établissements classés Seveso, les entreprises de stockage souterrain d'hydrocarbures ou de produits chimiques. Le secteur du Bâtiment et des travaux publics (BTP) et les intérimaires ne sont pas concernés, sauf si un inspecteur du travail en décide autrement. Pour la sociologue Danièle Linhart[359], l'orientation en cours découle d'une logique managériale où l'économie prend le pas sur la santé et la sécurité au travail. La prise en charge individuelle, lorsqu'il y a problème, est mise en avant, au détriment d'une lecture critique de l'organisation du travail.

Revenons aux racines de chacune de ces instances représentatives. Commençons par les délégués du personnel. L'origine la plus significative des délégués du personnel est à aller chercher pendant la Première Guerre mondiale dans les usines d'armement. Dans ces centres de production, il a existé des délégués ouvriers et des conseils d'usine où les salariés avaient un droit de contrôle sur le fonctionnement de l'entreprise. Avant cette période, il a existé, de façon sporadique, des situations où des ouvriers ont été sollicités pour donner leur avis. Cela fut le cas avec les coopératives ouvrières de production, les ateliers sociaux et chez certains patrons chrétiens où étaient désignés des

359 Linhart Danièle, "La comédie humaine du travail : de la déshumanisation taylorienne à la sur-humanisation managériale", Toulouse, éditions Erès, coll. « Sociologie clinique », 2015

conseils d'usine. Aujourd'hui, les textes de loi concernant les délégués du personnel dans le Code du travail se réfèrent principalement aux articles L.421-1 pour les entreprises concernées, L.422-1 et suivants pour leurs attributions, L.236-1 et suivants pour leur rôle supplétif et L.423-2 à L.423-19 pour leur composition et l'organisation des élections. Donnons quelques informations plus précises. Prenons l'exemple d'un établissement de moins de 50 salariés. Le dirigeant doit organiser une réunion des DP au moins une fois par mois. Les questions posées à l'employeur doivent être données au plus tard deux jours avant la réunion. Le responsable exprime par oral ses réponses pendant l'échange prévu avec les élus DP puis, il doit confirmer par écrit ses décisions dans un délai de 6 jours. Un délégué du personnel dispose de 10 heures pour faire son travail d'élu qui est considéré comme temps de travail. Le temps de réunion n'est pas pris en compte dans son crédit d'heures. Dans les entreprises de plus de 50 salariés, les délégués titulaires disposent de 15 heures mensuelles. L'entreprise doit mettre à disposition un panneau d'affichage ainsi qu'un local, un exemplaire à jour de la convention collective relative à l'activité de l'entreprise ainsi qu'un Code du travail actualisé. Le délégué est libre de se déplacer dans l'entreprise pendant ses heures de délégation et en-dehors de son temps de travail. Le nombre des DP est déterminé en fonction du nombre de salariés dans l'entreprise. De 11 à 25 salariés, l'entreprise doit organiser une élection pour un titulaire et un suppléant[360]. De 26 à 72 employés, il doit être mis en place deux élus titulaires et deux suppléants et ainsi de suite. Pour un établissement de plus de 1 000 personnes actives, il doit être prévu une nouvelle élection d'un délégué pour chaque tranche supplémentaire de 250 salariés. La mission des délégués du personnel est de faire remonter les demandes des salariés et d'intervenir auprès de l'inspecteur du travail en cas de nécessité. Si l'entreprise ne dispose pas de CE ni de CHSCT, le délégué du personnel doit assumer les prérogatives de ces deux entités. Dans les entreprises de moins de 50 salariés, si le patron envisage un licenciement collectif pour motif économique, les élus DP doivent pouvoir donner leur avis. Plus généralement, les

360 https://www.droit-travail-france.fr/election-delegue-personnel.php

délégués du personnel ont accès au registre unique du personnel et aux fiches établies par le médecin du travail sur l'entreprise.

Voici énumérés dans les grandes lignes, le cadre et les prérogatives des DP, quand ils existent dans l'entreprise. Le Code du travail énonce que les représentants du personnel sont des salariés protégés[361]. De fait oui, légalement, mais dans la réalité du quotidien, ce sont des personnes exposées dans leur milieu de travail et qui souvent "paient" leur engagement. Ils sont parfois dénigrés par certains salariés et souvent en conflit avec leurs dirigeants. Pour beaucoup, la promotion devient souvent lettre morte. Pour occuper cette fonction, il faut plutôt avoir le sens de l'intérêt collectif. Dans la période actuelle, il semble que l'intérêt individuel prime sur ce sens du bien commun.

Poursuivons, en allant aux origines des comités d'entreprise. La première souche du comité d'entreprise prend forme le 4 octobre 1941, avec la charte du travail du maréchal Pétain, qui crée les comités sociaux d'entreprise sous la tutelle du patronat[362]. On a déjà souligné que les syndicats n'avaient plus cours à cette époque. L'objectif de cette nouvelle entité, au-delà d'être un instrument de contrôle, est de gérer les œuvres sociales créées par le dirigeant de la firme. Cela consiste à réaliser pour les employés un arbre de Noël, organiser des activités sportives, culturelles, leur proposer des bons d'achat, une billetterie à tarif préférentiel, etc. Au sortir de la guerre, l'ordonnance du 22 février 1945[363] donne une nouvelle orientation au CE. Celle-ci correspond à l'aboutissement d'une revendication salariale qui a pris corps entre les deux guerres et a été retenue et inscrite dans le programme de la Résistance. Là encore, on ne peut pas séparer ce qui se passe sur le plan de l'encadrement du travail de la situation politique du moment. Citons un extrait du texte juridique instituant les CE[364] : *Le grand mouvement populaire qui a libéré la France de l'ennemi n'a pas été seulement un mouve-*

---

361 https://www.droit-travail-france.fr/protection-delegue-personnel.php

362 Le Crom Jean-Pierre et Hesse Philippe-Jean (sous la direction de), «La protection sociale sous le régime de Vichy», éditions Presses universitaires de Rennes, 2001

363 https://www.gouvernement.fr/partage/8710-22-fevrier-1945-une-ordonnance-cree-les-comites-d-entreprises

364 https://www.les-crises.fr/15-mars-1944-cnr/

ment de la libération nationale ; il a été également un mouvement de libération sociale. Cet extrait se poursuit par : *Dans la résistance clandestine comme à Londres, autour du Général de Gaulle, des projets de reconstruction économique et sociale de la France ont été élaborés. Une des idées que l'on retrouve dans presque tous ces projets est la nécessité d'associer les travailleurs à la direction de l'économie et à la gestion des entreprises.* Par ce document juridique, sans perdre les œuvres sociales, les CE occupent désormais un rôle économique et professionnel. A partir de cette ordonnance, le CE porte la vision des salariés dans l'entreprise. Cette entité est sollicitée toute l'année pour donner son avis sur l'organisation du travail, l'égalité professionnelle, la formation continue et les grandes restructurations lorsqu'elles se présentent. Il faut souligner que le texte de 1945 est critiqué. En particulier, il ne donne pas les moyens au CE de véritablement agir. Un nouvel élan est permis grâce à la loi du 16 mai 1946 qui autorise la création d'un CE dans les entreprises de plus de 50 salariés[365]. Celui-ci, par l'intermédiaire de ses représentants élus, peut demander à être assisté d'un expert-comptable, aux fins d'analyser la situation économique et financière de l'entreprise. Les restrictions d'information sont réduites aux secrets de fabrication. Plus tard, les lois Auroux de 1982 permettent que soit mis en place un budget de fonctionnement, établi à 0,2% de la masse salariale brute. Signalons dans le fonctionnement du CE, que toutes les décisions concernant les activités sociales et culturelles en lien avec l'entreprise sont prises à la majorité des représentants titulaires du personnel, sans que l'employeur ne puisse s'y opposer. Depuis l'application des ordonnances du 22 septembre 2017, toutes les activités du CE, des DP et des CHSCT doivent être reprises par la nouvelle instance du CSE.

Pour terminer cette rétrospective des IRP, il nous reste encore à donner quelques précisions sur l'histoire et l'évolution des CHSCT. Rappelons que nous sommes toujours dans cette démarche de relever et mesurer l'ampleur des évolutions de la nébuleuse qui gravite autour du contrat de travail salarié. Ou,

---

365 Leterrier Jean-Michel, «Voyage au pays des CE : 1945-1946, 2015-2016 : 70 ans d'histoire des comités d'entreprise», éditions du 1er mai, 2015

pour l'exprimer autrement, comment le processus de légitimation et de délégitimation agit-il, au-delà du contrat de travail, sur les institutions qui encadrent cet engagement professionnel réciproque entre salarié et employeur ?

La question des CHSCT croise les données que nous avons développées sur l'existence de la médecine du travail, de l'Inspection du travail, du ministère du Travail, des syndicats, des DP, des CE. Deux approches se chevauchent depuis 1984. En parallèle, est montée progressivement en puissance la question de la prévention des risques pour assurer la sécurité au travail. A la fin du XIXe siècle, c'est dans les mines, plus encore qu'ailleurs, que la problématique de la sécurité est devenue primordiale, en particulier pour éviter les catastrophes. Une loi du 8 juillet 1890[366] instaure la mise en place de délégués mineurs qui avaient pour mission de tenir un registre et de relever des observations sur la sécurité et les infractions repérées dans le cadre du travail. Il est établi que le CHSCT trouve son origine dans l'application de ce texte législatif. A cette source, viennent se fixer d'autres points d'ancrage, comme nous venons de le rappeler :

- la création de l'Inspection du travail en 1892,
- la loi du 2 novembre 1892 sur la durée du travail des enfants et des femmes,
- la loi de 1893 sur la protection des travailleurs dans les établissements industriels concernant l'hygiène et la sécurité,
- la loi du 9 avril 1898[367] sur le régime spécifique d'indemnisation des victimes d'accidents du travail.

Pour aller au-delà, il faut attendre une recommandation de l'Organisation internationale du travail (OIT) en 1928, qui préconise l'institution de comités paritaires de sécurité dans l'entreprise. Ensuite, c'est le 4 août 1941, sous le gouvernement de Vichy, que naissent les premiers conseils de sécurité chargés de contrôler la sécurité dans l'entreprise. A la fin de la guerre, il va être décidé qu'en plus de leurs prérogatives antérieures, les comités d'entreprise vont avoir à prendre en charge les ques-

366 https://www.humanite.fr/la-longue-histoire-de-linstitution-des-delegues-elus-du-personnel-604737

367 https://travail-emploi.gouv.fr/IMG/pdf/Loi_du_9_avril_1898.pdf

tions d'hygiène et de sécurité. C'est le décret du 1er août 1947[368] qui met en avant la prévention des risques dans l'entreprise. L'instauration de comités d'hygiène et de sécurité, quel que soit le secteur d'activité, pour des entreprises de plus de 300 salariés, a été acquise par la loi du 27 décembre 1973[369]. La fusion des approches hygiène, sécurité et conditions du travail s'établit par la loi du 23 décembre 1982[370]. C'est à cette date que le CHSCT devient une instance représentative spécifique comme le CE ou les DP. Cette nouvelle entité se trouve renforcée par une nouvelle prérogative qui lui est attribuée : un droit d'alerte. La loi du 31 décembre 1991[371] permet au CHSCT d'étendre ses prérogatives dans le domaine de la prévention des risques. Sur ces questions, il peut désormais faire appel à un expert. Depuis ce texte, le CHSCT a pu renforcer son action sur la prévention des expositions à long terme des salariés. Suite à la catastrophe de l'usine AZF à Toulouse en 2001, une loi du 30 juillet 2003[372] élargit la prévention à l'ensemble des risques technologiques. Les points faibles du système sont le suivi des personnels de la sous-traitance et de l'intérim. Depuis les années 1990, deux nouveaux champs s'ouvrent pour les CHSCT. Il s'agit du suivi des troubles musculosquelettiques (TMS) et du traitement des informations sur le harcèlement sexuel et moral. Dans ces deux domaines, la question des moyens pose problème.

Finalement, à partir du premier janvier 2018, la fusion des trois instances CHSCT, DP et CE, en une seule entité appelée CSE (Comité social et économique) va avoir un impact sur les effectifs de représentativité dans toute entreprise de plus de 11 salariés. En effet, ceux-ci vont diminuer ainsi que les heures de délégation. Les mandats en cours vont pouvoir aller jusqu'à leur terme. La date butoir pour élire les représentants de la nouvelle

---

368 https://www.entreprendre-ensemble.carsat-nordpicardie.fr/index.php?page=historique-des-chst

369 http://www.souffrance-et-travail.com/wp-content/uploads/Guide-CHSCT-Inrs.pdf

370 https://travail-emploi.gouv.fr/IMG/pdf/CT_2013_-_interactif.pdf

371 https://www.ameli.fr/sites/default/files/Documents/5310/document/circulaire-6-drt-18042002_ministere-travail.pdf

372 https://www.ineris.fr/fr/risques/comment-evaluer-risque/evaluer-risque-accidentel

instance dans les entreprises est fixée au 31 décembre 2019. Cette institution devra reprendre les missions des trois instances antérieures. Sauf dans des situations graves, le CSE devra prendre en charge 20% du coût de l'expertise lorsqu'il en sollicite une. Tous ces éléments renforcent encore l'idée d'une pression du Gouvernement qui brandit l'outil législatif pour restreindre les prérogatives de ces instances dont la légitimité est d'œuvrer dans l'intérêt des salariés.

Nous constatons, au regard de ce que nous venons de développer sur la construction et les mutations que vivent les instances représentatives du personnel, que celles-ci sortent affaiblies des dernières réformes. Cet état de fait amène une nouvelle pierre à l'idée d'un affaiblissement de la protection des salariés et de la défense de leurs intérêts.

Focalisons-nous, maintenant, sur le Code du travail et son évolution depuis sa création en 1910. Nous allons relever que depuis son apparition, ce document de référence fait l'objet de grandes pressions de la part du patronat.

VI - Le Code du travail, la bible du salariat

Rappelons que c'est à la Chambre en 1898, à l'initiative du député socialiste Groussier (1863-1957), qu'a émergé la première proposition d'un Code du travail[373]. Celui-ci ouvre la voie à un chantier législatif de grande ampleur qui va mettre beaucoup de temps à se concrétiser.

Nous allons au cours de cette rétrospective sur le Code du travail mesurer à quel point son existence reste sensible, car c'est ce dernier qui dicte les règles du jeu entre les patrons et les salariés. Toucher à une ligne du texte réactive le conflit. Mais si la Bible est immuable, nous allons constater qu'il n'en est pas de même pour le Code du travail.

Cependant, le Code du travail est censé "dire la messe". Il s'impose à tous dans le cadre du travail, autant au patronat qu'aux salariés. Ce regroupement de textes législatifs encadrant le travail a fortement évolué depuis ses débuts. Aujourd'hui, composé d'environ 4 000 pages et de 3 652 articles répartis en 8

373 Ibid (Didry Claude), p. 71

parties, il est le résultat, pour employer la terminologie marxiste, de la confrontation entre la classe ouvrière et les propriétaires des moyens de production. Le Code du travail suit les mutations de la société. Il est le produit de notre histoire sociale, coincée entre un rapport de force permanent qui se transforme au gré des fluctuations économiques et des gouvernements en place. Environ un tiers de cet ouvrage est composé de textes de loi, pour le reste, il s'agit de commentaires. C'est, rappelons-le, René Viviani (1862-1925)[374], ministre du Travail et de la Prévoyance sociale, du 25 octobre 1906 au 3 novembre 1910 dans le cabinet Clémenceau, député socialiste de la Creuse et co-fondateur de l'Humanité, qui porte le Code du travail et le fait aboutir au terme d'un combat de 17 ans à l'Assemblée nationale et au Sénat. Le premier livre va sortir en 1911. Il est issu de la loi du 28 décembre 1910 *(portant codification des lois ouvrières et consacrant un droit nouveau : le Code du travail, etc.)*[375]. Ce texte se compose de 300 articles de loi. Avant la naissance du Code du travail, le seul endroit où trouver ces données se situait au Journal Officiel. L'idée a germé progressivement d'élaborer un Code du travail, comme il existait depuis un siècle le Code civil (1804).

Le livre I, appelé Code du travail et de la prévoyance sociale, est consacré au contrat de travail, au contrat d'apprentissage, au salaire et au placement. En 1912, sera publié le livre II relatif aux conditions du travail. En 1925, le livre IV sort sur les Prud'hommes et la défense des salariés. Puis, le livre III sera adopté le 25 février 1927[376]. Il est consacré aux conventions collectives. Plus tard, le Code du travail est revu par la loi du 2 janvier 1973. A cette date, le Code du travail est réorganisé en huit, puis neuf livres. La révision du Code porte alors sur :

- 13 juillet : la résiliation du contrat de travail à durée déterminée.

---

374 http://www.observatoirelaicite95.org/resources/Dictionnaire+des+parlementaires1.pdf

375 https://www.gouvernement.fr/partage/8747-28-decembre-1910-promulgation-de-la-loi-portant-codification-des-lois-ouvrieres-qui-donne-naissance

376 https://www.ecoreseau.fr/societe/retrospective/2019/03/14/retrospective-le-travail-en-france-une-breve-histoire-de-code/

- 23 novembre : entrée en vigueur de la loi du 2 janvier 1973 et du décret du 15 novembre 1973 constituant le nouveau Code du travail.

- 27 décembre : loi relative à l'amélioration des conditions de travail et créant l'Agence nationale pour l'Amélioration des conditions de travail (ANACT) [377].

En 1981, la ligne directrice du ministre du Travail Jean Auroux consiste à développer une "citoyenneté de l'entreprise". En 1982, avec les lois Auroux, plus d'un tiers du Code du travail est revu. France Culture expose le 14 juin 2006, dans son émission « La grande table » : *Ces lois vont être votées en quatre volets, d'août à décembre 1982, instaurant les Comités d'hygiène, de sécurité et des conditions de travail (CHSCT) dans les entreprises, un droit de retrait pour les salariés en cas de danger grave et imminent, l'obligation d'un règlement intérieur dans les entreprises, une négociation annuelle obligatoire (NAO) avec les délégués syndicaux portant notamment sur les salaires et l'organisation du travail, etc.* La radio «France Culture» poursuit : *Renforcer à la fois les libertés individuelles des salariés et le collectif à travers les instances représentatives : tel est l'esprit de ces lois*[378].

Un projet de simplification du Code du travail est envisagé en 2004. Au Sénat, en séance de discussion générale du 18 novembre 2004, Monsieur Bernard Saugey, rapporteur de la commission mixte paritaire, déclare *: Monsieur le président, monsieur le secrétaire d'État, mes chers collègues, 8 000 lois, 400 000 textes réglementaires : il est urgent de simplifier le droit qui encadre et régit chaque jour nos activités.* Il poursuit : *Puisque les citoyens sont censés ne pas ignorer la loi, aidons-les à la connaître, en en facilitant l'accès, à la comprendre et à la respecter, en la clarifiant et en l'adaptant aux contraintes de la réalité et aux nouvelles exigences communautaires*[379]. Cette révision va aboutir à la publication en 2008 d'un nouveau Code

---

377 https://travail-emploi.gouv.fr/ministere/histoire-du-droit-du-travail/reperes-chronologiques/article/histoire-du-droit-du-travail-de-1841-a-nos-jours

378 https://www.franceculture.fr/emissions/la-grande-table-2eme-partie/1982-2016-comment-reforme-t-le-code-du-travail

379 https://www.senat.fr/seances/s200411/s20041118/s20041118004.html

du travail suite à l'ordonnance n° 2007-329 du 12 mars 2007[380]. Il entrera en vigueur le 1er mars 2008. Dans les modifications de forme apportées, il est à remarquer que l'apprentissage est désormais regroupé avec la formation professionnelle. Dans la réécriture, il est noté au lieu de "l'employeur doit informer", "l'employeur informe". Dans cette reformulation, le caractère contraignant disparaît. Un recours devant le Conseil d'État a été effectué, mais n'a pas abouti, car l'ordonnance a été ratifiée par la loi n° 2008-67 du 21 janvier 2008. La réorganisation du Code du travail a conduit au découpage suivant :

- un chapitre d'introduction centré sur la question du dialogue social,
- une première partie axée sur les relations individuelles de travail,
- une deuxième partie consacrée aux relations collectives de travail,
- une troisième partie relative à la durée du travail, aux salaires, à l'intéressement, à la participation et l'épargne salariale,
- une quatrième partie visant la sécurité et la santé au travail,
- une cinquième partie nommée emploi,
- une sixième partie focalisée sur la formation professionnelle tout au long de la vie,
- une septième partie concernant des dispositions particulières en lien avec certaines professions et activités,
- enfin, une huitième partie consacrée au contrôle de l'application de la législation du travail.

Le nouveau Code met en place une numération à quatre chiffres et découpe son contenu en : parties, livres, titres et chapitres.

Les grandes manœuvres autour du Code du travail se poursuivent ensuite dans le cadre des réformes initiées par le gouvernement Valls pendant la période 2015-2016. Tout d'abord, il y a eu la loi dite "Macron" du 6 août 2015. Celle-ci apporte des modifications sur le travail du dimanche, le fonctionnement des Prud'hommes, l'épargne salariale, l'actionnariat des salariés et les licenciements collectifs. A propos de ce texte, on relève dans

---

380 https://travailemploi.gouv.fr/IMG/pdf/DP_recodification_du_code_travail.pdf

le journal le Monde : *Le texte fourre-tout de 308 articles vise, selon Emmanuel Macron, à guérir* les *« trois maladies » de la France :* «défiance», *«complexité»* et *«corporatisme». Saluée par le Medef, la loi a tout au long de son parcours suscité des critiques de toutes parts, et a subi de nombreuses modifications*[381].

Sous le même gouvernement, les évolutions se poursuivent par le vote de la "loi travail" dite aussi "loi El Khomri" adoptée le 8 août 2016. Dans la rhétorique utilisée, il est énoncé que les modifications apportées vont permettre de protéger les salariés, favoriser l'embauche et donner plus de marge de manœuvre à la négociation en entreprise. Il est ajouté un droit à la déconnexion en-dehors des heures de travail pour les entreprises de plus de 50 salariés. Cette loi réforme très en profondeur de très nombreux champs du droit du travail. Bien que marquée par de très importants mouvements sociaux, elle sera entérinée par application de l'article 49-3[382].

Les évolutions du Code du travail continuent sous le gouvernement Philippe avec la réforme portée par l'adoption de six ordonnances, en date du 22 septembre 2017, suivies de 26 décrets d'application. Cette fois, les mesures prises concernent la hausse et le plafonnement des indemnités de licenciement, le recours plus massif aux contrats de chantier (dits à durée indéterminée). La réforme touche aussi le dialogue social, en créant le comité social et économique que l'on a abordé dans le chapitre précédent. Les ordonnances autorisent par ailleurs la modification de la négociation collective. Elles permettent de donner une plus grande place à la négociation d'entreprise qui peut désormais se passer des syndicats dans certaines situations. Dans les dernières modifications apportées, il est maintenant possible d'envisager une rupture conventionnelle collective et il est précisé que le droit du travail est soumis au droit civil. Ce dernier fait n'est pas anodin, car il asservit le droit du travail à la

---

381 https://www.lemonde.fr/les-decodeurs/article/2015/08/06/ce-que-contient-desormais-la-loi-macron_4714255_4355770.html
382 https://soffal.de/fr/droit-du-travail/loi-travail-du-8-aout-2016-les-principaux-changements/

bonne marche de l'économie de marché. Au final, rappelons que les ordonnances Macron recouvrent en tout 117 mesures[383].

Le moins que l'on puisse dire, c'est que les modifications apportées au Code du travail depuis l'ère Sarkozy, en passant par les mandatures Hollande puis Macron, ne sont pas, sauf exception, favorables à l'emploi salarié. En cours depuis les années 1973, le grignotage du contrat de travail salarié se poursuit et s'accélère. Son socle de légitimité prend des coups de boutoir. Il tient néanmoins, mais jusqu'à quand ?

Dans l'édition du Code du travail de 2018, 400 articles ont été modifiés. Les 6 ordonnances et les 26 décrets d'application y sont désormais intégrés. Un dernier Code du travail annoté est sorti chez Dalloz en mars 2019. Y sont inclus les textes et décrets d'application des ordonnances Macron ainsi que la loi "avenir professionnel"[384].

Voilà succinctement réalisé un historique du Code du travail depuis 1910. Au fil de son évolution, on mesure l'importance des rapports de force entre les parties et l'implication extrême du politique dans ces mutations. Au travers des dernières modifications du Code du travail, il est là encore possible de constater l'ampleur des tentatives de fragilisation des conditions du travail sous contrat à durée indéterminée.

Afin de poursuivre notre tour des institutions en lien avec le contrat de travail salarié, abordons maintenant les conventions collectives.

VII - Quelques éléments sur les conventions collectives

Nous allons vérifier que cette approche de la construction des conventions collectives est elle aussi sous le feu des rapports de force en présence.

Commençons par définir les contours du contenu d'une convention collective. En premier lieu, il s'agit d'une nouvelle catégorie juridique, constituée par un accord conclu entre des orga-

383 https://www.journaldunet.fr/management/guide-du-management/1165976-loi-travail-2018/

384 https://www.editions-dalloz.fr/code-du-travail-2019-annote-et-commente-en-ligne.html

nisations professionnelles d'employeurs et des organisations syndicales représentatives des salariés[385]. Cet accord a pour but premier d'adapter les dispositions du Code du travail aux spécificités du secteur d'activité concerné, mais pas seulement. La convention précise son domaine géographique et professionnel d'applicabilité[386]. Elle détermine les spécificités liées à son secteur d'activité, telles que :

- La rémunération (salaires minima, primes, indemnités de rupture, etc.).
- La classification (définition des emplois, des qualifications et des catégories).
- Les congés (congés payés, congés pour événements familiaux, jours fériés, etc.).
- Les garanties sociales (arrêt de travail, maternité, frais de santé, etc.).
- La relation contractuelle (période d'essai, durée du travail, préavis, etc.).

Il existe trois types de conventions collectives :

- La convention collective ordinaire, qui s'applique uniquement aux entreprises entrant dans son champ d'application et adhérentes des organisations patronales signataires du texte.
- La convention collective étendue, qui se trouve sous le coup d'un arrêté ministériel d'extension. Cette convention spécifique s'applique à l'ensemble des employeurs entrant dans son champ d'application professionnel et territorial.
- La convention collective élargie, qui est une convention collective étendue faisant l'objet d'un arrêté ministériel d'élargissement. En conséquence, cette dernière est rendue obligatoire dans une autre branche d'activité ou sur un autre territoire non couvert par un texte conventionnel.

La convention collective peut aussi être définie comme un statut salarial spécifique attribué aux travailleurs rattachés à celle-ci, qui sont de ce fait dans une relation plus fine et précise avec leur employeur. La convention collective permet de compléter et de préciser les indications données par le Code du travail, sans toutefois pouvoir y énoncer des directives plus désa-

---

385 https://www.entreprises.cci-paris-idf.fr/web/rh/la-convention-collective
386 https://www.juritravail.com/convention-collective.html

vantageuses pour les salariés que celles indiquées dans ce dernier. Finalement, elle précise et garantit les conditions de travail et d'emploi des salariés. Le résultat des négociations entre les deux parties (représentants des employeurs et des syndicats des employés) se concrétise par un document écrit, visant à spécifier les règles du contrat de travail qui fera désormais référence. L'employeur est tenu de mettre à disposition des salariés la convention collective à laquelle son entreprise est rattachée. Pour cela, il doit indiquer son lieu de mise à disposition pendant le temps de travail et les modalités de sa consultation. L'employeur doit par ailleurs remettre un exemplaire de la convention collective aux délégués du personnel et les tenir informés de toute modification de celle-ci. Il est aussi tenu de mentionner dans le contrat de travail et sur la feuille de paye de ses salariés la convention collective à laquelle il est référencé. Indiquons encore que toute convention collective est aujourd'hui consultable sur le site "Legifrance".

Historiquement, la première convention collective, dite convention "d'Arras", a été signée le 29 novembre 1891[387] entre des syndicats de mineurs et la compagnie des houillères du Pas-de-Calais, à la suite d'une grève. Depuis cette date, la signature d'une convention constitue à chaque fois la mise en place d'un nouvel outil de protection pour les salariés. Les modalités qui entourent la création de ces entités ont été intégrées au Code du travail en 1927 dans le livre III qui leur a été dédié. Concernant l'encadrement des conventions collectives, une première loi a vu le jour le 25 mars 1919. Ce texte valide que la convention collective prend le pas sur le contrat de travail. Les syndicats de salariés et les employeurs s'engouffrent dans cette nouvelle voie puisqu'en 1919, on relève la signature de 557 conventions collectives. En 1920, le mouvement se poursuit avec la signature de 845 nouveaux engagements réciproques[388]. La situation se crispe ensuite, car la convention ne s'applique qu'aux adhérents des organisations signataires, les employeurs pouvant se retirer des organisations patronales signataires.

---

387 https://www.vie-publique.fr/politiques-publiques/regulation-relations-travail/chronologie/
388 http://www.clesdusocial.com/mars-1919-deux-innovations-sociales

La question des conventions collectives se trouve relancée sous le Front populaire avec la signature de la loi du 24 juin 1936, redonnant un second souffle et une nouvelle aura à ce dispositif. En vertu de ce texte, la convention collective de branche est devenue le centre de gravité des relations sociales à la française. Près de 5 000 accords sont signés entre 1936 et 1938.[389] Selon le journal l'Humanité, *A la veille de la législation de 1936, il n'y avait plus que 7,5 % de l'ensemble des salariés de l'industrie et du commerce qui étaient soumis au régime des conventions collectives*[390]. Ce texte législatif de 1936 crée un nouveau régime qui rend la convention collective conclue dans une branche professionnelle obligatoire pour tous les employeurs de cette branche.

A partir du 4 octobre 1941, sous la férule du maréchal Pétain, la "Charte du travail" s'est imposée en lieu et place des conventions. C'est l'ordonnance du 9 août 1944 qui y mettra un terme. Pendant la guerre, cette réglementation du travail fixa un régime corporatiste organisé par branches d'activité, obligeant les deux forces antagonistes que sont les salariés et les patrons à dépasser ce qui est communément appelé la lutte des classes.

Après la guerre, une nouvelle loi du 23 décembre 1946 abroge les lois de 1919 et de 1936. Cette dernière excluait les salariés du champ de la négociation. Ce texte se rapprochait finalement de ce qui avait été mis en place pendant l'Occupation. Certains ont perçu cette loi comme un raté. L'encadrement des conventions collectives s'est à nouveau transformé avec la loi n° 50-205 du 11 février 1950, portée par le socialiste Vincent Auriol (1884-1966), élu en janvier 1947 premier Président de la IVe République. L'élaboration d'une convention collective suppose, nous l'avons déjà spécifié, une collaboration entre les forces ouvrières et les forces patronales. En 1950, cet échange aboutit au retour à un régime de liberté. L'agrément ministériel est supprimé. Les salaires peuvent être négociés, tout en respectant le SMIG, dont le montant est fixé par l'État. Le cadre territorial disparaît et les parties sont libres du contenu des engage-

---

389 https://lejournal.cnrs.fr/billets/front-populaire-le-temps-des-conventions-collectives

390 https://www.humanite.fr/node/309722 (jeudi 29 juillet 2004)

ments réciproques. Les textes doivent être obligatoirement validés par un syndicat. Dans ce contexte, l'application d'une convention collective se fait dès que les formalités de dépôt sont terminées. Dans cette loi, il est aussi prévu que des conventions collectives peuvent être étendues à toute une branche d'activité. Toutefois, il ne peut exister qu'une convention collective par branche. Dans le journal l'Humanité précité, où nous avons relevé une partie de nos informations, Jean Morawski termine son article sur les conventions collectives en précisant qu'au 15 juin 1952, on répertorie 39 conventions nationales, 12 conventions régionales, 30 conventions locales et 40 conventions d'établissements. Il faut ensuite attendre la loi du 13 juillet 1971[391] pour voir évoluer la situation en matière de conventions collectives. L'intérêt de ce nouveau document consiste à reconnaître l'existence d'un droit des travailleurs à la négociation collective. A ce moment, on passe d'un droit des conventions collectives à un droit de la négociation collective. En 10 ans, de 1972 à 1982, la part des personnels des entreprises de plus de 10 salariés, couverts par une convention collective, est passée de 75% à 90,4%[392]. L'évolution de la législation en matière de convention collective s'est poursuivie après l'arrivée de la Gauche au pouvoir en 1981. La loi n° 82-957 du 13 novembre 1982 oblige à des négociations périodiques, mais sans imposer de conclure. Ce texte prescrit, au niveau de la branche, des négociations quinquennales sur les classifications, et annuelles pour la définition des salaires plancher par catégorie. Les autres négociations obligatoires portent sur les salaires, la durée et l'organisation du temps de travail. Elles sont annuelles et se déroulent dans l'entreprise[393].

Finalement, sur cette question des conventions collectives, deux légitimités cohabitent : celle des partenaires sociaux et celle des pouvoirs publics. La législation prend un autre virage avec la loi n° 2004-391. C'est désormais la porte entrouverte aux accords d'entreprise qui dérogeraient dans certaines circons-

391 http://www.wk-rh.fr/preview/BeDhHlCfJnCfHmDgFiOs/editionXHTML/lnc/100-8_-_la_loi_du_13_juillet_1971/100-8_-_la_loi_du_13_juillet_1971
392 http://www.senat.fr/rap/l03-1792/l03-17922.html
393 https://www.senat.fr/lc/lc88/lc880.html

tances aux accords de branche, mettant à mal les évolutions du droit du travail, globalement positives pour les salariés depuis la fin de la guerre. Plus récemment, sous le gouvernement Valls, la loi n° 2016-1088 du 8 août 2016 relative au travail, à la modernisation du dialogue social et à la sécurisation des parcours professionnels dite "loi travail" ou "loi El Khomri" modifie, la hiérarchie des normes. Ce fait est confirmé dans la deuxième partie de la loi travail imposée en 2018 par les ordonnances Macron. Désormais, un accord d'entreprise peut remplacer les dispositions d'un accord de branche, même si l'accord est moins favorable aux salariés. Ce point particulier de la loi travail constitue un vrai recul social[394], venant s'ajouter aux régressions repérées en matière de droit du travail lorsque nous avons abordé les institutions encadrant la condition salariale. De ce fait, les accords de branche se retrouvent fragilisés, ainsi que les syndicats quand un accord d'entreprise s'impose à eux. Aujourd'hui, il existe 50 conventions collectives qui couvrent environ 80% du rapport salarial[395]. Certaines conventions regroupent plus d'un demi-million de salariés. Chaque nouvelle convention est désormais publiée dans le Bulletin Officiel des Conventions Collectives (BOCC). On peut retrouver sa convention collective de rattachement, si elle existe, grâce au code Naf ou Ape de son entreprise d'appartenance.

Pour conclure cette mini rétrospective sur les conventions collectives, on peut simplement constater que le virage pris sous le gouvernement Valls, et confirmé par le Gouvernement actuel, constitue un véritable tournant dans l'évolution du droit du travail. Ce sont les classes laborieuses, si on emploie un langage existant avant les années 1980, qui pâtissent de ces nouveaux choix politiques. La révolution, initiée tous azimuts depuis cette période par les dominants en place, tente de faire disparaître certains termes et expressions qui avaient en leur temps acquis une spécificité propre au travers des luttes sociales. Ceux-ci avaient le mérite de désigner au plus près l'exploitation des

394 https://www.journaldunet.fr/management/guide-du-management/1165976-loi-travail-2018/
395 https://travail-emploi.gouv.fr/IMG/pdf/Les_conventions_collectives_de_travail_en_France.pdf

dominés. On peut relever l'extinction des termes ou expressions : ouvriers, classe ouvrière, classes sociales, patrons, etc. Tout se passe comme si les propriétaires des moyens de production (patrons, actionnaires, etc.) voulaient faire table rase du passé des rapports sociaux conflictuels entre les exploiteurs (ceux qui possèdent le capital) et les exploités ne possédant que leur force de travail (ceux qui subissent et sont obligés d'aller travailler, dans un contrat de subordination, pour un patron lorsqu'ils en trouvent un). On supprime les mots, ainsi, on tente de supprimer le problème ! Un autre exemple allant dans ce sens est l'expression "les partenaires sociaux". En réalité, ce sont des forces antagonistes qui n'ont rien à voir avec un quelconque partenariat. Pourquoi ne pas dire les choses directement ? *Les syndicats et le patronat se rencontrent pour discuter sur la répartition des richesses produites dans les entreprises*[396]. L'expression "partenaires sociaux" peut être considérée comme un leurre, un masque pour déguiser la réalité de forces antagonistes au centre de l'économie, qui ne sont pas sur un pied d'égalité. Rappelons que les syndicats se sont construits depuis leurs origines contre la répression patronale, ce qu'on a illustré dans notre chapitre consacré à l'emploi au XIXe siècle.

Pour terminer notre tour d'horizon des institutions en lien avec le contrat de travail salarié, il nous reste à aborder la formation continue, appelée encore "formation permanente" ou "formation au cours de la vie".

VIII - Les métamorphoses de la formation pour adultes

Nous allons faire le constat que la formation pour adultes a plusieurs origines et qu'elle s'adapte en fonction des besoins reliés aux évolutions constatées dans les mutations des différentes facettes du travail. Là encore, le contexte politique joue un rôle dominant dans les choix qui sont faits, même si les partenaires sociaux sont consultés avant décision. Au bout du compte, c'est le Gouvernement en place qui impose sa vision du changement à entreprendre, s'il le juge nécessaire.

---

396 https://blogs.mediapart.fr/edition/les-mots-pieges-du-neoliberalisme/article/090114/2-les-partenaires-sociaux-cest-qui-ces-gens

Les prémices de l'idée de formation pour adultes[397] sont à chercher dans les initiatives prises au XIXe siècle autour du mouvement ouvrier en construction. Le penseur du solidarisme, Léon Bourgois (1851-1925), s'est intéressé à la question. Il perçoit l'éducation du peuple comme une solution à la problématique sociale[398]. Il se réfère à l'émergence de la conscience de classe et au développement de la presse ouvrière. La plupart des initiatives prises en la matière relèvent du registre du privé. En 1830, l'association polytechnique crée "la Sorbonne ouvrière", avec pour horizon tout ce qui peut ajouter au mieux-être de la civilisation centré sur le progrès scientifique et technique[399]. La mise en place de l'école gratuite et obligatoire pour les enfants de 6 à 13 ans par les «lois Jules Ferry» de 1881 et de 1882 a été finalisée par la «loi Goblet» du 30 octobre 1886[400]. Cette dernière termine le cadre de fonctionnement de l'école primaire en imposant des instituteurs exclusivement laïques. Les jeunes, issus des milieux paysans et populaires, se retrouvent, pour la plupart, sur le marché du travail dès l'âge de 13 ans. La loi stipule une obligation d'instruction, ce qui donne la possibilité de transmettre, hors de l'école républicaine. Après 13 ans, les enfants entrent dans le monde des adultes et doivent se mettre au travail. Issues de nombreux groupes qui militent depuis le XVIIIe siècle pour le développement individuel et collectif (groupe d'appartenance, religion, etc.), des personnes regroupent sous le vocable "d'éducation populaire" divers aspects possibles de la formation pour adultes. Ces mouvements d'éducation populaire existent en-dehors de l'enseignement formel distribué à l'école[401]. Cette transmission de connaissances peut intervenir dans tous les âges de la vie et sur tous les sujets. En

---

397 Charmasson Thérèse,"Regards sur l'histoire de la formation des adultes", Éducation permanente, n° 62, mars 1982

398 Francillon-Jacquet François, d'Enfert Renaud et Loeffel Laurence (dir.), "Une histoire de l'école – Anthologie de l'éducation et de l'enseignement en France XVIIIe - XXe siècle", Paris, Éditions Retz, 2010

399 https://www.lajauneetlarouge.com/une-histoire-de-la-formation-des-adultes-depuis-1830/

400 http://patronagelaique.fr/index.php/ressources/la-laicite/legislation/textes-de-loi/item/466-1886-loi-goblet

401 http://www.education-populaire.fr/definition/

1792[402], en pleine Révolution, citons Condorcet (1743-1794) qui remet un rapport sur l'instruction publique à l'Assemblée législative et qui écrit entre autres ceci : *Tant qu'il y aura des hommes qui n'obéiront pas à leur raison seule, qui recevront leurs opinions d'une opinion étrangère, en vain toutes les chaînes auraient été brisées, en vain des opinions de commandes seraient d'utiles vérités. Le genre humain n'en resterait pas moins partagé entre deux classes : celle des hommes qui raisonnent, et celle des hommes qui croient. Celle des maîtres et celle des esclaves.* Dans un virage récent, les associations, actrices historiques, sont rattrapées par un secteur marchand en développement. Au fil du temps, un aspect de la formation pour adultes a pris racine et s'est progressivement imposé, il s'agit de la formation professionnelle. Cet enseignement a évolué au gré des évolutions du monde du travail. Avant 1789, l'apprentissage corporatif était le seul mode de formation professionnelle. Au XIXe siècle, il n'existe pratiquement pas d'école d'apprentissage pour les ouvriers. Toutefois, une loi du 22 février 1851 constitue le premier texte instituant un contrat d'apprentissage au bénéfice des enfants dans les usines, manufactures et ateliers, sans obligation que cet engagement soit écrit[403]. L'État n'interviendra qu'en 1919 avec la «loi Astier». Celle-ci va instaurer les cours professionnels de masse et gratuits. Cet enseignement ne sera effectivement financé qu'à partir de 1925 grâce à la mise en place de la taxe d'apprentissage[404]. Il faudra attendre 1928 pour que soit introduite l'obligation d'un contrat écrit. La formation professionnelle continue[405] est apparue beaucoup plus tard. Nous allons également aborder son évolution et faire le point de son actualité, en lien avec les politiques en cours.

La deuxième révolution industrielle (apparition du moteur électrique et du moteur à essence, etc.) a obligé les pouvoirs publics et le patronat à se poser la question de l'enseignement professionnel au sortir de l'école élémentaire. A la parution de la

402 http://www.education-populaire.fr/histoire-education-populaire/
403 http://clariforma.com/reperes-historiques/
404 http://www.ferc-cgt.org/formation-professionnelle-points-de-repere
405 https://www.cpformation.com/histoire-de-la-formation-professionnelle/

«loi Camille Sée» du 21 décembre 1880[406], deux visions de la formation professionnelle s'opposent : la formation primaire supérieure qui se réfère à l'enseignement général et les partisans de l'enseignement technique. Le débat a connu un terme en 1892 avec la création d'une Direction de l'enseignement technique au ministère du Commerce[407]. Pour soutenir cet enseignement spécifique, un lobbying a été créé en 1902, l'Association française pour le développement de l'enseignement technique (AFDET)[408]. En 1939, on dénombrait seulement 90 000 élèves dans les écoles pratiques, écoles nationales professionnelles et écoles d'arts et métiers, contre 300 000 élèves dans les écoles primaires supérieures, les collèges et les lycées[409]. Parallèlement à cette situation, 75% d'une classe d'âge ne poursuivaient pas une formation au-delà de l'école élémentaire. En 1911, est créé le certificat de capacité professionnelle[410], qui deviendra le CAP en 1919 avec la «loi Astier» précitée. Avec la mise en place du CAP, il est prévu un temps de formation en-dehors de l'entreprise. En 1925, sont créées, en plus de la taxe d'apprentissage, les chambres des métiers. Par la suite, un décret du 21 septembre 1939, relatif à l'organisation de la formation en temps de guerre[411], est publié. Il s'agissait là de mettre sur pied des centres d'enseignement professionnel pour la formation accélérée des ouvriers qualifiés des industries d'armement. Entre 1941 et 1943, plus de 800 centres ont vu le jour sous des appellations diverses, comme "centre de jeunesse", "centre de

406 Brucy Guy et Troger Vincent, "Un siècle de formation professionnelle en France : la parenthèse scolaire", Revue française de pédagogie Année 2000, pp. 9-21

407 Troger V., "L'histoire de l'enseignement technique : entre les entreprises et l'État, la recherche d'une identité", Histoire, économie & société Année 1989 8-4 pp. 593-611

408 http://www.cafepedagogique.net/lemensuel/lenseignant/enseignementtechno/sti/Pages/2004/47_AlaUneAssociationFranaisepourleDeveloppementdelEnseignementTechnique.aspx

409 http://www.parisschoolofeconomics.com/grenet-julien/Memos/Institutions%20scolaires.pdf

410 https://www.cairn.info/histoire-de-l-enseignement-technique--9782707182449-page-109.htm#

411 Thivend Marianne, "Les formations professionnelles en temps de guerre : l'exemple lyonnais (1939-1944)", Presses universitaires de Rennes, 2016

formation professionnelle" ou encore "centre d'apprentissage". Ces établissements constituent les ancêtres des lycées professionnels. Les lycées techniques seront créés en 1959[412]. Au sortir de la guerre, Ambroise Croizat, ministre du Travail, fédère les centres de formation professionnelle par un décret du 9 novembre 1946. Il en découle, le 11 janvier 1949, la création de l'Association nationale interprofessionnelle pour la formation rationnelle de la main-d'oeuvre (ANIFRMO) [413]. Les racines de cette institution remontent à la période de l'entre-deux-guerres. Le but de ce nouvel organisme est de former rapidement des adultes pour les amener au plus vite à un premier niveau de qualification dans les secteurs du bâtiment et de la métallurgie. A l'issue de la formation, le stagiaire a acquis le statut d'ouvrier professionnel, ce qui constitue une véritable promotion ouvrière. A cette période, on compte 125 centres d'enseignement spécifique. En 1959, le nombre de stagiaires formés par l'ANIFRMO est de 25 600. En 1966, cette association changera de nom pour devenir l'Agence nationale pour la formation des adultes (AFPA)[414]. En 1968, les effectifs en formation passent à 40 600. La «loi Debré»[415] du 31 juillet 1959 met en avant la promotion sociale. Il est relevé seulement 513 stagiaires en formation continue en 1960, et 1 749 en 1970.

Le 3 décembre 1966, la formation professionnelle continue prend véritablement pied en France avec l'adoption de la loi d'orientation et de programmation sur la formation professionnelle. A cette date, la Formation professionnelle continue (FPC) devient une obligation nationale. Désormais, les partenaires sociaux, en lien avec le patronat, seront chargés de déterminer une politique de formation au sein de leurs entreprises. Le 9 juillet 1970, à partir de ce cadre initial, est signé par les syndicats salariés et patronaux un Accord national interprofessionnel (ANI) [416]. Ce dernier introduit pour la première fois le principe

---

412 https://www.cairn.info/histoire-de-l-enseignement-technique--9782707182449-page-81.htm?contenu=resume#

413 http://www.assemblee-nationale.fr/14/pdf/rapports/r4364.pdf

414 Accueil "Formation AFPA" Historique de l'AFPA

415 Benoist Pierre, article "Michel Debré et la formation professionnelle 1959-1971" Histoire de l'Education, 2004, p. 35-66

416 https://www.persee.fr/doc/forem_0759-6340_1991_num_34_1_1528

de la formation professionnelle prise sur le temps de travail et permet de faire entrer celle-ci dans le droit du travail. Il est à souligner que le secteur de la fonction publique n'est pas concerné par cette avancée. Il en est de même pour le secteur des professions indépendantes. La « loi Delors » du 16 juillet 1971 porte l'organisation de la formation professionnelle continue dans le champ de la formation permanente[417]. Elle instaure le principe d'un financement privé de la formation professionnelle. Désormais, les entreprises vont devoir cotiser, au titre de la formation professionnelle continue, à des organismes paritaires agréés par l'État. Ce choix ouvre la porte à l'existence d'un marché de la formation. Cette nouvelle législation va reprendre l'idée du Congé individuel de formation (CIF), dont la loi n° 66-892 du 3 décembre 1966 a donné une définition juridique. La «loi Delors» du 16 juillet 1971 a fait évoluer celui-ci une première fois. Ensuite, le CIF a pris véritablement son essor avec la création des Fonds de gestion du congé individuel de formation (FONGECIF) [418]. en 1983. A cette date, on en dénombre 26.

Ces organismes vont devoir gérer les domaines de l'information, de l'orientation, de l'accompagnement des salariés et du financement de leurs projets professionnels. La rétribution demandée aux employeurs est de 0,55% de la masse salariale pour les entreprises de moins de 10 salariés et de 1% de cette masse pour les autres établissements. La « loi Rigoult » du 24 février 1984 renforce les prérogatives du comité d'entreprise en matière de formation. Celui-ci devra désormais organiser au moins deux réunions par an pour suivre la construction du plan de formation interne à l'entreprise[419]. En septembre 1989 est mis en place le Crédit formation individualisé (CFI). Ce dispositif a pour but de donner une deuxième chance à des jeunes sortis du système éducatif sans diplôme. Par ce biais, ceux-ci ont la possibilité d'accéder à une qualification reconnue de niveau V[420]. En 1991 est créé un nouveau congé de forma-

417 https://www.cairn.info/revue-de-l-ires-2011-2-page-111.htm

418 https://www.cpformation.com/fongecif/

419 http://www.fcuni.com/archives/2011/10/08/28701528.html

420 https://www.education.gouv.fr/cid1247/credit-formation-individualise-et-la-decentralisation-de-la-formation-professionnelle-des-j

tion nommé "congé bilan de compétences". Cette même année, le CIF peut bénéficier, sous certaines conditions, aux salariés en fin de contrat à durée déterminée. Il s'agit des CIF-CDD. Le 20 décembre 1993[421], la loi quinquennale relative au travail, à l'emploi et à la formation professionnelle, donne à la Région la compétence sur l'ensemble de la formation continue pour les jeunes de moins de 26 ans[422]. Avec cette loi, les fonds d'assurance formation deviennent des Organismes paritaires collecteurs agréés (OPCA). En 2002, le Gouvernement fait voter la loi de modernisation sociale qui permet aux salariés de prendre un nouveau congé dit "congé Validation des acquis de l'expérience (VAE)". Dix ans après la loi quinquennale, un nouvel accord interprofessionnel, en date du 20 décembre 2003, est signé par tous les partenaires sociaux. Sa mise en oeuvre va être rendue possible par le vote de la loi du 4 mai 2004 relative à la formation tout au long de la vie et au dialogue social[423]. Concrètement, vont se mettre en place le Droit individuel à la formation (DIF) et le contrat de professionnalisation à destination des jeunes et des adultes. Le 7 janvier 2009[424], un Accord national interprofessionnel (ANI) est signé sur le développement de la formation tout au long de la vie professionnelle, la professionnalisation et la sécurisation des parcours professionnels. Cet engagement va se conclure par la loi du 24 novembre 2009 sur l'orientation et la formation tout au long de la vie professionnelle. Ce texte législatif permet, entre autres, la création d'un Fonds paritaire de sécurisation des parcours professionnels (FPSPP), la réduction du nombre des OPCA et vient plus fortement en soutien aux PME dans leur besoin de formation. Le 1er janvier 2015, est entrée en vigueur la réforme de la formation professionnelle qui instaure le Compte Personnel de Formation (CPF)[425] en lieu et place du DIF. Ce nouveau dispositif permet aux individus, quel que soit leur statut, de garder tout au

---

421 http://www.cereq.fr/cereq/b128.pdf
422 education.gouv.fr. Pour l'école de la confiance septembre 2006
423 https://www.senat.fr/dossier-legislatif/pjl03-133.html
424 https://www.fpspp.org/wp-content/uploads/2018/07/ANI-7-janvier-2009.pdf
425 https://organisme-de-formation-professionnelle.fr/2014/10/16/mise-en-place-du-cpf-au-1er-janvier-2015/

long de leur vie professionnelle, leurs droits acquis à la formation. Un jeune de 16 ans ou plus, en poste ou à la recherche d'un travail, bénéficie d'un compte individuel "heures de formation", plafonné à 150 heures, utilisable pendant le temps de travail ou en-dehors de ce dernier. Les formations choisies doivent être qualifiantes ou certifiantes et prises sur une liste établie au niveau de la branche professionnelle. La gestion et le suivi de ce dispositif sont du ressort de la Caisse des Dépôts et Consignations. Précisons encore que les entretiens professionnels sont devenus obligatoires et doivent s'effectuer tous les deux ans. L'employeur doit désormais organiser tous les 6 ans un bilan du parcours professionnel de ses salariés. Selon le Compte personnel formation (CPF)[426], il existe un gros décalage entre les principes avancés et la réalité du terrain. Peu de centres de formation peuvent fournir les certificats exigés. Majoritairement, les formations demandées ne sont pas retenues au titre du compte personnel de formation. Selon cette même source, sur une période de 4 mois en 2015, 1 000 dossiers ont été validés, contre 200 000 à avoir été acceptés sur la même durée en 2014. Cette logique aboutit à une baisse d'activité de 50 % des organismes de formation. Cette dynamique peut entraîner à terme la fermeture de la moitié de ces derniers, soit la disparition de 75 000 postes.

Le 15 octobre 2017, sur la radio "Europe 1" à 18h[427], sont annoncés les changements que la réforme de la formation professionnelle, portée par le Président Macron, va entraîner. Il est précisé qu'il faut relever le défi de la compétence, car dans les vingt ans à venir, plus de la moitié des emplois vont évoluer en raison de la révolution numérique et digitale. Il est ciblé en priorité les chômeurs de longue durée et les jeunes non qualifiés. Dans le but de rendre les actifs plus autonomes, il est annoncé une meilleure répartition des 32 milliards d'euros disponibles. Le Gouvernement informe d'une rallonge budgétaire de 15 milliards d'euros et de la mise en place d'un plan sur 5 ans. Il est signalé la sécurisation des parcours professionnels. La for-

---

426 https://www.cpformation.com/la-formation-professionnelle-en-france/

427 https://www.lejdd.fr/politique/formation-professionnelle-ce-que-la-reforme-de-macron-va-changer-3464801

mation professionnelle continue coûte 1,48% du PIB, soit pratiquement le poids du budget de la Défense. Sur 18 millions de salariés concernés par le compte personnel de formation, seulement 1% y a recours. En 2015, le secteur de la formation compte 97 000 organismes privés pour un chiffre d'affaires de 13,5 milliards d'euros. Il est relevé que 8 000 prestataires se partagent 95% du marché. La création d'un organisme de formation requiert seulement une déclaration en préfecture. A peine 1% des structures sont contrôlées.

Le 6 septembre 2018, le texte de la réforme de la formation professionnelle, nommé "loi pour la liberté de choisir son avenir professionnel", a été publié au Journal Officiel[428]. 70 décrets d'application et arrêtés sont parus avant la fin de l'année 2018. Auparavant sous le contrôle des Régions, l'apprentissage sera maintenant piloté par les branches professionnelles. Désormais, sous réserve de respecter la loi, tout organisme pourra créer un Centre de formation des apprentis (CFA). Par ces ouvertures, le Gouvernement souhaite développer l'apprentissage de façon massive. Il est envisagé de revoir le rôle des OPCA, qui deviendraient des opérateurs de compétences. Ceux-ci devront financer les centres de formation des apprentis et jouer un rôle de conseil en formation. Le nouveau pilier du système de formation avancé par le Gouvernement se nomme "France Compétences"[429]. Ce sera une agence gérée par l'État, les partenaires sociaux et les Régions, dont le rôle sera de réguler les prix des formations. Il est prévu qu'elle voie le jour le 1er janvier 2019. Depuis sa création, le compte personnel de formation est crédité en heures. A la suite du changement en cours, il va être crédité en euros. Dans cette nouvelle configuration, chaque salarié à temps plein va bénéficier d'un compte crédité de 500 euros chaque année. Pour les personnes non qualifiées, ce crédit sera porté à 800 euros. Parmi les mesures annoncées par Muriel Pénicaud, ministre du Travail, qui annonce un "big bang" dans le champ de la formation continue, figure aussi la refonte de la

---

428 https://www.centre-inffo.fr/site-reforme/presentation-de-la-reforme-2018-2

429 https://travail-emploi.gouv.fr/ministere/agences-et-operateurs/article/france-competences

cotisation «formation professionnelle» regroupant désormais la taxe d'apprentissage et le 1% formation. Ce financement sera maintenant collecté uniquement par les URSSAF. Il est prévu par ailleurs une simplification du plan de formation. Au travers de cette nouvelle démarche, le Gouvernement veut promouvoir des innovations pédagogiques. Dans les mesures avancées, il est précisé la mise en place d'une application pour favoriser l'apprentissage en ligne. Derrière cette annonce, se profile l'utilisation des MOOC[430] (de l'anglais, Massive Open Online Course), également appelés cours en ligne. Ils sont un outil de formation à distance, via Internet, qui pourrait devenir éligible au Compte personnel de formation (CPF). Il est prévu que la réforme de la formation professionnelle et de l'apprentissage se déroule jusqu'au 31 décembre 2021. Le calendrier[431] des principales mesures s'organise comme suit :

- 1er janvier 2019 : conversion en euros des droits à CPF, création de «France Compétences».
- 1er avril 2019 : désignation définitive des opérateurs de compétences.
- 1er janvier 2020 : agrément des Commissions paritaires interprofessionnelles régionales.
- 1er janvier 2021 : les organismes de formation qui souhaitent bénéficier de financements publics sur les fonds mutualisés devront être certifiés sur la base d'un référentiel national. Le 1er janvier 2021 est aussi la date butoir du transfert à l'URSSAF de la collecte de la contribution.
- 31 décembre 2021 : date butoir de la mise en conformité des CFA, existant à la date de publication de la loi, avec les règles de droit commun régissant les organismes de formation et les nouvelles règles relatives au fonctionnement des CFA.

Tous ces éléments étant posés, nous pouvons énoncer que dans cette rétrospective sur la "formation des adultes", devenue "formation continue" puis "formation tout au long de la vie professionnelle", pour enfin se formuler "loi pour la liberté de

430 https://www.actualite-de-la-formation.fr/une-du-sommaire/une-de-2018/formation-professionnelle-et-apprentissage

431 http://www.droit-de-la-formation.fr/vos-rubriques/actualites/actualite-juridique/publication-au-journal-officiel-de-la-loi-pour-la-liberte-de-choisir-son-avenir.html

choisir son avenir professionnel", nous avons tenté de présenter un développement chronologique sur la question, tout en essayant de rester synthétique et compréhensible. Là encore, nous pouvons relever le lien très déterminant du pouvoir politique (décisions gouvernementales finalisées par la loi) sur le développement de ces enseignements, en-dehors des parcours de formation initiaux. Ce constat n'occulte en rien l'implication des partenaires sociaux qui arrivent régulièrement à des accords interprofessionnels sur la question. Nous avons relevé dans notre transcription que ces catégories de formations sont devenues un nouveau droit inscrit dans le Code du travail. La nécessité de former les salariés tout au long de la vie professionnelle est devenue un objectif vital. On l'a repéré après-guerre, avec le besoin de main-d'œuvre formée pour assurer la reconstruction de la France et faire redémarrer l'activité économique dans tous les domaines. Certains jeunes n'ont pas eu la possibilité d'apprendre un métier pendant la guerre. Le système de formation «ANIFRMO» a permis partiellement de remédier à cette question. Les progrès dans tous les secteurs du travail nécessitent un recyclage en continu. La formation tout au cours de la vie reste un besoin essentiel et légitime. Néanmoins, on constate que depuis le début, ce sont les personnes les mieux formées qui bénéficient de formations nouvelles. On remarque aussi que ce sont les jeunes les moins qualifiés, arrivant sur le marché du travail, qui restent le plus souvent sans emploi. Ils peinent à accrocher une formation qualifiante par le système de la formation continue. On parle de sécurisation des parcours professionnels et de flexisécurité à la française. On est toujours loin du compte. Passer d'un crédit de formation comptabilisé en heures (120h) à un crédit formalisé en euros (500 ou 800 euros) sur un compte individuel de formation ne va pas changer grand-chose à la donne actuelle. Déstructurer de fond en comble le modèle en place n'est pas une marque de sécurisation. Il va falloir des années pour que le nouveau système retrouve une stabilité et donne des résultats. Ce qui est en train de se mettre en place, dans le champ de la formation, contribue tout autant à la remise en cause du salariat stable, même si ce dernier reste encore hégémonique.

Nous avons consacré notre chapitre 4 à faire le tour des principales institutions (Prud'hommes, ministère du Travail, Inspection du travail, syndicats français, médecine du travail, IRP, Code du travail, conventions collectives, formation pour adultes) qui encadrent le travail salarié et qui ont pris racine au XIXe siècle, se sont développées au XXe siècle et tentent de se maintenir au XXIe siècle. Ce champ spécifique, que constitue le salariat en mutation permanente, a toujours pour toile de fond le rapport de force constant que se livrent les salariés et leurs représentants face aux employeurs et aux actionnaires. La machine politico-administrative fixe par la loi les évolutions, qui sont pour l'heure plus favorables aux classes dirigeantes, en lien avec les choix politiques des gouvernants actuels.

Afin de poursuivre notre propos, nous allons maintenant aborder des champs d'activité innovants, qui ont pris corps progressivement depuis les années 1950 et qui peuvent, à plus ou moins long terme, faire évoluer l'encadrement du travail vers un horizon autre que le salariat.

Chapitre 5
Les nouveaux cadres possibles du travail depuis les années 1950

Les six thèmes traités dans ce nouveau chapitre représentent les principales innovations apparues en France depuis les années 1950 en matière d'emploi. Il s'agit des entreprises d'intérim, des emplois atypiques générés par la nébuleuse du travail virtuel, des auto-entreprises appelées aussi micro-entreprises, des plateformes, des start-up et de l'emploi détaché. Nous allons montrer que les évolutions générées par ces nouvelles formes d'emploi ne vont pas dans le sens d'une garantie de ce dernier. Ce sont plutôt des portes qui s'ouvrent vers la déstabilisation du CDI, qui se retrouve questionné dans toutes ses dimensions.

Commençons par aborder ces nouvelles pistes d'encadrement du travail, en nous intéressant au monde de l'intérim.

I - Les Entreprises d'intérim, première étape dans la déstabilisation du contrat de travail en CDI

Nous allons, dans un premier temps, remonter aux origines de la prestation intérimaire. Cette démarche va nous emmener aux Etats-Unis. Nous allons ensuite remonter le temps et aller investiguer l'entrée progressive du travail intérimaire en France. Nous verrons que cette pénétration dans le monde du travail national s'est plutôt initialement faite de façon chaotique. Ensuite, nous serons amené à constater que cette nouvelle approche du travail va devenir une forme d'emploi légitime dans la sphère de la production française. Nous donnerons, au fil de notre propos, des chiffres sur son évolution et sur la réalité de sa situation.

Dans les mutations des formes d'organisation et d'encadrement du travail, se met en place progressivement, depuis la fin des années 1950, le travail intérimaire. Les employeurs veulent ajuster au mieux la force de travail à la production, et les salariés souhaitent le plus souvent sécuriser leur implication professionnelle. La question est : comment le travail temporaire a-t-il intégré le Code du travail pour en devenir une composante à part entière ? De ce fait, s'il est entériné juridiquement, un coin est posé pour déstabiliser le contrat de travail salarié à durée indéterminée (CDI). La suite logique à cette situation est le début de l'institutionnalisation partielle d'une nouvelle forme de précarisation du travail. Donnons une définition simple d'un emploi intérimaire. Il s'agit d'un *travail temporaire effectué par un remplaçant en l'absence d'un employé titulaire ou pour pallier une hausse d'activité*[432].

On trouve les premières traces du travail temporaire aux États-Unis avant la Grande Guerre. La première entreprise d'intérim a vu le jour en 1905 aux USA. Elle portait le nom de "Comptometer Corporation". Cette société créait, entre autres, des écoles de mécanographie. Elle fournissait aussi un service de placement pour l'embauche permanente ou temporaire du personnel qu'elle formait. Mais, c'est Samuel L. Workman (années 1920) que l'histoire retiendra, pour lui attribuer la paternité du concept de location d'employés à des entreprises tierces. Ce dernier va mettre en pratique son idée et va louer, à des sociétés, du personnel féminin pour effectuer des travaux de dactylographie ou de secrétariat.

Dans cette histoire des origines du travail temporaire américain, deux personnages-clés se distinguent : D. J. Nugent et Sam Workman[433]. Dans les années 1920, à Milwaukee dans le Wisconsin, Nugent crée une sorte d'entreprise de travail intérimaire au bord du lac Michigan, afin de fidéliser les dockers qui travaillent pour lui sur le port. Pendant les années 1930, sa société arrive à mettre à disposition une moyenne de 50 personnes par jour. Il est demandé aux clients utilisateurs du service, le paiement d'une heure trente de travail pour une heure effectuée. La fin des années 1930 voit la création d'une filiale à cette entreprise de travail temporaire (ETT) à Chicago. Workman, quant à lui, développe une entreprise qui s'appuie sur l'emploi des femmes inactives. En 1947, il fait travailler déjà environ 1 400 secrétaires sur des tâches de dactylographie ou autres travaux

432 https://www.linternaute.fr/dictionnaire/fr/definition/travail-interimaire/
433 http://www.haldati.fr/pages/histoire/histoire-de-l-interim.html

administratifs. C'est aussi l'industrie automobile américaine qui, dans les années 1930, emploie de plus en plus d'intérimaires, en lien avec le processus de concentration des firmes. L'entrée des USA dans la Deuxième Guerre mondiale crée un besoin de main-d'œuvre temporaire supplémentaire, pour compenser le départ d'une partie des hommes au front. En 1946, apparaît une nouvelle enseigne, "Kelly vices". Puis, en 1947, Robert B. Miller crée "Employers Overload". En 1948, Manpower prend son envol dans le domaine du secrétariat grâce à deux avocats, Elmer Winter et Aaron Scheinfeld, qui collaborent avec la famille Nugent. Deux bureaux sont ouverts à la même période, l'un à Milwaukee, et l'autre à Chicago, dans l'Illinois. Manpower va rapidement devenir le leader mondial de l'intérim grâce à trois innovations :

- combiner le travail intérimaire industriel avec le travail intérimaire de bureau,
- adopter la technique du franchisage. En 1963, Manpower compte 300 agences dont 44 à l'étranger. 75 seulement lui appartiennent, les 225 autres sont sous franchise,
- internationaliser l'activité suivant une structure de type "divisionnaire", qui signifie que les agences à l'étranger ont une même structure organisationnelle simple. Celle-ci favorise la pénétration de l'intérim dans le tissu économique et social local.

Cette société perdra son leadership en 2 000, au profit de l'entreprise Adecco, qui elle-même sera rattrapée par le groupe Randstad en 2008.

L'Europe n'est pas en reste. Le travail intérimaire débute en Grande-Bretagne à Londres en 1905, avec la création de l'ETT "Host" qui emploie majoritairement des femmes. Aux Pays-Bas et en Belgique, le début des ETT remonte aux années 1930. L'ETT Belge Daoust est créée en 1954. En 2018, cette société dégage un chiffre d'affaires de 205 millions d'euros.

Lorsque le travail intérimaire "décolle" outre-Atlantique, dans les années 1950 en France, cela correspond à la période des Trente Glorieuses. C'est le temps de la reconstruction du pays et du plein emploi. La "machine" fonctionne à ce moment avec un taux de chômage frictionnel évalué à environ 2%. Cette situation peut être considérée comme l'âge d'or de la négociation salariale. En août 1958, les partenaires sociaux entament des négociations qui aboutissent au 31 décembre de l'année à la création de l'Union nationale interprofessionnelle pour l'emploi dans l'industrie et le commerce (UNEDIC). L'idée est d'anticiper une éventuelle récession. C'est à ce moment qu'apparaissent en France les premières expériences d'entreprises intérimaires. Elles s'ouvrent sans aucune législation spécifique. Pour décrire l'environnement de l'époque, François Roux[434], délégué général de l'Organisation professionnelle du travail temporaire, parle de Far West. A titre d'exemple, s'installent, à proximité de la gare Saint-Lazare, des bureaux qui ont vocation à assurer le remplacement des secrétaires absentes de leur travail. Plus globalement, c'est véritablement dans le secteur du tertiaire que l'organisation intérimaire va prendre racine en France. Les initiatives en la matière vont ensuite se développer dans le secteur du bâtiment. Dans le quartier parisien de la gare du Nord, de nouveaux bureaux vont s'ouvrir pour piloter ces activités. Les travaux proposés nécessitent le plus souvent une faible qualification. En 1953, c'est d'abord Paul Négro, après un séjour aux Etats-Unis, qui lance l'entreprise "Bis". Ensuite, en 1957, l'agence américaine Manpower crée un premier bureau en France. A cette même date, à Lausanne en Suisse, une autre agence, créée par Henri Lavanchy et appelée Adia, émerge. Sept ans plus tard, en 1964, la société Ecco, créée par Philippe Foriel-Destezet, voit le jour en France. Elle disparaîtra en 1996, alors qu'elle possède 22% du marché, devant Manpower 18% et Védior Bis 13%. A cette date, Adia et Ecco fusionnent pour devenir Adecco. En 1973, l'agence néerlandaise Randstad s'implante elle aussi sur notre territoire. Elle a été créée par Frits Goldschmeding en 1960. En 2008, Randstad fusionnera avec la firme Védior, basée initialement à Amsterdam.

En 1956, ne sont recensées en France que 7 entreprises de travail temporaire. En 1962, ce chiffre passe à 170 entreprises, qui font travailler 33 000 intérimaires. En 1964, ont pignon sur rue 240 ETT[435] pour un effectif de 66 400 intérimaires. En

---

434 https://www.parlonsrh.com/60-ans-droit-travail-interim-france/

435 Broda Jacques, Demailly Serge Labruière Chantal, article : "Crise de la sidérurgie et recomposition du procès de travail", Sociologie du travail 20-4, 1978

1965[436], il existe entre 400 et 500 bureaux d'intérim pour un total de 83 500 salariés intérimaires. En 1968, il est dénombré 105 000 intérimaires. En 1969, on répertorie 850 agences.

Avant la Deuxième Guerre mondiale, c'était le contrat de travail à durée déterminée qui prédominait. Le contrat à durée indéterminée n'est devenu la norme qu'après-guerre. Entre 1967 et 1973, sont apparues, nous l'avons déjà abordé, la mensualisation, la quatrième semaine de congés payés, la généralisation de la retraite complémentaire, la formation professionnelle, etc. Le travail temporaire a rencontré quelques difficultés à s'imposer autour des années 1967-1968[437]. L'Agence nationale pour l'emploi (ANPE), créée en 1967, s'est vite trouvée en concurrence avec les agences d'intérim non réglementées de l'époque. Il était souvent dit que, pour ouvrir une agence, il suffisait de trouver un local et de disposer d'un téléphone ! Dès leur apparition, les entreprises de travail temporaire ont été stigmatisées en France. On parlait de ces agences comme des officines de "marchands d'hommes[438]". Les syndicats de salariés et les partis de Gauche vont tenter de limiter le recours au travail temporaire. Mais, c'est sous la présidence de Valéry Giscard d'Estaing (27 mai 1974 au 21 mai 1981) que l'intérim commence à être considéré comme un moyen de s'adapter à la crise économique qui s'installe. L'industrie est particulièrement touchée. C'est à cette époque que s'est créé le Syndicat national des entreprises de travail temporaire. En 1998, cette entité prendra, dans un premier temps, le nom de "Prisme". Cette dénomination va évoluer lorsque ce syndicat fusionne avec une autre branche syndicale appelée "Promatt". Le résultat va donner "Prism' emploi".

En France, le début de la normalisation de l'intérim est d'abord le fruit d'un accord signé le 9 novembre 1969 entre la CGT et la société Manpower. Cette entente va permettre d'ouvrir la voie à la loi du 3 juillet 1972, posant le premier encadrement législatif du travail intérimaire. Dans cette loi, il était déjà question de prendre des mesures comme la création d'une

---

436 https://halshs.archives-ouvertes.fr/file/index/docid/817459/.../13_Belkacem_Kornig.d...

437 http://www.haldati.fr/pages/histoire/histoire-de-l-interim.html

438 Caire Guy, "Les nouveaux marchands d'hommes, étude du travail intérimaire", éditions ouvrières, 1973

indemnité de fin de mission. Ce dédommagement, dû à la précarité induite par ce type de travail, sera finalement fixé à 10% minimum de la rémunération totale brute perçue. Il s'agissait surtout de trouver un équilibre entre les exigences de flexibilité, dans l'intérêt économique des entreprises, et l'impératif social de l'autre, c'est-à-dire la prise en compte du caractère précaire de la situation des travailleurs intérimaires. Finalement avec cette loi de 1972, le travail temporaire sort de sa clandestinité et devient légal dans cette relation triangulaire entre l'employé, l'entreprise d'intérim et l'entreprise demandeuse de main-d'œuvre appelée «entreprise utilisatrice».

Entre 1974 et 1983, la situation économique globale va se dégrader avec l'apparition d'un chômage autour de 5,7%. Ensuite, dans les années 1980, le contexte économique s'aggrave encore pour les travailleurs. Dans les années 1984-1993, le chômage atteint un taux moyen d'environ 10%. Pendant ce même temps, la part des CDI baisse de 95 à 88% pour les actifs qui travaillent dans le secteur concurrentiel. C'est aussi à cette période que la part des salariés en intérim passe de 1 à 2,7%. A l'arrivée de la Gauche au pouvoir en 1981, le "Programme commun" de gouvernement prévoyait de supprimer le travail temporaire. Des négociations avec le pouvoir en place ont abouti à ce que le monde de l'intérim puisse bénéficier d'une temporalité de trois ans pour se structurer. A défaut, il disparaissait. L'intérim s'est finalement adapté et a pris son essor. Citons l'exemple de la société Manpower qui a réussi à installer des succursales dans les principales grandes villes françaises. Ce groupe a détenu jusqu'à 1 000 succursales en France. Dans les années 1980, à certains moments, cette agence ouvrait un bureau par semaine. La situation du chômage s'est de nouveau aggravée autour de 2008. Au fil du temps, les contrats courts sont montés en puissance, à côté des CDI. Ils se sont vus porter le poids de la flexibilité. En 2012, la durée moyenne s'établit à 1,7 semaine pour des contrats intérimaires et 2 semaines pour les CDD. Au regard de ces faits, nous sommes face à une nouvelle forme de précarisation qui progressivement s'institutionnalise.

En 2005, la «loi Borloo» supprime le monopole du service public de l'ANPE. A partir de cette date, les agences d'intérim peuvent faire du placement. Le 10 juillet 2013, dans le secteur du travail temporaire, les partenaires sociaux aboutissent à un accord qui crée le CDI intérimaire[439]. Ce dernier va entrer en vigueur dès le 6 mars 2014. Il s'agit d'un contrat où l'agence d'intérim emploie en CDI un travailleur qui alterne des missions et des intermissions. Cette situation peut être considérée comme une tentative de mise en forme de flexisécurité à la française. 22 000 contrats ont été réalisés et, depuis le début de l'année 2018, il en est signé 1 000 par mois. Aujourd'hui, l'activité en intérim concerne autour de 2% des actifs.

Au plan international, selon une étude parue en 2011[440], voici quelques chiffres d'affaires significatifs de sociétés d'intérim par ordre de grandeur : *Les États-Unis (28% du chiffre d'affaires mondial du secteur), le Royaume-Uni (16%), le Japon (14%), la France (9%), l'Allemagne (6%), les Pays-Bas (5%). Mais ceci mélange évidemment un effet de taille du pays, et un effet de pénétration de l'intérim. Aux États-Unis, l'intérim ne représente que 2% de l'emploi,* etc. Donnons à présent quelques dates qui ont jalonné la construction et l'encadrement juridique du travail temporaire en France[441] :

- 1967, naissance de la Chambre nationale des entreprises de travail temporaire (CNETT),
- 1968, création du Syndicat national des entreprises de travail temporaire (SNETT).
- 1972, loi n° 72-1 du 3 janvier 1972 sur le travail temporaire, qui marque sa reconnaissance comme un travail à part entière et régit encore la profession aujourd'hui.
- 1982, ordonnance du 5 février 1982 modifiant les dispositions du Code du travail relatives au travail temporaire (cas de recours, égalité de traitement avec celui des salariés perma-

439 https://www.jobteaser.com/fr/companies/manpower-group/newsfeed/other-24130-60-ans-de-droit-du-travail-et-d-interim-en-france-l-interview-de-jean-francois-denoy

440 Belkacem Rachid, Kornig Cathel, Michon François (sous la direction), "Visages de l'intérim en France et dans le monde", ouvrage publié avec le concours de l'Université Paris 1 Panthéon Sorbonne et de l'Université de Nancy 2, éditions l'Harmattan, 2011

441 http://www.haldati.fr/pages/histoire/histoire-de-l-interim.html

nents, régulation de l'emploi temporaire, sanctions contre le recours abusif),

- 1983, signature de deux accords sur l'indemnisation complémentaire maladie liée à un accident du travail, et sur la formation professionnelle (création du fonds d'assurance formation-FAF TT)[442],

- 1990, loi n° 90-613 du 12 juillet 1990 favorisant la stabilité de l'emploi par l'adaptation du régime des contrats précaires (faisant suite à l'Accord national interprofessionnel du 24 mars 1990),

- 1998, juin, unification de la profession et création du Syndicat des entreprises du travail temporaire (SETT), à partir de deux organisations existantes, PROMATT et UNET,

- 2005, loi n° 2005-32 du 18 janvier 2005 de programme sur la cohésion sociale (dite «loi Borloo»), qui met fin au monopole de placement de l'ANPE (Pôle emploi depuis fin 2008) et autorise les agences d'emploi à exercer une activité de placement (proposer des CDI et des CDD).

Depuis 2005, d'autres dispositifs ont complété ce cadre législatif initial. On a déjà cité l'accord du 10 juillet 2013 relatif à la sécurisation des parcours professionnels des salariés intérimaires. Plus récemment, l'ordonnance du 22 septembre 2017 fixe le nombre maximum de renouvellements possibles pour un contrat de mission. Pour terminer sur le plan législatif, rappelons les articles L.1251-58-1 à L1251-58-8 de la loi du 5 septembre 2018 intégrée au Code du travail. Il y est précisé qu'un CDI intérim comporte des missions d'exécution et des périodes d'intermission. Ces dernières sont considérées comme du temps de travail. Elles ouvrent droit à des congés payés et à des indemnités d'ancienneté. Chaque mission donne lieu à un contrat de mise à disposition entre l'entreprise de travail temporaire et l'entreprise utilisatrice. L'ETT doit, par ailleurs, rédiger une lettre de mission à la personne employée. Rappelons qu'un contrat de mission, quelle que soit sa motivation, ne peut avoir pour objectif de pourvoir durablement à un emploi lié à l'activité normale et permanente de l'entreprise utilisatrice. D'autre part,

---

442 http://www.prismemploi.eu/Public/Prism-emploi/Qui-sommes-nous/Historique-Dates-cles

le contrat doit prendre fin lorsque l'objet de la mission est réalisé (fin de la saison, retour du salarié absent, etc.). Le Code du travail précise, en fonction des situations, la durée limite de chaque contrat de mission. Par exemple, pour le remplacement d'un salarié absent, dont le contrat est suspendu, la durée maximum du remplacement ne peut pas excéder 18 mois[443]. Autre exemple, dans l'attente de l'entrée en service d'un salarié en CDI, la durée de remplacement est portée à 9 mois au plus. Il existe plusieurs autres situations, nous n'allons pas toutes les citer. Donnons, en dernier exemple, "l'emploi saisonnier", dont le terme de la mission s'effectue à la fin de la saison.

Selon le baromètre "Prism'emploi", les chiffres récents de l'activité intérimaire en France décrivent une augmentation de 7,3% en février 2018, par rapport au même mois en 2017. Sur la période, cela fait une augmentation de plus 45 000 emplois, avec une progression incluse dans ce chiffre de 10 000 contrats en CDI intérim[444]. Selon les chiffres du ministère du Travail, repris dans le journal "La Tribune" du 29 mars 2018, les missions intérim durent en moyenne 1,9 semaine pour l'ensemble des activités. Dans la Construction, la durée moyenne des missions est de 3 semaines. Pour l'Industrie, le chiffre est de 2,3 semaines et ce dernier passe à 1,4 semaine pour le tertiaire. Pour l'année 2017, ce secteur économique spécifique emploie 297 000 personnes, cela correspond à 1,5% de l'ensemble des salariés qui travaillent dans ce domaine (informations du ministère du Travail).

Nous arrivons au terme de cette rétrospective sur le recours au travail temporaire en France. En 2014, selon l'Observatoire de l'intérim et du recrutement[445], il était dénombré 6 892 agences sur le territoire national. Nous avons relevé, par ailleurs, le nombre d'intérimaires en équivalent temps plein (ETP) entre 2005 et 2014. Les chiffres sont les suivants :

- 2005, 585 687 ETP,

---

443 https://www.service-public.fr/professionnels-entreprises/vosdroits/F31211

444 https://www.latribune.fr/economie/france/l-interim-progresse-dans-toutes-les-regions-773541.html33332

445 http://observatoire-interim-recrutement.fr/files/2018-04/interim-rc-20141.pdf

- 2007, 637 904 ETP,
- 2009, 447 348 ETP,
- 2011, 576 080 ETP,
- 2014, 518 993 ETP.

Pour la même période, en matière de contrats de travail en intérim, on relève les chiffres ci-dessous :

- 2005, 15 328 293 contrats,
- 2009, 13 428 029 contrats,
- 2014, 16 607 882 contrats.

L'activité intérimaire, c'est aussi 27,2% de femmes pour 72,8% d'hommes. Ces salariés se répartissent comme suit : 1% dans l'agriculture, 36% dans le tertiaire, 44% dans l'industrie et 19% dans la construction. D'autre part, 1,9% sont des cadres, 7,9% se situent dans les professions intermédiaires, 12% sont employés, 40,7% sont ouvriers qualifiés et 36,7% sont ouvriers non qualifiés.

Finalement, au vu de ce que nous venons de décrire, on peut affirmer qu'en France, la loi a entériné la forme particulière de travail précarisé que constitue le travail en intérim. La précarité est désormais institutionnalisée et légale pour un volant actuel qui fluctue autour de 500 000 intérimaires. D'une situation où l'intérim avait mauvaise presse à ses débuts et était stigmatisé, on est aujourd'hui passé à des entreprises de travail temporaire, reconnues comme des agences de l'emploi à caractère privé, partenaires régulières, voire privilégiées, du service public[446]. Institutionnaliser la précarisation du travail ne va pas de soi. Ce fait est un véritable coup de boutoir donné au maintien du CDI comme norme du travail en France. Pour clore ce registre de l'intérim, rappelons qu'en Allemagne, les syndicats ont longtemps plaidé pour une interdiction générale de l'intérim. La situation n'a évolué que dans les années 1990. En Espagne, la porte ne s'est ouverte qu'en 1994. Pour l'Italie, le pays a résisté jusqu'en 1997. Il en a été de même pour le Portugal et la Grèce.

---

446 https://www.researchgate.net/publication/281355936_La_construction_sociale_du_travail_interimaire_de_ses_origines_aux_Etats-Unis_a_son_institutionnalisation_en_France

Après ces innovations développées par la filière de l'intérim, abordons maintenant le champ des possibles avec la montée en puissance du travail virtuel.

II - L'embrasement de la nébuleuse du travail virtuel à partir de 1974

Dans les innovations apparues en matière d'emploi depuis les années 1950, nous ne pouvons pas passer sous silence toutes celles qui ont vu le jour consécutivement à l'installation de la crise au tournant des années 1973. Les gouvernements, qui se sont succédé depuis cette époque, se sont lancés dans des politiques de l'emploi tous azimuts pour tenter de résorber le chômage produit par ce dérèglement de l'économie. Le plus souvent, l'intervention de l'État, parfois des collectivités locales ou des partenaires sociaux, a eu pour conséquence de faire sortir la relation de travail du schéma de l'offre et de la demande d'emploi. Concrètement, ce ne sont plus les employeurs qui, dans ces nouvelles situations d'emploi, sont seuls moteurs dans la proposition de travail. Avec la décision d'utiliser des fonds publics pour que des personnes au chômage puissent retrouver du travail, nous entrons dans un nouveau paradigme. Dans ce contexte, pour les propositions d'emploi qui émergent des pouvoirs publics, il se met en place une triangulation dans la relation de travail. Lorsque cela se produit, nous nous trouvons en présence de trois entités. En premier lieu, il s'agit de la proposition initiée et encadrée par les pouvoirs publics sous l'autorité du Gouvernement, qui met à disposition des employeurs (deuxième entité) et d'un public cible (troisième entité), un encadrement du travail particulier, validé par une législation spécifique. Rappelons que nous avons proposé, lors de la soutenance de notre thèse de sociologie en avril 2009, d'appeler "travail virtuel" toutes ces situations atypiques de mise au travail. Depuis le premier dispositif mis en place en 1974 par Paul Granet (secrétaire d'Etat), nous avons réalisé un descriptif chronologique, dans notre chapitre IV consacré aux prémices d'une remise en question du CDI.

Afin de préciser davantage nos propos sur le travail virtuel, nous allons redévelopper ici les causes et les conséquences de la montée en puissance de ce dernier, vecteur d'innovation en matière d'emplois précaires.

Comme nous l'avons déjà souligné, le travail virtuel n'a pu se mettre en place qu'à la suite d'un élément déclenchant : la crise économique débutée en 1973. Sans elle, les partenaires sociaux n'auraient jamais accepté que soit mis en œuvre ce genre de proposition de travail "sur-précarisé". Deux images peuvent rendre compte de cet état de fait. Dans une première vision, on peut par exemple, assimiler le travail virtuel au «Canada dry». Ce dernier a la couleur de l'alcool, la saveur de l'alcool, mais ce n'est pas de l'alcool, tout comme le travail virtuel où l'employé (bénéficiaire d'un dispositif relevant de ce registre) n'est pas reconnu comme un simple travailleur, puisqu'il n'a pas les mêmes droits (salaire, horaires, protection sociale, etc.). Cette triangulation que constitue le travail virtuel peut aussi être comparée à un simulateur de travail. Dans cette seconde image, il s'agit de faire jouer à travailler (forme de simulacre) la personne qui accepte ce type de proposition, à défaut de rien, puisque, nous venons de l'exprimer, les avantages octroyés à un salarié ordinaire ne lui sont pas attribués.

Outre la crise économique, élément déclenchant de la montée en puissance du travail virtuel, précisons que la naissance de ce nouveau paradigme en matière d'emploi a bénéficié de deux facteurs favorisant son développement. Tout d'abord, il faut citer l'instauration d'un cadre juridique particulier, issu de la loi de 1971 sur la mise en place de la formation professionnelle continue. En second lieu, il faut mettre en avant les expériences de travail virtuel, qui ont vu le jour après la Deuxième Guerre mondiale, en direction des handicapés et des inadaptés sociaux.

En ce qui concerne le premier élément, repartons du "constat de Grenelle" issu des événements de mai 1968 déjà abordés. Retenons, parmi les initiatives prises à ce moment, les négociations entamées à cette date, qui ont abouti aux accords du 9 juillet 1970 sur la création de la formation professionnelle continue dans les entreprises de plus de 10 salariés. Ces faits ont été entérinés par la loi-cadre appelée "loi Delors" de juillet 1971. On peut constater que par la suite, les initiatives gouvernementales concernant certains publics en recherche d'emploi reposent sur cette nouvelle législation. Pour une majorité de situations de travail virtuel, nous sommes à mi-chemin entre "travail" et "formation". Nous sommes sortis du cadre de la formation initiale proposé par l'Education nationale et certains établissements privés, mais nous sommes entrés dans ce nouveau champ de la formation continue.

Toute cette ingénierie, proposée à des demandeurs d'emploi autour d'un centre de formation et d'une entreprise, va servir de base à la relation entre un centre de formation, fonctionnant le plus souvent sur des fonds publics, une entreprise acceptant d'intégrer ponctuellement un chômeur en contrepartie là aussi d'une aide publique et un travailleur virtuel, partiellement ou totalement indemnisé également avec de l'argent public. Avec toutes ces actions volontaristes des pouvoirs publics, on assiste à la mise en place d'une forme de "stagiairisation" généralisée pour les personnes qui n'arrivent pas, ou plus, à rejoindre le marché primaire du travail.

Mais, dans ce champ de l'insertion, notons que si des propositions d'alternance "entreprise-centre de formation" aboutissent à une formation qualifiante, nous ne sommes pas en situation de travail virtuel, nous sommes alors en situation de formation par alternance, comme cela se fait aujourd'hui pour la préparation de multiples diplômes. Pour tous les autres cas, nous sommes en présence de travail virtuel (triptyque : demandeur d'emploi, entreprise, argent public).

Le deuxième pilier ayant favorisé l'essor du travail virtuel est à chercher dans les tentatives de propositions de travail faites depuis la fin de la Seconde Guerre mondiale aux handicapés et aux inadaptés sociaux. En effet, une personne handicapée, qui veut travailler, ne trouve généralement pas de réponse immédiate à sa recherche d'emploi.

Ce sont des parents d'handicapés et des personnels faisant fonction de professionnels du travail social avant l'heure, qui ont initié les premières mesures d'encadrement du travail de ce public spécifique. Ils ont abouti, dans certaines situations, à la création d'entreprises ou de postes de travail adaptés aux difficultés de ces personnes. Les pouvoirs publics ont fini par reconnaître la pertinence de ces initiatives privées. Une loi-cadre a été votée le 30 juin 1975. Elle a permis de financer un certain nombre de ces nouvelles structures qui donnent du travail à des handicapés, désireux d'entrer dans la vie active, en leur permettant d'occuper un poste de travail adapté à leur situation. Les premiers établissements reconnus par l'État se sont nommés Centres d'aide par le travail (CAT) et, pour un public un peu plus autonome, mais reconnu lui aussi handicapé, ils ont pris le nom d'Ateliers protégés (AT). En 2019, ces structures sont pérennes. Les CAT ont simplement changé de nom. Ils s'appellent aujourd'hui Etablissements et services d'aide par le travail (ESAT). Toutes les personnes handicapées, qui travaillent dans ces unités de production, touchent une aide de l'État pour une partie du travail produit. L'établissement faisant fonction d'entreprise est lui aussi subventionné. Il faut par exemple rémunérer le personnel d'encadrement (le directeur, les chefs de service, les éducateurs techniques spécialisés, les moniteurs d'atelier, etc.). Au regard de ces éléments, nous sommes face à des situations de travail virtuel particulières, qui ont pris racine avant la crise des années 1973. Par la suite, celles-ci ont pu inspirer les initiatives développées en matière de travail virtuel en direction des demandeurs d'emploi "ordinaires". Dans toutes ces tentatives d'intégration des travailleurs handicapés à la production, nous retrouvons le triptyque : entreprise (CAT ou AP), public cible (les handicapés) et financement public.

Dans les innovations apparues dans le domaine de l'emploi depuis les années 1950, l'instauration progressive depuis les années 1974, pour les demandeurs d'emploi et plus tôt pour les travailleurs handicapés, d'un marché du travail virtuel[447], à côté du marché ordinaire du travail (offre/demande), a été très moteur.

On peut dégager 4 grandes sources de mise en situation de travail virtuel. En premier lieu, il s'agit du champ de l'insertion par l'économique (entreprises d'insertion, chantiers d'insertion, etc.), en second lieu, de la création de nouvelles structures (les

---

447 Jacquot Lionel (sous la direction de) avec la collaboration de Kraemer Charles, "Travail et don", chapitre 10, "Miroirs, solidarité, similitudes et antagonismes entre le marché du travail et le marché du travail virtuel", Jourdam Georges p. 179-197, éditions Presses universitaires de Nancy, 2011

structures de pilotage des demandeurs d'emploi comme la Mission locale, etc.), en troisième lieu, de nouveaux dispositifs («stages Granet», «stages Barre», etc.) et enfin, en quatrième lieu, de nouvelles mesures d'aide à l'emploi (contrats aidés, etc.). Pour les personnes en recherche de travail, tout cela constitue désormais une voie possible vers un hypothétique emploi, comme s'il s'était installé, depuis ces années de crise, un sas (surtout pour les personnes pas ou peu diplômées) entre la sortie de la formation initiale et l'entrée dans le monde ordinaire du travail.

Pour terminer ce sous-chapitre consacré aux innovations en matière d'emploi, découlant de l'intervention de l'État dans la relation entreprise-employé et que nous avons conceptualisées en utilisant l'expression "travail virtuel", précisons que ce choix s'est confirmé, quelles que soient les alternances politiques, de Droite ou de Gauche. Aujourd'hui, cette base d'intervention persiste bien que le gouvernement Philippe vienne de mettre un frein aux contrats aidés. Depuis l'annonce faite le 16 janvier 2018 par la ministre du Travail Muriel Pénicaud, ces derniers se sont transformés en Parcours emploi-compétences[448] (PEC). Selon les propos de la Dares, ce nouveau formatage repose sur le triptyque «emploi-formation-accompagnement personnalisé». Sur ce point particulier, nous assistons à un énième modelage du travail virtuel qui est, nous le constatons encore sur cette nouvelle mutation, véritablement un concept polymorphe. Pour l'année 2016, à titre informatif, nous avons relevé le financement d'environ 400 000 contrats aidés pour une somme de 3,3 millions d'euros. Sur l'année 2017, l'État a participé à la prise en charge de 320 000 contrats aidés. Pour 2018, l'objectif est de réduire ce nombre à 200 000[449]. Concernant les chiffres relatifs aux structures à même d'encadrer le travail virtuel en direction des jeunes, en 2016, nous avons, entre autres, recensé 440 Missions locales avec 6 560 lieux d'accueil et qui emploient 13 495 professionnels de l'insertion[450]. Cette même année, ce réseau

448 https://travail-emploi.gouv.fr/emploi/parcours-emploi-competences/
449 https://www.journaldunet.fr/management/guide-du-management/1200071-contrat-aide/
450 https://www.unml.info/les-missions-locales/le-reseau-des-missions-locales-en-chiffres.html

des Missions locales a été en contact avec 1,4 million de jeunes. Tout cela, pour un coût de 640 millions d'euros (39% collectivités, 46% État et 15% autres). En matière d'Insertion par l'activité économique (IAE), autre domaine dans le champ du travail virtuel[451], nous avons dénombré 4 conventionnements qui génèrent l'emploi de 136 000 salariés. Par ailleurs, sur ce même axe, on a relevé 1 955 Ateliers et chantiers d'insertion (ACI), 950 entreprises d'Insertion (EI), 680 Associations intermédiaires (AI), 270 Entreprises de travail temporaire d'insertion (ETTI), 165 Groupements d'emploi pour l'insertion et la qualification (GEIQ) et 140 Régies de quartier (RQ). Nous pouvons également rappeler ici quelques données sur les chiffres du travail virtuel dans le domaine du handicap. Pour l'année 2014, le site web du Sénat[452] mentionne l'existence de 1 349 ESAT sur le territoire national, ce qui correspond au financement de 119 211 places.

En ce qui concerne l'insertion par le travail dans le domaine du handicap, pour l'année 2004, nous avons comptabilisé par ailleurs 586 Ateliers protégés (AP) pour un effectif de travailleurs virtuels handicapés de 20 055 personnes. La loi n° 2005-102 du 11 février 2005 transforme l'expression "Atelier protégé" en "Entreprise adaptée". Plus récemment en 2018, on recense sur le territoire français 800 Entreprises adaptées développant un chiffre d'affaires de 1,8 milliard d'euros. Il est référencé dans ce secteur plus de 200 métiers[453].

Là encore, les chiffres rapportés ci-dessus n'ont pas vocation à être exhaustifs, mais les informations données permettent de se faire une idée de la situation des différents domaines que recouvre le travail virtuel dans sa globalité. Dans toutes les activités proposées par la sphère du travail virtuel, nous sommes aux marges du contrat de travail salarié.

Dans ce chapitre 5, le troisième volet d'innovation que nous allons maintenant aborder en matière d'emploi est la mise en place par la loi de l'auto-entreprise, appelée aussi micro-

---

451 https://www.avise.org/decouvrir-less/insertion-par-lactivite-economique/4-conventionnements-et-136-000-salaries-dans-liae (publié le 28 mai 2019)

452 https://www.senat.fr/rap/r14-409/r14-4097.html

453 https://www.unea.fr/chiffres-cles

entreprise. Cet autre champ des possibles en matière d'encadrement du travail ouvre de nouvelles perspectives à côté du contrat de travail salarié.

III - Les auto-entreprises ou micro-entreprises

Dans ces quelques lignes consacrées à la micro-entreprise, nous allons d'abord en définir les contours et l'intérêt. Nous allons aussi en préciser les faiblesses. Nous montrerons que ces petites unités de production se révèlent souvent fragiles et peu fiables. Nous verrons, d'autre part, que leur environnement juridique est amené à évoluer régulièrement, ce qui n'est pas propice à l'instauration d'une confiance dans la relation entrepreneur, État et client.

Le statut d'auto-entreprise est créé sous la présidence de Nicolas Sarkozy. Il est présenté le 28 avril 2008 dans le cadre de la Loi de modernisation économique (LME)[454]. Cette décision entérine une nouvelle forme de flexibilité sur le marché du travail. Au premier janvier 2009, le régime d'auto-entrepreneur s'applique aux personnes physiques qui créent, ou possèdent déjà une entreprise, pour réaliser une activité commerciale, artisanale ou libérale (hors certaines exceptions). Désormais, cette forme particulière d'encadrement du travail peut se faire à titre principal ou complémentaire. La création d'une micro-entreprise peut être le fait d'un salarié, d'un demandeur d'emploi, d'un étudiant, d'un retraité et même d'un fonctionnaire. Au départ, cette nouvelle entité avait pour intérêt principal de simplifier la gestion administrative en permettant de remplacer toutes les cotisations sociales, toutes les taxes et impôts par un versement unique proportionnel au chiffre d'affaires, l'idée étant : pas de chiffre d'affaires, pas de cotisation[455]. Appelé dès le début "auto-entrepreneur", ce régime fait partie du régime des indépendants. L'Urssaf en donne la définition suivante : *L'auto-entreprise est une entreprise individuelle qui relève du régime fiscal de la micro-entreprise et du régime micro-social pour le*

---

454 https://www.journaldunet.com › Web & Tech › ECommerce
455 https://www.service-public.fr/professionnels-entreprises/vosdroits/F23264

paiement des cotisations et contributions sociales. L'encadrement de ce nouvel outil de travail est fixé par la loi. Le chiffre d'affaires ne doit pas dépasser 33 000 euros dans les activités de services et 80 000 euros dans le commerce. Ces chiffres ont été un peu revus à la hausse ensuite. Ces données correspondent à un prélèvement de 23% du chiffre d'affaires dans les services et 13% dans le commerce. Concrètement, l'auto-entrepreneur doit s'acquitter de ses charges chaque mois ou chaque trimestre. Le statut d'auto-entrepreneur, issu de la loi pour la modernisation économique du 4 août 2008, avait pour objet de favoriser l'initiative et la création individuelle d'activité. La «loi Pinel» du 18 juin 2014[456] réforme le statut initialement mis en place. Une simple déclaration ne suffit plus. L'immatriculation au Registre du commerce et des sociétés (RCS) devient obligatoire, pour une activité commerciale, et au Répertoire des métiers (RM), pour une activité artisanale. Le principe de la cotisation unique est donc abandonné. Il s'est rajouté une Cotisation foncière des entreprises (CFE), qui varie d'une commune à l'autre de 20 à 2 000 euros, et une Cotisation à la formation professionnelle (CFP). Ensuite, a été mise en place une taxe pour les frais de la Chambre de commerce et d'industrie (CCI), ou les frais de la Chambre des métiers et de l'artisanat (CMA). En 2016, le régime des auto-entrepreneurs regroupe plus d'un million de personnes qui ont un revenu mensuel moyen évalué à 410 euros. La «loi Pinel» décide la fusion de deux régimes : celui du micro-social et celui du micro-fiscal. Ces deux champs ne sont plus dissociables. Cette décision est devenue effective au premier janvier 2016. A partir de cette date, les auto-entrepreneurs s'appellent désormais micro-entrepreneurs[457]. Après ces modifications, le micro-entrepreneur devient une véritable entreprise individuelle qui bénéficie d'avantages fiscaux et sociaux. Il est maintenant exigé de cette entreprise d'une part, qu'elle ouvre un compte bancaire dédié, au plus tard un an après l'immatriculation de la société, et d'autre part, qu'elle tienne un livret de factures.

---

456 http://www.fiscalonline.com/La-recente-evolution-du-statut-d.html
457 https://business.lesechos.fr/entrepreneurs/auto-entrepreneur/auto-entrepreneurs-et-micro-entreprise-confusion-autour-d-une-fusion-206166.ph

Pour le Monde diplomatique[458], la micro-entreprise est une machine à fabriquer des pauvres, le revenu moyen des micro-entrepreneurs est inférieur au RSA ! 90% des personnes, qui évoluent sous ce statut, ont un revenu inférieur au SMIC. Les micro-entrepreneurs ont souvent comme clients des entreprises donneuses d'ordres. Cela peut même être des multinationales. Finalement, dans ces situations, on peut parler de sous-traitance. Cela permet à ces dernières de se dégager des obligations de salaire minimum, de congés payés, de droits au chômage, de conditions préalables au licenciement, d'horaires de travail, de formation, etc. Le statut de micro-entrepreneur ne couvre pas les accidents du travail ni les maladies professionnelles. Cette nouvelle façon d'encadrer le travail contribue à brouiller les pistes entre travail et capital. Au regard de ces faits, certains émettent l'idée qu'à terme, il n'existerait plus que des entrepreneurs. Il n'y aurait plus de classes sociales, plus d'exploités donc plus d'exploiteurs et par conséquent plus de lutte des classes. La réalité chiffrée déjà abordée est implacable. Sur le million de micro-entrepreneurs, chiffre dépassé depuis 2015, un quart de ces personnes gagne moins de 70 euros par mois et la moitié, moins de 240 euros par mois ! On peut ajouter qu'il y a quelque chose de paradoxal à vouloir mettre sur le même plan le statut d'entrepreneur et l'état de pauvreté de ces travailleurs.

Depuis le premier janvier 2018, les seuils des chiffres d'affaires par activités ont été relevés. Pour le commerce, ce chiffre est désormais passé à 170 000 euros et, pour les services, à 70 000 euros[459]. Avec une activité, même très réduite, cela permet de sortir ces personnes de la catégorie A de Pôle Emploi, modifiant ainsi l'affichage officiel des chiffres du chômage. Avec la micro-entreprise, il est induit l'idée que pour s'en sortir, il ne faut plus se tourner vers la collectivité mais se retourner vers soi[460]. Selon les services de Bercy, seules 5 900 micro-

458 https://www.monde-diplomatique.fr/2017/12/MARTIN/58192

459 https://www.captaincontrat.com/articles-creation-entreprise/fiche/micro-entreprise/

460 Novellia Hervé, "L'Auto-entrepreneur : les clés du succès", Éditions du Rocher, Paris, 2009

entreprises sont concernées par ce relèvement des plafonds[461]. Globalement, pour l'année 2017, le chiffre d'affaires des micro-entreprises s'élève à 8,75 milliards d'euros. Si nous mettons ce chiffre en parallèle avec le résultat des 2,2 millions de petites entreprises (moins de 10 salariés), qui est de 760 milliards d'euros, cette comparaison montre la faiblesse économique de ce type d'encadrement du travail. On peut affirmer que le régime de la micro-entreprise contribue à la dérégulation du travail, en poussant encore plus loin le système de la sous-traitance, et participe à sa façon à la réduction des coûts de production. La personne qui choisit ce dispositif serait plus dans l'auto-aliénation que dans une forme d'émancipation. Fin 2017[462], on recense 1 183 139 micro-entrepreneurs, ce qui correspond à une augmentation de 11,3% par rapport à l'année précédente. 250 918 de ces unités ont été radiées en 2017. Pour cette même année, le total du chiffre d'affaires est de 9,799 milliards. Le chiffre d'affaires moyen d'une micro-entreprise est de 13 553 euros. Pour 2017, l'activité des micro-entrepreneurs se répartit comme suit :

- 34,60% dans les transports,
- 14,70% dans l'activité immobilière,
- 12,80% dans le nettoyage,
- 12,60% dans la santé,
- 11,00% dans le conseil.
- 14,30% autres, etc.

On a déjà précisé que ce type d'unité de production pouvait s'impliquer dans la sous-traitance. La loi du 31 décembre 1975, relative à ce secteur, ne contredit pas ce fait, car ce texte n'exige pas l'immatriculation du sous-traitant à un registre de publicité légal.[463] Deux types de sous-traitance sont possibles dans ce domaine :

- la sous-traitance de spécialité. Le micro-entrepreneur peut demander, à un autre micro-entrepreneur ou une entreprise, de l'aider s'il n'a pas les compétences nécessaires,

---

461 Bellan Marie, «Micro-entrepreneurs : le faible impact du relèvement des seuils», Les Échos, Paris, 5 octobre 2017.

462 https://www.federation-auto-entrepreneur.fr/actualites/infographie-tous-chiffres-a-connaitre-autoentrepreneurs-en-2017

463 http://www.myae.fr/faq/sous-traitance-auto-entrepreneur.php

- la sous-traitance de capacité. Si un micro-entrepreneur n'a pas le temps de répondre à une commande, il peut transmettre ce travail à un autre micro-entrepreneur ou à une entreprise.

Pour être précis, on est en situation de sous-traitance lorsqu'une entreprise confie à un autre professionnel une partie de la réalisation d'une prestation. Des précautions sont nécessaires dans ce domaine. La sous-traitance peut être utilisée de façon abusive et abriter du travail dissimulé. Pour des sommes de plus de 3 000 euros, le donneur d'ordres a le devoir de vérifier que le sous-traitant est à jour de ses cotisations sociales et qu'il est toujours bien immatriculé à l'URSSAF[464]. La question du lien de subordination est aussi à interroger, car aucun lien de subordination ne doit exister entre le micro-entrepreneur et le sous-traitant. Si l'employeur (micro-entreprise ou autre) détermine de façon unilatérale les conditions d'exécution d'un travail, il existe alors un lien de subordination. La personne qui se trouve dans cette situation est en réalité, au regard de la loi, en situation de salariée et non de sous-traitant, micro-entrepreneur ou pas. La situation d'exclusivité économique est aussi à interroger, car si la charge de travail donnée à un sous-traitant est telle qu'il ne peut exécuter que ce travail, là encore on se trouve en situation de subordination. En dernier lieu, dans une relation de sous-traitance, il est nécessaire que soit établi un contrat clair, définissant l'objet de la relation économique. Sans cela, on peut en conclure que nous nous trouvons devant un cas de travail dissimulé. Concernant la sous-traitance, il existe d'autres précautions à prendre, que nous n'allons pas développer dans cet exposé. Globalement, on constate que le nombre d'actifs non-salariés progresse. En 2015, selon l'INSEE, les micro-entrepreneurs pluriactifs représentent un non-salarié sur cinq[465].

Au vu de ce que nous avons relevé sur le statut de la micro-entreprise, il est clair que la réussite de ce type d'organisation du travail n'est pas toujours au rendez-vous. L'entrée sur le marché du travail par cette porte n'apporte pas la même sécurité

---

464 https://www.petite-entreprise.net/P-3994-136-G1-conseils-sous-traitance-et-risques-de-travail-dissimule.html

465 https://www.lemonde.fr/economie-francaise/article/2015/10/18/travail-vers-la-fin-du-salariat_4791885_1656968.html

qu'un contrat de travail salarié, beaucoup plus protecteur en matière de droit social. Dans ce cas de figure, il serait préférable de disposer simultanément d'une activité professionnelle plus fiable.

Après ces quelques informations sur l'auto-entreprise, désormais nommée micro-entreprise, nous allons poursuivre par la nouvelle forme d'encadrement du travail que sont les plateformes. Ces dernières tentent de s'imposer dans la société actuelle. Cette facette de l'encadrement du travail vient, elle aussi, remettre en cause la société salariale et précariser davantage l'emploi.

IV - Les plateformes

La quatrième sous-partie de ce chapitre 5 va aborder une nouvelle venue dans le champ de l'emploi, qui se nomme "plateforme". Sans la révolution technologique en cours, s'appuyant sur les possibilités du numérique, ce nouvel espace des possibles en matière de mise au travail spécifique n'aurait pu exister. Il va s'agir maintenant de donner une lecture claire et concise sur ce nouvel eldorado de mise en situation de travail. Nous en préciserons les avancées, mais aussi les limites et les dangers.

Transformer la nécessité de travailler en désir d'autonomie, voilà l'utopie véhiculée par les plateformes[466]. Selon la sociologue Sarah Abdelnour, il est vrai que l'illusion peut faire effet au début : pas de patron, pas de contrainte de respect d'horaires, etc. Cela permet d'avoir l'impression de mieux respirer, mais le "shoot" est de courte durée, car la vie réelle nous rattrape vite lorsque la maladie arrive, qu'un enfant naît, etc. Le plus souvent, le type de travail généré par les plateformes est organisé de façon individuelle. Pour embellir la situation, le nouveau langage managérial sait faire. On parle de collaborateur, de travail en équipe, on a les mêmes objectifs, etc. Dans la réalité,

466 https://www.usinenouvelle.com/editorial/le-modele-de-plate-forme-ressemble-au-travail-du-xixe-siecle-selon-la-sociologue-sarah-abdelnour.N771044

le prolétaire[467] est toujours présent, sans patrimoine, face aux dominants qui possèdent, toujours et encore, les moyens de production. L'utopie de la société fluide, sans conflit, où chacun fait ce qu'il veut, n'est pas encore advenue ! Le problème de ce nouveau modèle, c'est qu'il tente de contourner les systèmes de protection sociale. Dans ce contexte, sortir du salariat est dangereux. Mais la pression est forte. Sur le plan mondial, l'Organisation internationale du travail (OIT)[468], qui fête ses 100 ans, précise dans son rapport "Travailler pour bâtir un avenir meilleur", présenté à Genève le 22 janvier 2019, que : *190 millions de personnes au chômage en 2018 – dont 65 millions de jeunes – 300 millions de travailleurs pauvres (c'est-à-dire vivant avec moins de 1,7 euro par jour), 2 milliards de personnes dans l'emploi informel, plus d'un tiers de la main-d'œuvre mondiale travaillant plus de quarante-huit heures par semaine...* Elle ajoute : *Sans oublier les 20% d'écarts salariaux entre hommes et femmes ou les salaires en berne (1,8% de croissance en 2017, contre 2,4% l'année précédente).* Ce rapport met le doigt également sur l'avenir du travail, qui va être conditionné par les progrès technologiques, l'intelligence artificielle, l'automatisation et la robotique. C'est grâce à ces innovations en cours que les plateformes ont pu se mettre en place. A l'origine, il s'agit de la révolution numérique, provoquée par l'essor des technologies nouvelles, que sont l'informatique et internet. Cette situation aboutit à la mise en réseau mondial des individus et permet de nouvelles formes de communication par courriel, réseaux sociaux et messagerie instantanée. Les supports utilisés sont les ordinateurs, les smartphones et les tablettes.

Procédons maintenant à un petit retour sur le passé immédiat pour donner un peu de clarté et de perspective à toutes ces innovations et transformations qui ont permis la naissance des plateformes.

La quasi-généralisation de l'ordinateur personnel s'est faite à la fin des années 1980, suivie dans les années 1990 de la nais-

---

467 Ellul J. Jacques, "Changer de révolution. L'inéluctable prolétariat", Seuil, 1982, p. 267-268; rééd. La Table ronde, coll. La petite vermillon, 2015, p. 389

468 https://www.lemonde.fr/economie/article/2019/01/23/l-oit-esquisse-des-pistes-pour-l-avenir-du-monde-du-travail_5413307_3234.html

sance et de l'explosion du phénomène internet. Puis, la fin des années 2000 voit apparaître le smartphone. Si on remonte un peu dans le passé, il faut commencer, en 1844, par une invention décisive dans le domaine des télécommunications[469] : le télégraphe de Samuel Morse. En 1858, le premier câble marin est tiré entre l'Europe et les États-Unis. En 1876, l'Américain Graham Bell invente le téléphone. En 1879, les découvertes dans le domaine de l'électricité aboutissent à l'invention de la lampe à incandescence par Thomas Edison. En 1892, Karl Ferdinand Braun invente le tube cathodique qui sera utilisé dans la fabrication des premiers ordinateurs. En 1906, aux États-Unis, la voix est pour la première fois retransmise par les ondes radio. En 1920, vont débuter les premiers programmes de radio diffusion. En 1926, la première retransmission télévisée publique et en direct a lieu à Londres. En France, cela commence en 1932. Dans les années 1930, en Suisse, le principe des cartes perforées est mis au point par Fredrik Bull. En 1941, dans le Berlin de l'Allemagne nazie, la première machine programmable et automatique, appelée calculateur Z3, est mise au point par Konrad Zuse. En 1944, à Londres, le premier calculateur binaire est mis au point par Colossus. Mais, en 1939, à Palo-Alto près de San Francisco, la véritable révolution numérique débute dans un garage avec William Hewlett et David Packard. Ceux-ci se trouvent sur les lieux de la future Silicon Valley qui a pris ce nom en 1971. Ces deux ingénieurs ont mis au point de nouveaux produits électroniques de mesure, dont un analyseur d'ondes. En 1946, à l'université de Pennsylvanie, le tout premier ordinateur au monde est créé par Vannevar Bush. Appelé « Electronic numerical integrator and computer » (ENIAC), il pèse 30 tonnes et occupe 167 m^2. En 1948, est inventé le transistor qui est le point de départ de la miniaturisation. A partir des années 1950, la télévision prend de plus en plus d'ampleur. En 1952, il est vendu 3,9 millions de récepteurs aux USA[470]. Ce fait favorise le lancement de la société de consommation au travers de la diffusion de spots publicitaires qui conditionnent

---

469 https://fr.wikipedia.org/wiki/R%C3%A9volution_num%C3%A9rique

470 Pierre Albert et André-Jean Tudesq, "Histoire de la radio-télévision", PUF, 1981, p. 67

les mentalités et poussent les téléspectateurs à acheter. Dans son livre "Cybernétique et société", traduit en français en 1952, Norbert Wiener[471] affirme : *De même qu'une révolution est en cours, permettant aux machines de remplacer les muscles de l'homme, une autre est en train de poindre qui leur permettra de se substituer à son cerveau.* Cet avenir qui pointe, à base de machines qui vont progressivement remplacer l'homme physiquement et intellectuellement, génère de l'angoisse et pose de façon plus aiguë la question du travail, de sa répartition et de son contenu. Qui fait quoi ? Dans quelles conditions ? Sous quel statut ? A qui appartiennent les machines créatrices de plus-value ? Quelle place reste-t-il à l'homme dans ce contexte, surtout à ceux qui n'ont pas les moyens et qui ne possèdent pas les machines productives ? En 1949, l'écrivain George Orwell donne un sombre tableau de l'avenir dans son roman intitulé "1984". Il y décrit une société future, totalitaire, qui dispose de la télésurveillance et pratique de façon systématique le contrôle social. Dans le livre d'Orwell, le chef du parti unique s'appelle "Big Brother". Dans sa gestion de la partie de société qu'il contrôle, il est aidé par 4 ministères dénommés : vérité, paix, amour et abondance. Dans cette idéologie au pouvoir, il est dit : "La guerre, c'est la paix", "la liberté, c'est l'esclavage" et "l'ignorance, c'est la force". On peut citer trois autres romans, qui font référence dans le domaine :

- «Le meilleur des mondes»[472] d'Aldous Leonard Huxley, publié en 1932,
- «Fahrenheit 451»[473], de Ray Bradbury, sorti en 1953,
- «Un bonheur insoutenable»[474], d'Ira Levin, paru en 1970.

Aujourd'hui, il est reconnu que ces quatre auteurs se sont inspirés du livre de l'écrivain russe, Eugène Zamiatine (1884-1937), «Nous autres»[475], publié en 1920 et réédité sous le titre "Nous", en 2017 chez Actes Sud. Pour clore ce retour au cœur de l'histoire immédiate initiée par les mutations en cours, don-

471 Wiener Norbert, "Cybernétique et société", traduit en français en 1952 aux éditions des Deux rives

472 Huxley Aldous Leonard, "Le meilleur des mondes", éditions Plon, 1959

473 Bradbury Ray, "Fahrenheit 451", éditions Gallimard, 2018

474 Levin Ira, "Un bonheur insoutenable", éditions Robert Laffont, 1971

475 Zamiatine Eugène, "Nous autres", éditions Gallimard, 1979

nons la définition de l'idéologie proposée par Karl Jaspers : *Une idéologie est un complexe d'idées ou de représentations qui passe aux yeux du sujet pour une interprétation du monde ou de sa propre situation, qui lui représente la vérité absolue, mais sous la forme d'une illusion par quoi il se justifie, se dissimule, se dérobe d'une façon ou d'une autre, mais pour son avantage immédiat*[476].

Pour entrer dans le concret du business plan des plateformes, commençons par aborder le cas de la société Uber. Celle-ci s'appuie sur l'idéologie de la libre concurrence pour développer son activité commerciale, mais elle est accusée de concurrence déloyale et de travail dissimulé. Les pouvoirs publics, ainsi que certains professionnels engagés sur le même terrain, mais qui, eux, respectent les réglementations sociales en vigueur, se plaignent de sa façon de faire. Plus généralement, on parle de plateformes de l'économie numérique qui viennent concurrencer les acteurs en place dans tous les secteurs de l'économie. Le principe d'une plateforme est de mettre en relation des particuliers et des prestataires, cette dernière prélevant à chaque course une commission. Un appel téléphonique permet à la fois de géolocaliser la demande et l'offre, et de faire correspondre en temps réel les besoins et les disponibilités. Les travailleurs, dans le cas présent les chauffeurs, ne sont pas des salariés mais des micro-entrepreneurs. Ils perçoivent un revenu pour chaque course ou service rendu. Uber est une entreprise américaine basée à San Francisco qui a été fondée par Garrett Camp, Oscar Salazar et Travis Kalanick. Initialement, elle s'appelait Ubercab (super taxi). Elle est spécialisée dans le transport et met en contact des utilisateurs avec des chauffeurs. La société Uber a été créée en 2009. En 2016, la capitalisation boursière de cette entreprise était de 50 milliards de dollars. A ses débuts, Uber démarre à San Francisco, via une application iphone «Uber-cab». Le concept fonctionne et se propage ensuite dans d'autres villes. En 2011, Uber lance à Paris un système de chauffeurs privés. Cela se met aussi en place à Lyon[477]. La corporation des taxis s'est

476 Jaspers, K., "Origine et sens de l'histoire", éditions Plon, 1954

477 http://www.montersonbusiness.com/startup-2/uber-innovation-controverses/

opposée à ces nouvelles façons de faire. Certaines villes ont rendu Uber illégal, comme les agglomérations de Miami ou de Las Vegas. Cette société emploie dans le monde plus d'un million de chauffeurs. Les gains de ces derniers peuvent être très disparates. La moitié de ces prestataires en tirent leur revenu principal. Sur le même registre, il existe la multinationale anglaise Deliveroo, leader du marché dans le transport des repas. Celle-ci pilote des coursiers à vélo. Il s'agit là de livreurs en situation très précaire, sous-payés et sans aucune protection sociale. Ces "bikers" ne sont pas des salariés, mais des micro-entrepreneurs censés travailler à leur compte. Cette plateforme se garde la possibilité de modifier les conditions de collaboration avec ces livreurs précaires. Dans ce fonctionnement, Deliveroo ne prend aucune responsabilité sociale pour les travailleurs avec qui elle contracte. On peut donc en déduire que travailler avec une plateforme peut se révéler délicat. Si aucune protection sociale n'est mise en place par un système de cotisations, alors cela peut être catastrophique pour le micro-entrepreneur concerné, dès le premier problème de santé survenu. La liberté des chauffeurs Uber ou des bikers Deliveroo trouve sa limite du fait que ce ne sont pas eux qui fixent le prix de leurs courses. Ce dernier est imposé par l'opérateur de la plateforme. A titre d'exemple, en 2015, la société Uber a décidé de façon unilatérale de baisser le tarif des courses de 20%. La course passe de 8 euros à 5 euros. Cette décision a mis les chauffeurs Uber en difficulté financière. Le journal le Monde[478] du 21 décembre 2015 relève que ceux-ci ont l'impression d'être des machines. Ils protestent contre la baisse des tarifs en organisant des opérations escargot à Paris. Avant cette décision, un chauffeur VTC (Voiture de tourisme avec chauffeur) pouvait toucher entre 2 000 et 3 000 euros par mois. Maintenant, son revenu mensuel se situe plutôt dans la fourchette de 1 200 à 1 500 euros au maximum. De ces sommes, il faut déduire 20% de commission pour la plateforme et 10% de TVA. Soulignons encore qu'aucune cotisation sociale n'est prévue. Le journal Le Monde précise que pour gagner ces sommes, il faut au mini-

---

478 https://www.lemonde.fr/entreprises/article/2015/12/18/chauffeurs-pour-uber-on-a-l-impression-d-etre-des-machines_4834877_1656994.html

mum travailler 10 heures par jour ! Ajoutons à ce tableau, les propos relevés auprès de Hicham : *L'essence, c'est environ 500 euros par mois. L'assurance transport, 280 euros. Les frais d'entretien du véhicule sont plus variables, mais si vous avez un pépin grave, ça peut monter jusqu'à 500 euros. Il nous reste quoi, à la fin du mois ?* Ce chauffeur ajoute que la société Uber exige des voitures de moins de 4 ans d'un certain standing. Il faut donc payer ce véhicule. La démonstration semble ainsi faite, que toute la rhétorique accompagnant cette évolution en cours dans le domaine du travail et de l'emploi, uberisation de la société, autonomie dans le travail et liberté individuelle, vole en éclats. En effet, comment considérer qu'un individu est libre, dans la mesure où c'est un tiers (société Uber) qui fixe sans négociation et de manière unilatérale, le montant de la rémunération et les conditions matérielles dans lesquelles s'exerce la fonction ? Chez Uber, la contestation est venue également d'un chauffeur (inscrit au répertoire des métiers) qui a contesté devant le tribunal des Prud'hommes de Paris son licenciement qu'il jugeait abusif[479]. Ce chauffeur VTC avait souscrit aux conditions de partenariat et à la charte de la communauté Uber. La durée de la relation avec Uber s'est étendue d'octobre 2016 à avril 2017, date à laquelle Uber a désactivé définitivement le compte de ce chauffeur. Pendant cette période, 2 032 services de transport ont été effectués. Le prestataire demande à ce que la relation qu'il a eue avec Uber soit requalifiée en contrat de travail salarié. Le tribunal des Prud'hommes s'est dans un premier temps déclaré incompétent et a transmis le dossier à la Cour d'appel de Paris. Le 19 janvier 2019, cette dernière a décidé, au regard des contraintes subies par le chauffeur, qu'il s'agissait d'un contrat de travail salarié. Le dossier est revenu devant le tribunal des Prud'hommes de Paris qui a débouté l'entreprise Uber. Cette dernière se pourvoit maintenant en cassation. Avec la plateformisation de la société en cours, nous sommes bien là face à une tentative de contournement du travail salarié et des protections sociales y attenantes.

---

479 https://www.argusdelassurance.com/juriscope/affaire-uber-la-requalification-en-contrat-de-travail.140600

Il existe d'autres types de plateformes qui fonctionnent de façon différente. Dans ce cas, il peut être question de plateformes où le prestataire est libre de fixer le prix de son service. Mais, à ce petit jeu de la concurrence, les travailleurs organisent leur propre dumping social, car il y aura toujours des personnes qui vont accepter des prix encore plus bas. Dans certaines plateformes, il est mis en place un système de notation. Chez Uber, tout chauffeur qui obtient une note inférieure à 4,7/5 perd son emploi. Les conséquences sont immédiates. Comme les prestataires ne sont pas salariés, ils n'ont pas droit au chômage, ni à aucune indemnité de licenciement, ni à aucun congé payé, etc.

Aujourd'hui, on parle «d'ubérisation» de la société. Ce système favorise et renforce la précarisation et la flexibilité du travail. Tout cela ressemble de plus en plus au laisser-faire qui a dominé le capitalisme du XIXe siècle. A côté des plateformes connues comme Google, Apple, Facebook, Uber, Deliveroo, etc., il existe désormais des entreprises traditionnelles qui cherchent à profiter des fruits de cette mutation économique. En 2016, environ 15% des plus grandes entreprises ont développé une plateforme. On dit que l'économie se "plateformise". Blablacar et Alibaba sont des illustrations de ces nouvelles plateformes devenues leaders dans leur domaine. Nous sommes véritablement entrés dans le commerce électronique. Il existe maintenant une application Web, nommée "place de marché", fournissant, via des tiers, des biens ou des services. Cette application peut être en premier lieu le :

B2B : *Abréviation B to B désigne l'ensemble des activités commerciales nouées entre deux entreprises. Le terme anglais complet est business to business. Il peut aussi s'écrire également B2B ou B to B. De manière générale, le B to B concerne tous les moyens utilisés pour mettre en relation ces sociétés et faciliter les échanges de produits, de services et d'informations entre elles*[480].

En second lieu le :

B2C : *C'est un jargon professionnel très utilisé. L'abréviation B to C désigne l'ensemble des relations qui unissent les entreprises et*

480 https://www.journaldunet.fr/business/dictionnaire-economique-et-financier/1199121-b-to-b-ou-b2b-definition-traduction/

les consommateurs finaux. Le B to C peut aussi s'écrire B2C. Autrement dit, ce type de commerce recouvre les marchandises ou les prestations conçues pour le grand public[481].

En troisième position, on peut citer le :

C2C : *Le C to C, ou C2C (consumer to consumer), est l'ensemble des échanges de biens et de services effectués directement entre deux ou plusieurs consommateurs. Ce type d'échange économique a connu un développement considérable ces dernières années avec le développement d'Internet qui permet à des consommateurs d'acheter et de vendre des biens et des services entre eux généralement à bas prix et sans limitation géographique de marché*[482].

Et pour terminer, il nous reste à préciser le :

C2B : *Sigle anglophone décrivant l'ensemble des activités commerciales et/ou des actions de communication réalisées par des consommateurs – « C » pour consumer (consommateur) – à destination d'un acteur professionnel – « B » pour business (entreprise) –, mais qui ne correspond pas à un emploi (salarié ou non) du consommateur au profit de l'entreprise*[483].

Les places de marché suivent une logique de plateforme. Elles peuvent être équipées de mécanismes de transactions sécurisées et sont administrées par un tiers de confiance, en l'occurrence la plateforme. Il existe les places de marché de l'économie collaborative, qui sont en réalité des places de marché de pair à pair appelées aussi plateformes "Swich". Elles disposent d'utilisateurs, alternant entre vendeurs et acheteurs de biens et de services. Trois entités sont connues dans le domaine : eBay, AirBnB et NearShop[484]. Au regard de ces quelques éléments, force est de constater que l'économie évolue avec la mise en place progressive des plateformes dans toutes les sphères de l'activité humaine. Rappelons quelques places de marché dans le monde : Alibaba, Amazon.com, Ebay, AirBnB, Craiglist,

---

481 https://www.journaldunet.fr/business/dictionnaire-economique-et-financier/1199123-b-to-c-ou-b2c-definition/

482 https://www.journaldunet.fr/business/dictionnaire-economique-et-financier/1199359-c-to-c-ou-c2c-definition/

483 https://www.e-marketing.fr/Definitions-Glossaire/-C2B-241190.htm##I39R2SeiryOOZDi2.97

484 https://www.nearshop.be/

Jet.com, Fnac-Darty, Gumtree, Rakuten, Jumia, Souq, Afrimarket, Konga, Taobao, Lazada, Tmall, JD.com, etc.

La révolution numérique pose des problèmes de mutations diverses : d'activités, de formes d'emploi et de cadres juridiques. Pour l'heure, au regard des transformations en cours, il se dégage un manque de protection, aussi bien des personnes qui travaillent dans ces nouveaux champs de pratique, que des consommateurs. Les start-up comme Uber et Airbnb font des investissements très importants dans la recherche et le développement. Aujourd'hui, elles sont valorisées à plusieurs milliards de dollars, plus que certaines entreprises du CAC 40. Sur ce registre, selon Guy Mamou-Mani, Président du Syntec Numérique, et Bruno Teboul, Directeur Innovation de Keyrus[485], la France est très peu engagée dans cette nouvelle économie réelle. Pour ces deux auteurs, la notion de l'emploi va exploser avec la convergence des sciences et des technologies. Bruno Teboul pense qu'avec l'arrivée des robots et de l'intelligence artificielle, les emplois très peu qualifiés vont disparaître. Les plateformes se développent mieux dans les grands pays comme la Chine ou les États-Unis, car elles peuvent faire davantage d'économies d'échelle. Dans cette nouvelle ère du capitalisme des plateformes qui s'installe, le statut de micro-entrepreneur peut être considéré comme une forme de salariat déguisé, donc un vecteur de subordination supplémentaire. En cas de résultat médiocre, les travailleurs sont éliminés. Ces derniers sont surveillés en permanence par la géolocalisation ou la connexion à la plateforme. Certains instituts prophétisent l'avènement d'une économie où le cachet remplacera le salaire. Dans cette vision, les qualifications, les compétences ou l'expérience ne pèsent plus rien à côté des missions acceptées. On entrerait alors dans un monde d'intermittence généralisée du travail, où le régime de la micro-entreprise deviendrait la norme pour le travail peu qualifié. Ce dernier ne serait plus contrôlé et validé par des

485 https://atelier.bnpparibas/life-work/article/uberisation-economie-b2b-mort-vive-c2b

examens ou des diplômes, mais par la satisfaction des utilisateurs[486].

A l'instar des développements précédents, terminons par quelques chiffres. La mesure statistique du phénomène de l'économie des plateformes pose déjà problème au regard de la définition des termes utilisés, qui ne sont pas officialisés. Ce développement vient interroger les politiques publiques en place. Selon une étude de la DARES[487], les pouvoirs publics rencontreraient des difficultés à adapter un système de prélèvement obligatoire et à contrôler la déclaration du travail réellement effectué par les personnes qui œuvrent dans cet environnement. Dans ce contexte, il est nécessaire que de nouvelles réglementations soient mises au point sur les marchés pour réguler la concurrence, d'autant plus que des conflits éclatent régulièrement avec les acteurs traditionnels. Dans ce document, la DARES précise qu'en 2016, environ 0,5% des actifs travailleraient via des plateformes aux Etats-Unis. On peut relever quelques données délivrées en 2015 par le cabinet PWC[488]. Ce dernier note qu'en 2014, l'économie des plateformes collaboratives dégage une activité de 15 milliards sur le plan mondial. En 2025, ce chiffre pourrait passer à 335 milliards. L'arrivée de nouvelles plateformes n'est pas anodine. En France, avec le lancement de Netflix[489] en septembre 2014, ce géant du streaming, qui regroupe maintenant 140 millions d'abonnés dans le monde dont 5 millions en France, est en mesure de bouleverser le paysage audiovisuel français. En 2014, le marché mondial se compose d'environ 9 000 start-tup. Parmi celles-ci, plusieurs sont devenues des multinationales. Airbnb est installé dans plus de 34 000 villes à travers le monde, avec une activité évaluée à 20 milliards de dollars en 2015. Quant à la société Uber, elle

---

486 https://www.scienceshumaines.com/quand-les-plates-formes-bousculent-le-travail_fr_36945.html

487 https://dares.travail-emploi.gouv.fr/dares-etudes-et-statistiques/etudes-et-syntheses/document-d-etudes/article/l-economie-des-plateformes

488 https://www.pwc.fr/fr/espace-presse/communiques-de-presse/2016/septembre/economie-collaborative-prevision-de-83-milliards-d-euros-ca.html

489 https://www.google.fr/search?q=Lanc%C3%A9+en+France+en+septembre+2014%2C+Netflix+a+depuis+com

existe dans plus de 300 agglomérations et son activité atteint aujourd'hui 60 milliards de dollars. D'après la banque mondiale, en 2015, les plateformes de freelance et de micro-travail auraient réuni 48 millions de travailleurs dans le monde. En 2018, le nombre d'internautes au niveau mondial aurait dépassé 4 milliards[490]. Cette même année, les réseaux sociaux rassemblent presque 3,2 milliards d'utilisateurs actifs. En France, l'internaute moyen passe environ une heure chaque jour sur les réseaux sociaux. Début 2018, Facebook atteint un total de 2,17 milliards d'utilisateurs dans le monde. Plus de deux tiers des habitants dans le monde (5,135 milliards de personnes) possèdent un téléphone portable. La moitié de ces téléphones sont des smartphones. En 2017, on compte 1,8 milliard d'acheteurs en ligne (e-acheteurs). Aujourd'hui, on en dénombre près de 2 milliards. La valeur totale du e-commerce se rapproche de 2 000 milliards de dollars. Donnons maintenant quelques chiffres relevés sur le site du Gouvernement[491]. En 2015, en France, on compte 28 millions d'utilisateurs de Facebook, soit 42% de la population. 83% des Français utilisent internet. Le numérique représente, selon ce site, 5,5% du PIB français. Les emplois directs liés au secteur du numérique sont évalués à 3,3% des effectifs salariés nationaux.

Finalement, avec l'arrivée des plateformes dans l'économie réelle, on peut constater que nous sommes entrés dans une révolution des usages et des services. Beaucoup reste à faire, en particulier dans la mise en place de normes reconnues et validées au plan international. La problématique du travail et de son encadrement est posée. Pour l'heure, ce qui se met en place ne donne pas entière satisfaction. La question du statut du travail (micro-entreprise, indépendant, salarié, autres, etc.) reste entière. Ce qui pose le plus de problèmes demeure la protection sociale des travailleurs engagés avec des plateformes, mais aussi, la taxation des activités de ces dernières.

---

490 https://comarketing-news.fr/tous-les-chiffres-du-digital-en-france-et-dans-le-monde/

491 https://www.gouvernement.fr/9-chiffres-qui-vont-vous-etonner-sur-la-france-et-le-numerique

Poursuivons notre développement amorcé dans le chapitre V par un focus sur les start-up.

V - Les start-up : vitrine valorisée de l'entreprenariat dans le monde des affaires

Nous allons au cours de ce propos aborder les principaux contours et facettes que constitue la nébuleuse des start-up. Pour ce faire, il va nous être utile, dans un premier temps, de définir le terme "start-up". Certains le traduisent en français par les expressions "jeune pousse" ou "entreprise en démarrage". Le dictionnaire Larousse en donne la signification suivante : *Jeune entreprise innovante dans le secteur des nouvelles technologies.* Il existe une multitude de définitions, sans qu'aucune ne soit officielle. Donnons encore celle de Steve Blank (entrepreneur dans la Silicon Valley) : *Une start-up est une organisation temporaire à la recherche d'un business model industrialisable et permettant une croissance exponentielle.* Il est reconnu aujourd'hui qu'une start-up doit répondre à trois critères convergents qui sont :

- une forte croissance potentielle,
- la mise en application d'une nouvelle technologie ou service,
- le besoin d'un financement.

Les études menées sur le sujet montrent que le pourcentage d'échec de ce type d'initiative est très élevé puisqu'il varie, selon les sources, entre 60 et 90%. Sur le plan historique, c'est dans les années 1920 qu'on trouve les premières start-up financées avec des "capitaux-risques" importants. A l'époque, le progrès technologique constitué par l'invention de la TSF a permis la création de nombreuses start-up qui ont tiré parti de cette innovation. A cette même époque en France, il a été relevé un mouvement spéculatif autour de start-up exploitant la houille blanche, terme employé pour désigner l'énergie hydroélectrique en comparaison à l'extraction du charbon au XIXe siècle.

L'appellation start-up recouvre l'état temporaire d'une entreprise qui débute et ne maîtrise pas encore tous les aspects potentiels de son développement. La différence essentielle entre une entreprise ordinaire et une start-up est que la première est organisée pour mettre en application un business model qui fonctionne, alors qu'une start-up doit s'organiser pour en trouver un. Une start-up peut disparaître car elle a été absorbée par une plus grosse société. Cette dernière peut aussi devenir une entreprise ordinaire, après avoir réussi à stabiliser son business model. C'est le cas des sociétés comme Facebook ou Google, qui étaient à leurs débuts classées dans la catégorie des start-up. Beaucoup d'entrepreneurs pensent que se lancer dans la création d'une start-up, c'est faire un pari sur l'avenir. Dans le langage néolibéral ambiant, le choix de ce risque est légitimé par l'affirmation que le but de ces initiatives est de transformer en opportunités les problèmes générés par les situations de crise.

On peut résumer le discours tenu autour de la création des start-up en quatre points. Il s'agit en premier lieu que potentiellement soit envisagée une forte croissance dans le secteur d'activité que la start-up choisit d'investir. En second lieu, celle-ci doit s'appuyer sur des applications en lien avec des découvertes faites autour de l'utilisation des nouvelles technologies et du e-commerce. Le troisième point pouvant être mis en avant, c'est un engagement dans la course à l'innovation. Le quatrième et dernier axe peut se manifester par une activité dopée par des prises importantes de risques des acteurs, qu'ils soient privés ou publics. Dans cette effervescence autour du concept de start-up a émergé le club très fermé des "Licornes"[492]. Ce groupe est constitué par des start-up qui valorisent leur business à plus d'un milliard de dollars. En 2016, il en existait 153 dans le monde. Aujourd'hui, on en recense 300[493]. On peut citer quelques-unes de ces nouvelles structures : Uber, Airbnb, Snapchat, Blablacar, Skipe, Youtube, Spotify, etc. La particularité de ces entreprises, c'est qu'elles ne maîtrisent pas complètement leur modèle. En conséquence, ce dernier peut encore évoluer. Certaines de ces entités sont devenues énormes en peu de temps. Pour ce qui concerne la France, selon un rapport de l'Agence du numérique reprenant l'activité 2015/2016, il serait

492 https://www.l-expert-comptable.com/a/532257-anges-et-licornes-ou-la-fabuleuse-histoire-des-startups.html
493 https://wydden.com/chiffres-cles-startups-france/

répertorié pour cette période 9 400 start-up, dont trois seulement auraient rejoint le club prisé des Licornes. Il s'agit de : Blablacar, Deezer et OVH. Sur une autre échelle, en Europe, il a été recensé autour de 30 start-up Licorne. Il est précisé par ailleurs dans ce document que la création de start-up progresse de 32% l'an.

On a vu qu'historiquement, on peut parler de start-up aux Etats-Unis (TSF) et en France (houille blanche) dans la décennie des années 1920. Toutefois, dans le cadrage et les définitions que nous en avons données, on peut affirmer que bien après les années 1950, une nouvelle vague de start-up voit le jour autour du champ de la recherche et du développement. A partir des années 1990, elles prennent souvent racine dans les pépinières d'entreprises, les technopoles, les incubateurs d'entreprises, etc. Elles sont portées par l'expansion de l'économie numérique, rendue possible par le développement d'internet. Il a été repéré un pic d'engouement pour les start-up entre 1997 et 2001[494]. Dès 2004, en France, la législation évolue pour faciliter la naissance de ces jeunes entreprises innovantes, en leur créant un statut fiscal plus favorable. Globalement dans notre pays, on constate que les incubateurs et les accélérateurs d'entreprises sont très dynamiques (plus de 12% pour l'année 2018)[495]. Pendant cette même année, les investissements en direction des start-up s'élèvent à 3,644 milliards d'euros. L'environnement dans lequel gravitent les start-up en France est reconnu depuis 5 ans sous l'appellation "French tech". On parle désormais "d'écosystème start-up". En France, la plus grande source de financement du capital-risque est actuellement la Banque publique d'investissement (Bpifrance), née le 31 décembre 2012[496], qui accompagne les entreprises jusqu'à leur cotation en bourse. Depuis 2015, existe un annuaire partenaire de "La French Tech" appelé "Les Pépites Tech", où sont référencées pour l'heure 8 000 start-up. Pour planifier les sources poten-

494 https://fr.wikipedia.org/wiki/Start-up

495 https://medium.com/@AdrienChl/point-d%C3%A9tape-sur-l-%C3%A9cosyst%C3%A8me-startups-fran%C3%A7ais-en-2019-4c0defa4180

496 https://www.google.com/search?q=Bpifrance%2C&oq=Bpifrance%2C&aqs=chrome..69i57j0l7.1259j0j8&sourceid=chrome&ie=UTF-8

tielles de financement des start-up en France, a été mise au point une plateforme appelée "Eldorado". Cette dernière a pour but de mettre en relation les start-up avec des investisseurs certifiés et de trouver des financements publics.

En conclusion sur cette question des "jeunes pousses", on peut maintenant aborder leur utilisation possible à des fins politiques. Une start-up a pour objectif principal de transformer une idée en entreprise, et par conséquent, elle a vocation à créer de la valeur. Derrière cette façade, l'idéologie dominante "du moment Macron" essaie de valoriser, ce que certains appellent "la start-up nation", comme la solution à tous les problèmes économiques et sociaux du pays. Ainsi présenté, on pourrait imaginer que tout un chacun pourrait créer sa start-up. Ceux qui ne peuvent se lancer dans une telle entreprise sont mis à l'index. En réalité, si on paraphrase Pierre Bourdieu, chaque individu devrait être armé de quatre capitaux : l'un économique (revenus du capital et/ou du travail), le deuxième social (avoir un bon carnet d'adresses avec des relations influentes, etc.), le troisième, culturel (posséder les bons diplômes et avoir une certaine connaissance des différents arts, etc.) et enfin le dernier, symbolique (être connu et reconnu, c'est-à-dire posséder un nom, etc.). Pour les héritiers des grands de ce monde, tout est possible. Pour les autres, il faut voir ! Si vous ne possédez aucun de ces capitaux ou très peu, cela va être difficile d'entreprendre et de créer sa start-up. Derrière l'image de la start-up, est véhiculée l'idée d'aider les jeunes à entreprendre, et de valoriser le paradigme du numérique au détriment de l'ancien monde centré sur une économie fordiste qu'il faudrait oublier. Selon Emmanuel Macron[497] : *Une start-up nation est une nation où chacun peut se dire qu'il pourra créer une start-up,* et il ajoute : *Je veux que la France en soit une*. Derrière la mise en valeur de la start-up nation par l'État et ses représentants, il est légitime de se demander si cette présentation d'une forme de dynamisme à toute épreuve n'est là simplement que pour éluder la question sociale et promouvoir la montée en puissance progressive d'une société de prestataires sous contrats précaires. Afin d'illustrer notre

497 https://www.justifit.fr/b/actualites/emmanuel-macron-startup-nation/

propos, citons le Canard Enchaîné[498] du mercredi 22 janvier 2020, qui relève qu'en 2019, en ce qui concerne la création d'entreprises, un nouveau record a été atteint avec un chiffre de 815 000 nouvelles sociétés, soit 18% de plus que l'année précédente. Le journal satirique précise que 596 000 de ces entités sont des entreprises individuelles, dont 386 000 sont sous statut de micro-entreprise avec un revenu moyen mensuel de 470 euros. L'hebdomadaire note encore que pour l'heure, deux tiers de ces entreprises disparaissent après 3 ans d'existence.

Au terme de cette rétrospective sur les start-up, on est en droit de se poser la question des dégâts collatéraux sur les entrepreneurs qui courent à l'échec, entraînant par voie de conséquence leur entourage dans la tourmente. Le mythe de l'argent facile et du culte de la performance[499] a ses revers. Il y a peu d'élus. Dans ces envolées entrepreneuriales, poussées par les décideurs politiques néolibéraux, quel horizon subsiste-t-il pour les autres, celles et ceux qui restent sur la touche ? Ceux-ci n'ont à s'en prendre qu'à eux-mêmes, chacun pour soi dans cette société de plus en plus individualiste, qui tend à détruire les collectifs et amoindrir les filets sociaux de sécurité ! Vu sous cet angle, le concept start-up devient moins « fun » !

La dernière source potentielle de déstabilisation de l'emploi en contrat à durée indéterminée, relevée dans les innovations depuis les années1950, est la question de l'emploi détaché.

VI - L'emploi détaché

Pour terminer sur les innovations en matière d'emploi, sources de remise en cause du salariat stable, plongeons- nous dans la logique de l'emploi détaché.

Pour l'Europe, cette pratique existe dans le cadre des principes fondamentaux du traité instituant la Communauté européenne, qui permet la libre circulation des personnes au sein de l'espace européen (article 39 CE du traité). Pour les autres pays, soit il existe des conventions bipartites, soit il n'en existe pas. Il

---

498 Le Canard Enchaîné, mercredi 22 janvier 2020, n° 5176

499 Ehrenberg Alain, "Le culte de la performance" éditions Calmann-Lévy, 1991

existe, par exemple, une convention entre la France et la Chine dans ce domaine. Sur le site amelie.fr[500], il est précisé que : *La durée maximale du détachement d'un salarié dans un pays hors UE/EEE/Suisse et n'ayant pas signé de convention de sécurité sociale avec la France ou dans un Territoire d'outre-mer (autre que la Nouvelle-Calédonie et la Polynésie française) est de 6 ans (période initiale de 3 ans, prolongée de 3 ans supplémentaires).* Pour donner un premier ordre d'idée, en France, pour l'année 2000, la Direction générale du travail a comptabilisé un effectif de 10 000 salariés déclarés sous le statut de travailleurs détachés.

Si on se place dans le cadre de la Communauté européenne, il a fallu attendre l'entrée en vigueur de la directive du 16 décembre 1996[501] pour que le travail détaché soit juridiquement cadré. Ce texte a permis de légaliser le déplacement d'un salarié, d'un état vers un autre état européen, dans le but d'y exercer un travail. A cette date, l'Europe était constituée de 15 pays membres. Aujourd'hui, cette directive, qui a été retouchée à plusieurs reprises, s'applique désormais aux 28 pays membres. Les conditions de travail et le salaire des travailleurs détachés dépendent du pays d'accueil, mais les cotisations sociales demeurent celles du pays d'origine. Initialement, l'idée d'employer un travailleur détaché avait pour objectif de répondre à un besoin ponctuel de main-d'œuvre dans un domaine spécifique. Au fil du temps, il a été constaté des dérives, en particulier dans les métiers du bâtiment et des travaux publics, pour les postes les moins qualifiés, entraînant des formes inédites de dumping social. En 2014, afin de tenter de réduire la fraude, ont été validées des modifications à la directive européenne de 1996. Au final, ces changements n'ont pas eu les effets escomptés. Les nouveaux aménagements de 2015, 2016 et 2018 n'ont pas davantage agi sur les abus. Trois types de fraude existent et peuvent se cumuler :

- l'omission des formalités déclaratives et, notamment, de la déclaration préalable de détachement,

500 https://www.ameli.fr/entreprise/vos-salaries/detachement-france-etranger/detachement-etat-hors-convention

501 https://fr.wikipedia.org/wiki/Travailleur_d%C3%A9tach%C3%A9

- le non-respect des règles attachées au « noyau dur » de droits garantis aux travailleurs détachés (salaire minimum, durée de travail, repos et congés, conditions de travail et d'hébergement),

- la fraude complexe, en particulier, la fraude à l'établissement (c'est-à-dire la création de sociétés "coquilles vides" installées artificiellement dans un pays tiers).

La révision de la directive européenne du 16 juin 1996, adoptée en juin 2018, permet d'encadrer de façon plus stricte la durée du détachement. Cette fois, ce dernier est porté à 12 mois, contre 24 mois précédemment. Il est à noter que des dérogations de 6 mois peuvent être accordées sur demande de l'employeur. Cette dernière modification du texte européen ne sera mise en application de façon obligatoire qu'à partir du 30 juillet 2020. Signalons que ce nouveau texte ne couvre pas le secteur du transport routier. Selon le rapport 2019 de la Cour des comptes, il existe une véritable difficulté à connaître le nombre réel de travailleurs détachés en France. Celle-ci insiste sur le fait que ce régime est l'objet de multiples abus [502]. Il existe cependant des chiffres. Selon le journal Le Monde[503], il y aurait eu 354 000 travailleurs détachés répertoriés en 2016. En 2017, ce chiffre passe à 516 000 (hors transport routier), soit un bond de plus 46% en un an. Le comptage des personnes détachées est fait à partir d'un document spécifique que l'entreprise employant un salarié détaché doit remplir, mais il semblerait que cette formalité ne soit pas appliquée par tous. Depuis octobre 2016, une télédéclaration auprès de la Direction générale du travail doit être effectuée par les entreprises détachant des salariés en France. L'omission de cette consigne entraîne une amende administrative de 2 000 euros par salarié non déclaré. Il s'avère que cette démarche était obligatoire depuis 15 ans, mais n'était que partiellement respectée. Aujourd'hui encore, les entreprises fraudeuses sont peu repérées et peu sanctionnées au regard des abus massifs constatés. Les tribunaux français ont du

502 http://www.lcp.fr/actualites/travailleurs-detaches-la-cour-des-comptes-denonce-de-multiples-formes-de-fraude
503 https://www.lemonde.fr/economie/article/2018/02/05/travailleurs-detaches-les-chiffres-s-emballent-en-france_5251933_3234.html

mal à mettre en place des procédures à l'encontre d'entreprises étrangères qui trichent. La fraude au détachement est devenue un marché florissant en Europe, car elle comporte peu de risques. En premier lieu, il faut que l'Inspection du travail repère la fraude. Il est ensuite nécessaire de mettre en oeuvre les sanctions prévues par la loi. Mais, il s'avère que les Parquets sont débordés par l'afflux des procédures relevant du travail détaché. Ces instances éprouvent des difficultés à poursuivre à l'étranger les personnes physiques et morales. Il découle de cette situation un très grand nombre d'affaires classées sans suite. Il en résulte finalement que le taux de recouvrement des fraudes sociales liées au travail détaché est de 0,5%[504]. Donc, pour 100 euros, l'URSAFF récupère 50 centimes d'euros !

Le rapport 2019 des "Sages de la rue Cambon" (Cour des Comptes) relève que les secteurs les plus impactés par le travail détaché sont l'intérim (144 000 salariés), l'industrie (101 000), le BTP (68 000). Il est remarqué, par ailleurs, une forte augmentation des prestations intra-groupe (48 000 salariés). Le dumping social généré par le travail détaché met la pression à la baisse sur les salaires pratiqués en France. La situation actuelle a aussi des conséquences sur les entreprises qui emploient des travailleurs détachés, puisque celles-ci paient le plus souvent des charges moindres. Il a été repéré, nous l'avons déjà précisé, des malversations comme le contournement du statut, par l'absence préalable de déclaration au détachement. Au titre des dysfonctionnements, l'Inspection du travail recense des cas de non-respect du temps de travail et des repos hebdomadaires, mais aussi des fraudes à l'établissement. Dans ce cas, à la concurrence sociale déloyale, s'ajoute un non-paiement de l'impôt. Le secteur de l'agriculture est aussi touché par ces dérives. Dans certaines situations, ce travail détaché ressemble à une nouvelle forme de traite d'êtres humains et aboutit à des conditions de travail portant atteinte à la dignité humaine. La France, selon les

---

504 https://www.franceculture.fr/emissions/la-bulle-economique/travail-detache-toujours-un-defi-pour-leurope-sociale

statistiques européennes, serait le deuxième pays d'accueil et le quatrième pays d'envoi de travailleurs détachés[505].

Certaines formations politiques font la remarque que le nouveau texte adopté en 2018 ne remet pas en cause le principe du paiement des charges au tarif du pays d'origine. Dans la situation actuelle de concurrence mondiale exacerbée, le dumping social devient un avantage comparatif. Certains travaux montrent que les travailleurs détachés gagneraient entre 10 et 50% de moins que les travailleurs locaux. En 2014, on compte 1,92 million de travailleurs détachés au sein du Marché Unique[506]. Il en existait 1,3 million en 2010 et 1,7 million en 2013[507]. En 2016, la France se trouve être le deuxième pays d'accueil de travailleurs détachés, derrière l'Allemagne. Il est dénombré, entre autres, 46 000 Polonais, 44 000 Portugais et 35 000 Espagnols. En 2017, environ 37 000 Français ont été déclarés détachés via des sociétés d'intérim basées à l'étranger, principalement au Luxembourg. Pour mesurer l'approximation des chiffres relatifs aux travailleurs détachés, citons le rapport du sénateur communiste Eric Bocquet qui écrit en 2013 : *L'ampleur du détachement de travailleurs étrangers en France demeure délicate à évaluer*. Selon lui, ce serait entre 220 000 et 300 000 personnes qui ne seraient pas déclarées.

La situation du travail détaché ressort de trois domaines juridiques différents que sont le droit du travail, le droit de la sécurité sociale et le droit fiscal. A ces trois pôles s'ajoutent le champ des règles et directives européennes ainsi que les conventions internationales. La multi-dimension du cadre juridique donne une idée de la complexité de la situation du travail détaché et des dérives potentielles qui peuvent s'installer entre ces différents champs de compétence.

Avant l'élargissement de la Communauté européenne en 2004, l'écart des salaires entre les pays de l'Union était de 1 à 3. Après cette date, on est passé de 1 à 10, la Bulgarie étant à 180 euros de salaire mensuel tandis que le Luxembourg se situe

---

505 https://www.vie-publique.fr/parole-dexpert/21975-le-travail-detache-en-france-et-dans-lunion-europeenne

506 http://archives.lesechos.fr/archives/cercle/2017/02/21/cercle_166555.htm

507 https://www.cairn.info/revue-informations-sociales-2016-3-page-82.htm#

autour de 1800 euros par mois[508]. Pour l'heure, l'Europe ne souhaite pas s'attaquer à la question de la disparité des cotisations sociales. Rappelons que la France a un niveau de cotisations sociales autour de 45%, alors que la Roumanie est à 13%, et la Slovénie, quant à elle, à 21%. Donnons un autre exemple. Entre la France et la Pologne, il existe une distorsion de cotisations de 30%. Dans ce contexte, le sénateur Bocquet préconise de renforcer les conditions d'égalité des salaires dans le périmètre européen, en prenant en compte les cotisations sociales et en faisant en sorte d'intensifier les contrôles. En matière de travail détaché, on constate une forte résistance au changement, menée par un certain nombre de pays pourvoyeurs de main-d'œuvre comme la Bulgarie, la Croatie, l'Estonie, la Hongrie, la Lettonie, la Lituanie, la Pologne, la République tchèque, la Roumanie, la Slovaquie et le Danemark. Ce groupe de 11 pays est soutenu, au niveau des instances européennes, par la coalition des grandes entreprises[509].

Globalement, la situation reste tendue au sein de l'UE sur cette question des travailleurs détachés. La fraude reste massive. Elle maintient la pression à la baisse sur les salaires en général. De plus, cette situation enkystée favorise le travail précaire.

Nous arrivons cette fois au terme de notre chapitre 5. Nous avons relevé dans les six sous-chapitres abordés, à savoir les entreprises d'intérim, le travail virtuel, les micro-entreprises, les plateformes, les start-up et les emplois détachés, les apports que ces nouvelles formes de mise au travail ont générés et/ou favorisés en matière de précarité. On aurait pu ajouter dans cette séquence un développement sur le télétravail, car il a vu le jour en France après 1950. Cependant, il ne s'agit pas dans ce cas d'un statut d'emploi, mais plutôt d'une modalité d'encadrement du travail.

Notre recherche sur le processus de légitimation et de délégitimation de l'emploi salarié, qui s'étend de la Révolution à nos

---

508 https://www.publicsenat.fr/lcp/politique/travailleurs-detaches-senat-s-attaque-dumping-social-1364043

509 http://www.opee.unistra.fr/IMG/article_PDF/Le-d-tachement-des-travailleurs_a336.pdf

jours, arrive à son terme. Selon notre postulat de départ, nous avons tenté une rétrospective à la fois chronologique et historique des différentes facettes de l'encadrement du travail, devenu majoritairement salarié au fil du temps. Nous avons essayé, dans chaque situation, d'en préciser les enjeux. Parallèlement à cela, nous avons fait aussi le choix, malgré le risque de coller trop à l'actualité, de dresser trois tableaux du temps présent pris dans la temporalité de la rédaction de notre propos. Au départ, nous avons instruit un temps présent initial (juin 2017), puis, après avoir traité de la question de l'encadrement du travail pendant l'Occupation, nous avons développé un temps présent intermédiaire (juin 2018). Afin d'aller jusqu'au terme de notre logique et de terminer notre recherche, il nous reste désormais à construire un temps présent final, qui correspond à la fin de la rédaction de cet écrit et qui va balayer la période de juillet 2018 à décembre 2019. Nous conclurons ensuite.

Temps présent final et conclusion

I - Temps présent final

Dans ce temps présent final, il va s'agir maintenant de donner des éléments sur la situation politique française en lien avec le travail et l'emploi. Toutes les réformes en cours ou à venir de ce quinquennat ont un lien avec les mutations de l'emploi. La question des effectifs est un des éléments qui traverse la majorité des réformes envisagées par le Pouvoir, que ce soit au sujet de l'école, des hôpitaux, de l'Etat, de la fonction publique, de la dépendance, de la formation professionnelle, etc. Les réformes du chômage, de la retraite, etc. vont aussi impacter, dans leur domaine de compétence, le fonctionnement du monde du travail.

Depuis le relevé intermédiaire que nous avons effectué en juin 2018, nous avons constaté que la situation politique s'est quelque peu déstabilisée dans le pays. Le mouvement des Gilets jaunes est venu perturber la mécanique bien huilée du Gouvernement. Dès le début du quinquennat, l'exécutif a mené au pas de charge des réformes dans pratiquement tous les domaines de la vie des Français. Un mouvement social s'est structuré, via les réseaux sociaux, à partir du mois d'octobre 2018. A compter du 17 novembre 2018, les manifestations du samedi sont venues rythmer la vie sociale et politique dans l'hexagone. Le Président de la République a été considéré par ce mouvement comme étant le "Président des riches". Ce dernier est aussi critiqué pour sa gestion technocratique de la situation. Au vu des circonstances, le chef de l'Etat a fini par lâcher du lest. Dans son allocution télévisée du 10 décembre 2018, il a annoncé, pendant 13 minutes, une série de mesures relatives au pouvoir d'achat des salariés et retraités, et le report, pour un temps, de la taxe sur les carburants. Il n'est pas revenu sur un des éléments déclencheurs de ce mouvement social, à savoir sa réforme de l'ISF. Il a par ailleurs annoncé la tenue d'un « grand débat » à partir du 15 janvier 2019 et qui s'est déroulé jusqu'au 15 mars 2019. Cette concertation publique a été centrée sur quatre thèmes principaux : la transition écologique, la fiscalité, l'organisation de l'État et des services publics, la démocratie et la citoyenneté. Cette initiative du Président n'est pas perçue par tous comme opportune. Pour les Gilets jaunes, elle a le goût d'une récupération politique, à grande échelle, de leur prise de parole spontanée et citoyenne qui a vu le jour sur un certain nombre de ronds-points jalonnant les routes françaises. En réaction à l'injonction du Gouvernement, consistant à demander aux citoyens de s'exprimer démocratiquement dans le cadre imposé, les Gilets jaunes lancent aussi une consultation appelée le "vrai débat". A plusieurs reprises, le Président s'implique personnellement. D'abord, à Grand Bourgtheroulde (Eure) le 15 janvier 2019, puis à Souillac (Lot) le 18 janvier 2019. En tout, 9 débats sont programmés en présence du chef de l'Etat. A ces rencontres, les maires d'extrême-droite n'ont pas été conviés. Le site de Médiapart, du 28 mars 2019, affiche en grand titre : *Grand débat : les secrets d'un hold-up*. Dans cet article de Laurent Mauduit, Emmanuel Macron est pointé du doigt comme ayant poussé à transformer le grand débat en une campagne de communication. Plusieurs voix se font entendre pour manifester leur opposition à cette façon de faire, considérant que ce temps public du chef de l'Etat peut être assimilé à une campagne électorale avant l'heure. La synthèse des participations citoyennes au grand débat national, en vue de trouver une sortie à la crise, a été dévoilée le 8 avril 2019. Le Gouvernement relève que 10 300 réunions ont été inscrites sur la plateforme dédiée et précise qu'il y a eu 1,4 million de contributions numériques et 16 000 cahiers de doléances déposés dans les mairies. Selon Jean-Luc Mélenchon[510], leader de la France Insoumise, *en réalité, 175 000 personnes différentes ont réellement participé et 53 000 n'ont répondu qu'à des questions rapides. Si on ne compte que les personnes qui ont fait une contribution détaillée, c'est 122 000,* a déclaré le député sur son blog. Au-delà du grand débat, le Gouvernement poursuit sa fuite en avant, pour aller toujours

510 https://www.bfmtv.com/societe/grand-debat-les-chiffres-de-la-participation-deux-semaines-avant-la-fin-1641526.html

plus vite dans la mise en place de ses réformes, guidé par une vision néolibérale de la société française. On assiste à un détricotage en règle des différentes institutions publiques construites au fil du temps. Dans ces mutations en cours, on a de plus en plus de mal à repérer la priorité de l'intérêt général sur les intérêts particuliers. En outre, on constate davantage de situations de conflits d'intérêts et de collusions déontologiques. Le Gouvernement se targue d'avoir mis sur la table une enveloppe de 17 milliards d'euros pour calmer la fronde des Gilets jaunes.

Les élections des députés européens ont été planifiées du 23 au 26 mai 2019. En France, ce vote s'est déroulé le 26 mai 2019. Les résultats donnent une légère avance à la liste du Rassemblement national, menée par Monsieur Jordan Bardella et soutenue par Madame Le Pen. Cette liste obtient 23,31% des suffrages exprimés, soit 22 sièges à l'Assemblée européenne de Strasbourg, avant la sortie du Royaume-Uni de l'Union européenne. La liste d'En Marche, menée par Madame Nathalie Loiseau et soutenue de façon très vive par le Président de la République, arrive en seconde position avec 22,41% des suffrages exprimés, soit 21 sièges. En troisième place, créant la surprise avec 13,47% des suffrages exprimés, la liste des Verts (EE-LV), menée par Monsieur Yannick Jadot, récolte 12 sièges. La Droite classique (LR et les centristes), menée par Monsieur François Xavier Bellamy, s'effondre avec 8,48% des voix exprimées et n'obtient que 8 sièges. La France Insoumise, avec à sa tête Madame Manon Aubry, totalise 6,31% des suffrages exprimés et valide seulement 6 sièges. La liste "Envie d'Europe", représentée par Monsieur Raphaël Glucksmann, obtient 6,19% des suffrages exprimés, soit 5 sièges[511]. Dans sa communication, la majorité présidentielle s'est mise une nouvelle fois en scène comme le rempart à l'Extrême Droite. Le propos présidentiel disait : *Nous ou les Nationalistes*. Cela n'a pas complètement fonctionné. L'entourage du Président parle de "défaite honorable" et décide de ne rien changer à son action. Le journal Libération[512] relève dans un article signé par Alain Auffray : *Nous ne sommes pas sanctionnés, en conclut l'Elysée. Dans ces*

511 Journal "Le Figaro", lundi 27 mai 2019, n° 23 259
512 Journal "Libération", lundi 27 mai 2019, n° 11 813

conditions, pas question de changer de cap. L'acte II du quinquennat sera mis en œuvre sous l'autorité du Premier ministre, etc.

Au regard de cette actualité politique, les réformes engagées vont poursuivre leur trajectoire.

Depuis le 5 décembre 2019, la réforme des retraites en cours rencontre une résistance très vive de la part de la société civile qui, pour l'heure, selon les sondages, reste en majorité contre les changements envisagés. Les syndicats, chacun à leur façon, participent et alimentent le mouvement social. Pour ce qui est de la réforme du chômage, on a relevé que le Gouvernement a modifié le droit à l'indemnisation. Dans un premier temps, l'Exécutif veut aussi rendre dégressives les indemnités pour les plus hauts revenus. Il est sous-entendu que cela pourrait concerner tous les chômeurs à plus ou moins long terme. Sur un autre plan, par un régime de bonus-malus, le Gouvernement souhaite pénaliser les entreprises qui abusent des contrats courts d'une journée, voire moins. Globalement, il désire faire en trois ans[513] une économie de 3,9 milliards d'euros sur l'assurance chômage. La réforme de la Fonction publique est aussi sur la sellette. Selon Le Canard Enchaîné du mercredi 5 juin 2019[514], le "Spoil system" va permettre d'installer, dès juin 2019 au sein de l'Administration, des hauts fonctionnaires acquis au pouvoir en place. L'orientation prise par le chef de l'État va permettre d'aller recruter dans le secteur privé 1/4 des directeurs d'administration centrale au minimum. Selon la CFDT, relève le journal, environ 500 dirigeants de la Fonction publique peuvent se voir du jour au lendemain retirer leur poste, etc.

Revenons sur le mouvement des Gilets jaunes[515], qui apparaît comme l'émergence d'une défiance à l'encontre de la classe politique et des corps intermédiaires. Cette émanation collective s'est donnée pour objectif de lutter contre l'injustice sociale, la baisse des impôts, le délitement des services publics, etc. Elle

513 Journal "Le Canard enchaîné", article : "Chômage : Le Président contre Macron", le mercredi 29 mai 2019, n° 5143

514 Journal " Le Canard enchaîné", Alain Guédé, article: "Une mise au pas des fonctionnaires au petit trot", le mercredi 5 juin 2019, n° 5144

515 https://www.liberation.fr/france/2019/11/17/les-quatre-saisons-des-gilets-jaunes_1763573

s'exprime au travers de blocages de ronds-points et de péages, d'opérations escargot, de rassemblements non déclarés, etc. Cette effervescence des Gilets jaunes, qui dure depuis plus d'un an, n'est toujours pas retombée, même si la situation paraît plus ou moins apaisée. Des "braises" couvent toujours. La mobilisation s'est effilochée au fil du temps, mais reste présente, malgré tout, chaque samedi. Ce mouvement ne possède pas de véritables leaders, mais quelques figures sont néanmoins sorties de l'anonymat comme Jacqueline Mouraud, Ghislain Coutard, Eric Drouet, Jérôme Rodrigues, Geneviève Legay, Gaspard Glanz, etc.[516] Globalement, cet ensemble d'individus, qui se regroupent pour protester, se revendique ni de Gauche, ni de Droite. Il est composé d'ouvriers, de cadres, de petits patrons, etc. Si on fait un point humain au 13 mai 2019[517], le bilan est lourd. Selon le ministère de l'Intérieur, 11 personnes sont décédées (principalement suite à des accidents de voiture). Il est relevé 2 448 blessés. Il a été répertorié 12 107 interpellations qui ont abouti à 10 718 gardes à vue. Près de 2 000 condamnations ont été prononcées, dont 40% de prison ferme. Selon les chiffres de l'Intérieur, il a été tiré 13 905 balles LBD (Lanceur de Balles de Défense). Dans ce contexte, la police des polices (IGPN) a ouvert 256 enquêtes pour soupçons de violence policière. La plupart de ces enquêtes n'ont pas donné lieu à des poursuites. Sur le plan matériel, le ministre de l'Économie, Bruno Le Maire, a chiffré le coût des manifestations à 4 milliards d'euros. La Fédération française des assurances (FFA) estime, quant à elle, ses dépenses à 200 millions d'euros. Pêle-mêle ont été abordées dans ce mouvement : la limitation de la vitesse sur les routes françaises à 80 km/heure, la suppression de la taxe sur les carburants (taxe carbone), la baisse des impôts sur le revenu, le rétablissement de l'ISF, la démission du Président de la République, la réévaluation du SMIC, la défiscalisation des heures supplémentaires, la réforme de la Fonction publique, etc. Selon l'historien Christian Delporte[518], ce mouvement d'un type inédit est

516 https://fr.wikipedia.org/wiki/Mouvement_des_Gilets_jaunes
517 Informations France 24.com (18 mai 2019)
518 https://www.france24.com/fr/20190518-gilets-jaunes-six-mois-apres-bilan-mouvement-inedit-macron-manifestation

porté par un sentiment d'insécurité sociale et la crainte d'un déclassement. Il a plutôt démarré en zone rurale, celle de la France oubliée, comme il est dit maintenant. Il faut remarquer que les différents "experts" (journalistes, responsables politiques, chercheurs, etc.) n'ont pas su comprendre et analyser la crise. Notons encore que le Journal du Dimanche[519] relève qu'au 17 mai 2019, donc 6 mois jour pour jour après le début du mouvement, 47 695 manifestations et rassemblements ont été dénombrés à travers le pays. On peut affirmer aujourd'hui que le mouvement des Gilets jaunes n'est pas une révolution en tant que telle, mais a été traversé par des élans insurrectionnels. Ce mouvement, en marge des syndicats et des partis politiques, a su mettre en difficulté le Gouvernement, qui a été contraint de composer. Ce dernier ne peut plus faire comme si l'expression de ce mécontentement n'avait jamais existé. Au «53ème acte» du samedi 16 novembre 2019, soit un an après le début du mouvement («acte I» des Gilets jaunes), la manifestation parisienne qui a rassemblé 4 700 personnes est une nouvelle fois émaillée de violences. Pour cette date anniversaire, les manifestations ont rassemblé 28 000 personnes sur toute la France. Au regard de ce qui est dénoncé dans ce mouvement, une question a émergé : quel est le degré de légitimité du personnel politique qui nous gouverne ? Derrière cette interrogation, se pose la problématique du fonctionnement actuel de la démocratie représentative aujourd'hui en France. Les fondements de la Ve République sont pris en défaut sur le niveau de légitimité des personnes élues au suffrage universel. Avec moins de 25% des suffrages exprimés au premier tour des élections présidentielles, des candidats se retrouvent tout de même élus au second tour. Dans l'absolu, si on considère un taux d'abstention qui avoisine 50%, on se retrouve avec des représentants du peuple assis sur une légitimité autour de 12% des citoyens inscrits sur les listes électorales au premier tour. Lors des élections présidentielles de 2017, la consigne sous-entendue au deuxième tour a été : "Faire front au Rassemblement National". Cette condition a biaisé la donne et a permis d'installer au pouvoir le président actuel, qui impose ses choix, son programme et parfois même au-delà de

---

519 https://sfrpresse.sfr.fr/bundle/06a86700-b02e-4d77-afb9-49fe84cc3427

ce dernier, comme avec la réforme des retraites. Ce projet achoppe, entre autres, sur un âge pivot que le Gouvernement veut imposer à 64 ans. On peut en conséquence imaginer qu'une des causes du mouvement des Gilets jaunes peut trouver sa source dans ce contexte politique, où le pouvoir en place dicte ses réformes sans une légitimité suffisante.

A ce mal-être des Gilets jaunes, se greffent maintenant les réactions de la majorité des syndicats, qui sont vent debout contre la réforme des retraites proposée par le Gouvernement. Le haut-commissaire aux Retraites, Jean-Paul Delevoye, chargé de mener les débats avec les partenaires sociaux, a démissionné de sa fonction le 16 décembre 2019, veille de la manifestation nationale rassemblant tous les syndicats. Cette démission est consécutive à l'omission de déclaration de certaines de ses activités (rémunérées et non rémunérées), notamment en lien avec le monde de l'assurance et une fondation de la SNCF. Ces faits sont susceptibles de constituer un conflit d'intérêts. Laurent Pietraszewski, député la République en marche du Nord, a été nommé le 18 décembre, secrétaire d'État des Solidarités et de la Santé, chargé des Retraites, en remplacement de Jean Paul Delevoye.

Dans ce temps présent final, nous sommes dans une focalisation qui se situe pratiquement au niveau de l'actualité du jour. Simultanément, nous arrivons au terme de notre entreprise engagée sur une lecture de l'emploi salarié en France. Celle-ci part des conditions de son émergence, de ses mutations et de ses transformations depuis la Révolution, en lien avec le temps politique. Nous allons donc pouvoir maintenant conclure.

II - Conclusion

Finalement, le travail entamé pour la rédaction de cet ouvrage coïncide avec les mesures annoncées dans l'acte I du quinquennat Macron. Le Président a été élu le 14 mai 2017. Nous avons commencé notre investigation le 7 juin 2017, jour de l'intervention sur la radio France Inter de Murielle Pénicaud, ministre du Travail. Le chef du Gouvernement, Edouard Philippe, a prononcé son premier discours de politique générale à l'Assemblée nationale le 5 juillet 2017[520]. Nous terminons notre propos fin décembre 2019. Cette échéance intègre le discours de politique générale porté par le Premier ministre à l'Assemblée nationale le 12 juin 2019, et au Sénat le 13 juin 2019[521]. Ces deux interventions marquent le départ de l'acte II du mandat du Président de la République. L'Assemblée nationale a voté la confiance au Gouvernement. Le Sénat s'est abstenu. Un certain nombre de thèmes, présentés dans les deux interventions devant les Chambres, l'avaient déjà été en 2017 lors du premier discours de politique générale d'Edouard Philippe. L'acte II du quinquennat ressemble vraiment beaucoup à l'acte I. Le Premier ministre dit vouloir changer de méthode par rapport à l'acte I. Il ajoute également qu'il veut encore aller vite. Mais, entre l'acte I et l'acte II, il y a d'abord eu l'affaire Benalla (Alexandre Benalla frappe des manifestants pendant la manifestation du premier mai 2018, sous couvert d'une accréditation policière, alors qu'il n'est pas policier, mais qu'il fait partie de la garde rapprochée du Président de la République), puis la colère et le mouvement des "Gilets Jaunes", que nous venons d'expliciter dans notre sous-chapitre consacré au temps présent final. Ensuite, est arrivé le «Grand débat» avec le changement de cap du Président, qui finalement a trouvé utile de s'appuyer sur les partenaires sociaux et les élus locaux pour gouverner. L'élection européenne est aussi passée par là et la République en marche est arrivée seconde, derrière le Rassemblement national, ce qui n'est pas rien, symboliquement parlant.

Dans cet ouvrage, il s'agissait, de donner une vision de la construction et de l'évolution de l'encadrement du travail salarié à long terme, mais aussi à court terme.

Commençons par conclure sur le court terme. Entre le temps présent initial et le temps présent final, il s'est écoulé deux ans et demi. Pendant ce laps de temps, les ordonnances Travail ont été mises en place, comme nous l'avons développé dans notre sous-chapitre consacré au temps présent intermédiaire. Au fil de notre investigation, nous avons répertorié à chaque sous-

520 https://www.youtube.com/watch?v=24OERtKildE

521 https://www.gouvernement.fr/partage/11048-declaration-de-politique-generale-au-senat

chapitre, quand elle existe, la dimension présente des réformes initiées par ce gouvernement. Dans toutes les mesures prises, en particulier celles relatives aux institutions encadrant le contrat de travail salarié, nous avons relevé à chaque fois des modifications qui ne vont pas dans l'intérêt des salariés. Pour ce qui est des réformes en cours ou à venir, en lien avec le travail et l'emploi, nous sommes dans l'expectative. Tout est fait pour mener à bien une politique néolibérale. Concernant la réforme des retraites, le Premier ministre annonce que celle-ci sera ainsi plus juste et plus lisible. Il précise qu'un euro cotisé ouvrira les mêmes droits pour tous. Il parle d'un âge de départ équitable, qu'il appelle "âge pivot" et fixe à 64 ans, tout en gardant la possibilité de partir à 62 ans avec une décote. Il n'y aura plus qu'un système unique de calcul pour tous, au lieu des 42 régimes de retraite existant actuellement. Il annonce donc la fin des régimes spéciaux. Mais, il ajoute qu'il va falloir travailler plus longtemps. Pour ce qui est du chômage, là encore, les choses ne vont pas dans le sens des salariés, puisque le délai d'indemnisation passe de 4 à 6 mois travaillés.

En définitive, on constate qu'en trois mandatures (Sarkozy, Hollande, Macron) la situation en matière de dynamique d'encadrement du travail s'est complètement retournée. Ces trois dirigeants assument la remise en cause partielle et la révision, en faveur du patronat, des acquis sociaux, au profit d'une plus grande fluidité du marché de l'emploi. Ce choix, inspiré d'une logique néolibérale, est poussé par ce que certains nomment désormais «l'oligarchie à la française»[522], qui ne fait que s'amplifier depuis la présidence de Nicolas Sarkozy[523]. Cette volonté politique est particulièrement nette au travers des orientations prises par le gouvernement actuel, qui en deux ans et demi, comme nous l'avons exposé au fil de notre écrit, a réussi à modifier le Code du travail en profondeur et à précariser davantage le travail. Malgré tout, le CDI est toujours dominant, mais pour combien de temps ? Cette situation est renforcée par trois

522 Pinçon-Charlot Monique et Pinçon Michel, "Le président des ultra-riches, chronique du mépris de classe dans la politique d'Emmanuel Macron", éditions La Découverte, 2019

523 Pinçon-Charlot Monique et Pinçon Michel, "La violence des riches, chronique d'une immense casse sociale", éditions La Découverte/poche, 2014

éléments. En premier lieu, il y a et de façon très forte, la montée en puissance de la révolution numérique. Celle-ci impose progressivement des mutations dans le contenu même du travail, mais aussi dans son organisation. La part de plus en plus grande prise par les plateformes[524] contribue à accélérer les mutations du travail et de son encadrement, en laissant de côté le plus souvent la question de la protection sociale. Les systèmes d'évaluation et de contrôle en tous genres prennent de plus en plus de place et deviennent très efficaces grâce à l'utilisation des algorithmes[525] et de l'Intelligence artificielle. Le deuxième élément, venant renforcer cette dynamique néolibérale engagée autour du travail, est la situation de faiblesse des syndicats de salariés, et l'éclatement des forces politiques de Gauche. Certains relèvent que le parti socialiste a depuis longtemps déserté le soutien au monde ouvrier. Il s'est engagé progressivement dans une voie plutôt sociale-démocrate, pour aujourd'hui suivre une orientation néolibérale. A terme, au vu de sa dernière prestation aux affaires, on ne peut même plus parler de Gauche pour le parti socialiste[526]. Force est de constater, comme nous l'avons affirmé à plusieurs reprises, que la politique est en prise directe avec le travail et son encadrement. Ce qui s'est passé depuis deux ans et demi est très criant sur ce plan. Les oppositions syndicales et les mouvements sociaux n'y ont rien changé. La crise des Gilets jaunes n'a pas pris comme cible le travail, ni l'emploi, elle s'est focalisée sur le pouvoir d'achat. Bien qu'il y ait eu ce mouvement, on éprouve aujourd'hui un sentiment de malaise quand on aborde la vie dans le monde du travail. Il y a des chômeurs et malgré tous les discours, le chômage reste de masse. Pour beaucoup de ceux qui sont au travail, la situation est de plus en plus intenable. Ce constat est souvent à mettre en lien avec les nouvelles organisations managériales qui mettent les salariés sous pression, quel que soit leur domaine d'activité. Citons Joseph

524 Abdelnour Sarah et Méda Dominique, "Les nouveaux travailleurs des applis", éditions PUF, septembre 2019
525 Cardon Dominique, «A quoi rêvent les algorithmes, nos vies à l'heure des big data», éditions du Seuil, 2015
526 Jacquemain Pierre, «Ils ont tué la Gauche», Fayard 2016

Ponthus[527] qui, dans un roman paru en janvier 2019, nous fait part de son expérience de travail intérimaire à la chaîne dans un abattoir breton et dans une conserverie de poisson, où il n'arrive à tenir que par sa culture personnelle et sa vie privée à l'extérieur de l'entreprise. Cette situation nous en dit long sur les conditions de travail que doivent assumer certains salariés dorénavant. On a déjà abordé la question du burn-out, mais citons encore Sylvaine Perragin[528] et son ouvrage intitulé "Le salaire de la peine, le business de la souffrance au travail". Elle y précise que le nombre actuel de burn-out s'élève à 30 000 par an, qu'il est relevé 3,2 millions de personnes en danger d'épuisement et que le nombre de suicides en lien avec le travail s'élève à 400 par an. Cet auteur psychologue, ainsi que la sociologue Danièle Linhart[529] entre autres, remettent en question cette façon de traiter le mal-être au travail, et le relient à une stratégie managériale qui permet de dépolitiser les rapports sociaux dans l'Entreprise. Le troisième angle de déstabilisation de la société salariale française est son intégration, plus ou moins rapide, dans la dynamique de la mondialisation[530]. Cet engrenage favorise les regroupements de sociétés, en optimisant toujours plus la situation par la pratique d'économies d'échelles, le dumping social, etc. Cet état de fait est aussi favorisé par une compétition effrénée entre les grands groupes mondiaux. Dans cette logique, c'est aux travailleurs de s'adapter. Ceux-ci sont devenus progressivement une variable d'ajustement du capitalisme mondialisé, où les principaux acteurs financiers se fréquentent, mais aussi se font la guerre pour davantage de parts de marché et toujours plus de dividendes à leur actif[531]. La conséquence de ces choix politiques aboutit, depuis les années 1980, à la stagna-

527 Ponthus Joseph, "A la ligne, feuillets d'usine", éditions La table ronde, 2019

528 Perragen Sylvaine, "Le salaire de la peine, le business de la souffrance au travail", éditions Don Quichotte Seuil, avril 2019

529 Linhart Danièle, "La comédie humaine du travail. De la déshumanisation taylorienne à la sur-humanisation managériale", Paris, éditions Erès, coll. Sociologie clinique, 2015

530 Godin Romaric, "La guerre sociale en France", éditions La Découverte, 2019

531 Coignard Sophie "Les faux jetons, dans le secret des conseils d'administration", éditions Fayard, 2019

tion des salaires des classes populaires et des classes moyennes. La répartition des bénéfices tirés de la production est de plus en plus inégalitaire entre le monde du travail et le monde du capital. Les fortunes accumulées par une minorité de possédants deviennent de plus en plus inacceptables. Les mouvements sociaux actuels prennent corps notamment dans ce contexte.

Concluons maintenant sur le temps long, en reprenant la situation chapitre par chapitre.

Le chapitre 1, centré sur le monde du travail au XIXe siècle, nous permet de voir, dans une première partie, émerger de nouvelles façons de travailler, en lien direct avec les évolutions technologiques de la première révolution industrielle, puis de la seconde. Cette dernière se poursuit au début du XXe siècle. Dans ce développement spécifique, nous avons relevé l'instabilité politique, mais aussi l'ampleur du pouvoir du patronat. Les dirigeants politiques ont, sauf exception, soutenu le pouvoir des employeurs et empêché, autant que faire se peut, l'amélioration de la condition ouvrière. L'évolution vers le positif n'a pris racine qu'à la fin du siècle, au prix de luttes et de mouvements sociaux parfois très violents. Le pouvoir politique a fait intervenir l'armée à plusieurs reprises afin de venir au secours des employeurs. Dans la deuxième partie de cet exposé sur le labeur au siècle de Zola, nous avons développé la manière dont le politique s'empare de la question du travail et de son encadrement, pour finalement inscrire dans la loi un certain nombre d'acquis sociaux limitant les prérogatives des employeurs.

Le chapitre 2, que nous avons axé sur le processus de légitimation du salariat, nous montre qu'il s'est installé progressivement un compromis entre le monde de l'exécution et le monde de la décision, le premier se retrouvant sous la dépendance du second, moyennant salaire et protection sociale. La stabilité partielle, acquise dans ce qu'il est convenu d'appeler ensuite le compromis fordiste, a mis à disposition des entrepreneurs une main-d'œuvre stable et donné aux salariés des ressources financières régulières. Cet équilibre, qui s'avère au bout du compte instable, se trouve remis en question, comme nous l'avons relevé, avec la crise des années 1970-1980.

Le chapitre 3 nous fait aborder les circonstances de cette crise, d'abord évaluée comme conjoncturelle, puis redéfinie comme structurelle à l'arrivée de la Gauche au pouvoir en 1981. Nous avons noté les principaux événements nationaux et internationaux qui ont abouti à cet état de fait et les avons reliés aux conséquences qu'ils ont eues sur le monde du travail. Nous souhaitons préciser en outre quelques éléments de politique intérieure qui donnent une idée plus précise du contexte de l'époque. Après le départ du Général de Gaulle, suite aux événements de mai 1968, sous la présidence de Georges Pompidou, on assiste à une tentative d'adapter les institutions à une nouvelle pratique du pouvoir. Sabrina Tricaud[532], dans son ouvrage intitulé "Les années Pompidou", nous fait remarquer que la France du plein emploi n'est pas si idyllique que cela. Il existe des tensions fortes dans l'Hexagone, comme des altercations quelquefois physiques entre l'Extrême Gauche et l'Extrême Droite, etc. Sur le plan de l'emploi, des conflits d'une envergure nationale sont sur le devant de la scène, comme l'affaire "Lip" à Besançon. Mais, la vie du pays[533] à cette époque, c'est aussi :

- le plein emploi,
- les débuts de l'informatique,
- la création des Régions,
- la mensualisation des salaires,
- l'émergence des villes nouvelles,
- la disparition progressive des paysans, etc.

Il est relevé, par ailleurs, une société bloquée et dominée par les élites, avec des énarques qui contrôlent l'appareil d'Etat et les grandes entreprises qui en dépendent. Cette période révolue, on est entré en 1974 dans la présidence "Giscard d'Estaing". C'est à ce moment que la situation se dégrade vraiment sur le plan économique. On assiste à une demande d'emploi qui se multiplie par trois en sept ans, avec le prix du baril de pétrole multiplié par dix sur le même laps de temps. Cette situation a pour conséquence le choix français de se dégager de l'emprise de l'énergie fossile par un engagement massif dans le nucléaire. La période qui a suivi les années Pompidou a permis de faire tomber des garde-fous en matière d'emploi, par la remise en

532 Tricaud Sabrina, "Les années Pompidou", éditions Belin, 2014

533 http://www.lefigaro.fr/livres/2014/11/06/03005-20141106ARTFIG00035--les-annees-pompidou-c-etait-le-bon-temps.php

cause de certaines de ses constantes économiques. Cet état de fait a favorisé la mise en place de l'ère du travail virtuel, synonyme de société de l'insertion, alimentée par un processus de "stagiairisation" des personnes peu ou pas qualifiées. Pour les individus pris dans cette nasse, le travail peut être, dans ces conditions, considéré comme un leurre. Pour les hommes et les femmes inscrits dans ces stages non qualifiants, cela ressemble au travail, cela exige de se comporter comme si on occupait un emploi, mais ce n'est pas réellement considéré comme cela, puisque ces stagiaires ne bénéficient pas des mêmes avantages que ceux produits par un contrat de travail salarié ordinaire.

Le chapitre 4 a pour objectif de faire le point sur les principales institutions qui aujourd'hui bornent le contrat de travail. Les développements que nous avons effectués sur ces différents domaines sont tous en lien avec la nécessité de maintenir un cadre au travail. Ce que nous avons relevé sur toutes ces institutions est à chaque fois le résultat de compromis, qui sont en permanence susceptibles d'être remis en question, en lien avec les rapports de force existant entre le monde du travail et le monde du capital. Jusqu'à ces dernières années, la balance penche d'un côté ou de l'autre en fonction du résultat des élections présidentielles et/ou législatives. Récemment, au regard de la prestation du Président socialiste Hollande, ce n'est plus vraiment le cas.

Le chapitre 5, consacré aux nouveaux cadres possibles du travail depuis les années 1950, réalise un état des lieux sur les six entrées principales qui conduisent vers la précarisation du travail et la déstabilisation du CDI. Les entreprises d'intérim, d'abord très fortement contestées, ont finalement réussi à s'imposer, permettant d'amplifier et de banaliser un type particulier de contrat à durée déterminée. Viennent ensuite, depuis la crise des années 1973, les possibilités illimitées données par la nébuleuse du travail virtuel, qui permet d'innover toujours plus en matière d'encadrement du travail précaire. La troisième innovation depuis les années 1950 est venue de la création du statut de l'auto-entreprise, appelée maintenant micro-entreprise. Ce nouveau cadre du travail fait sortir du salariat un certain nombre de personnes qui deviennent des travailleurs indépendants. Une nouvelle fois, c'est le contrat à durée indéterminée qui n'est plus sollicité. Le quatrième champ d'innovation abordé dans ce chapitre est le domaine des plateformes qui ouvre de nouvelles possibilités en matière d'encadrement du travail. Là encore, cette autre façon d'entrer dans la vie active court-circuite les relations classiques de travail, établies au fil du temps depuis la fin du XIXe siècle, cadrées par le Code du travail et les conventions collectives. Pour garantir, à ces nouveaux travailleurs des "applis" et autres travailleurs indépendants relevant de la micro-entreprise, une protection sociale alignée sur celle du travail salarié, il va être nécessaire de légiférer.

Ensuite, dans le point réalisé sur les start-up, nous relevons que ce champ de l'activité économique est mis en avant par le chef de l'Etat et le Gouvernement, comme vitrine du dynamisme entrepreneurial français. Dans le sous-chapitre consacré à cette question, nous faisons par ailleurs le constat des forces, mais aussi des limites et des faiblesses de ce champ entrepreneurial.

Cette rétrospective sur les innovations en matière d'emploi depuis les années 1950 se termine par le développement sur les emplois détachés. Nous avons vu qu'une partie des activités exercées dans ce contexte se trouve en « zone grise » et vient faire le plus souvent une concurrence déloyale à l'emploi salarié ordinaire du pays. Par leur existence, ils mettent en exergue les ambigüités des relations d'emploi entre les différents pays de l'Union européenne. Ce sont, pour la majorité d'entre eux, des contrats à durée déterminée, qui viennent concurrencer et donc fragiliser un peu plus les contrats à durée indéterminée existant.

Cette fois, nous sommes arrivé au terme de notre entreprise. Nous avons tenté dans notre déroulement de faire vivre le passé avec le présent. Nous avons de ce fait pu ressentir le temps en mouvement. Tout bouge en permanence. Au vu de notre développement général, on peut affirmer que les mutations en cours viennent remettre en question de façon massive le modèle social à la française et le sens de l'intérêt général. Finalement, le capitalisme financier et anglo-saxon (fondé sur la réussite individuelle, le profit financier à court terme, etc.) a pris le pas sur une forme de capitalisme rhénan (valorisant la réussite collective, le consensus, le souci du long terme, etc.), qui était dominant en France du sortir de la guerre au virage de la rigueur des années 1980[534]. La haute fonction publique, censée servir le bien commun, a basculé dans une forme de dérive monarchique et toute puissante. Elle a pris à son compte l'idéologie de la pensée néolibérale, devenue pour beaucoup une forme de pensée unique. Citons, comme Laurent Mauduit[535], Benjamin Constant (1767-1830), qui aurait écrit : *Servez la bonne cause, servez-vous, etc.* En son temps, Pierre Bourdieu[536] parlait de noblesse d'Etat, pour résumer la situation hors sol de notre élite publique formée dans les grandes écoles. Aujourd'hui, ce groupe de privilégiés, censé servir l'intérêt général et gérer les services publics ainsi que les biens communs (entreprises nationalisées et autres, etc.), dérive vers la défense de ses propres intérêts et des intérêts de puissances privées. Les dénationalisations et la vente de groupes français stratégiques (comme Alsthom à General Electric, etc.) remettent en cause notre indépendance nationale. Au-delà du travail et de l'emploi, on est aujourd'hui en droit de se demander où l'on va, avec l'amplification de la guerre économique dans une Europe contestée et une situation internationale qui se tend. Tout au long de notre développement, on a vu la place primordiale du pouvoir politique dans le domaine de l'encadrement du travail, que ce soit sur le long terme comme sur le court terme. La situation politique française actuelle accélère encore davantage aujourd'hui la pression et la mainmise du pouvoir en place sur les évolutions du monde du travail. Terminons notre propos, en disant qu'effectivement ce monde est en permanence traversé par un processus de légitimation et de délégitimation des formes du travail et de l'emploi, qui fluctue au rythme des décisions et des choix politiques. Ces derniers sont légaux juridiquement, mais pas obligatoirement socialement au sens donné par Louis Moreau de Bellaing.

En parallèle aux propos tenus par Romaric Godin, dans son ouvrage intitulé "La guerre sociale en France"[537], on peut souli-

534 Albert Michel, "Capitalisme, contre capitalisme", éditions du Seuil, 1991
535 Mauduit Laurent, "La caste, main basse sur l'État", éditions La Découverte, 2018
536 Bourdieu Pierre, "La Noblesse d'Etat", éditions de Minuit, 1989
537 Godin Romaric, "La guerre sociale en France, aux sources économiques de la démocratie autoritaire", éditions La Découverte, septembre 2019

gner que la pensée néolibérale, qui prend racine progressivement depuis les années 1970 avec la fin du système de Bretton Woods et les deux chocs pétroliers de 1973 et de 1979, tente de s'imposer comme détenant la vérité en matière d'économie. Elle préconise que toute la société doit être marchandisée. Par son action, elle redonne la priorité aux intérêts du capital sur les intérêts du travail. Selon sa vision, exprime Romaric Godin, *seules existent les lois de l'économie auxquelles il faudrait se soumettre*. Ces écrits, qui selon certains, devraient être gravés dans le marbre, ont d'abord concrètement émergé lors du colloque Lippman (Walter Lippman, 1889-1974) [538]. Cette réunion a eu lieu du 26 au 30 août 1938 à Paris et a a rassemblé 26 économistes et intellectuels libéraux. Les idées posées à ce moment ont été relayées ensuite par la société du Mont Pellerin, créée en 1947. Des penseurs affiliés à ce groupe, comme Friedrich Von Hayek, Ludwig Von Mises et Walter Eucken, ont tenté de théoriser le renversement de l'ordre Fordiste-Keynésien, qui s'était imposé après la crise de 1929. Cette dernière avait décrédibilisé pour un temps la pensée libérale, soutenue par la croyance en l'idée d'équilibre naturel des marchés. Des recherches menées par Kenneth Arrow et Gérard Debreu ont abouti en 1954 à la création d'un modèle mathématique d'équilibre général d'un marché concurrentiel. Sur cette lancée, en 1972, Robert Lucas développe la théorie des anticipations rationnelles, etc. C'est en s'appuyant sur de telles théories et axiomes sous-jacents que la pensée néolibérale voudrait élever la science économique comme une science exacte, au même titre que les mathématiques. Dans leur ouvrage intitulé "Les lois du capital", Gérard Mordillat et Bertrand Rothé rappellent que les médias donnent en 1970 largement la parole aux idées que Milton Friedman (de l'université de Chicago) avait développées dès 1962 dans son livre "Capitalism and Freedom". On peut résumer son propos en disant que pour les néolibéraux, l'objectif est clair : *Le profit, rien que le profit, tout pour le profit*[539]. Avec la mise en avant des idées de Friedman, la contre-

538 Lippmann Walter, "La cité libre", éditions des Belles lettres, Paris 2011
539 Mordillat Gérard et Rothé Bertrand, "Les lois du capital", Seuil, Arte éditions, octobre 2019, p. 176

révolution libérale est lancée. En France, elle va s'appuyer sur plusieurs rapports, dont celui porté par Jacques Rueff et Louis Armand en 1959 qui a pour ambition de discréditer les réformes mises en place entre 1944 et 1946 par la Gauche. Pour le dire autrement, cette étude vise à repérer les rigidités que l'économie française serait avisée de supprimer, pour mettre au goût du jour un paradigme néolibéral permettant la libération des échanges et une ouverture de ces derniers à l'international. Jacques Rueff (1896-1978) est un économiste libéral, qui a participé avec le ministre des Finances du Général de Gaulle, Antoine Pinay, à la mise en place du nouveau Franc le 1er janvier 1960. Louis Armand (1905-1971) est un ingénieur et haut fonctionnaire, président de la SNCF de 1955 à 1958[540]. D'autres études ont suivi, qui sont allées dans le même sens, comme plus récemment les rapports Attali de 2008 et de 2010. Ces derniers ont aussi contribué à renforcer cette révolution[541] conservatrice et néolibérale, voulue par le Président de la République pour la France. Les conséquences de la montée en puissance du néolibéralisme aboutissent à l'essai de vassaliser les Etats par rapport au marché. Dans ce contexte, ces derniers deviennent les garants de l'ordre qui va assurer les droits du capital privé. Dans ces conditions, les Etats et, en particulier la France, sont engagés dans la mise en place de réformes structurelles. Dans notre pays, nous sommes confrontés à :

- la privatisation progressive des services publics,
- le soutien au secteur privé par la baisse des impôts et l'investissement financier du secteur public vers le secteur privé,
- la mise en place d'outils pour limiter le coût du travail, etc.

Dans ce paradigme néolibéral, la démocratie devient limitée et encadrée. Tout ce qui concerne l'économie doit sortir du champ démocratique et passer sous le contrôle d'organismes indépendants (la Banque centrale européenne (BCE), la Cour de justice européenne, l'Organisation mondiale du commerce (OMC), l'Organisation de coopération et de développement économique (OCDE), le Fonds monétaire international (FMI),

540 https://fr.wikipedia.org/wiki/Louis_Armand_(ing%C3%A9nieur)

541 Macron Emmanuel, "Révolution", XO éditions, publié le 24 novembre 2016

etc.), dont les membres et les dirigeants ne sont pas élus. Dans ce contexte, toute personne, qui n'adhère pas à cette vision, est "ringardisée" et réduite à porter l'étiquette de populiste.

Dans ce schéma, précise Romaric Godin : *l'Etat néolibéral place ainsi juridiquement le capital à l'abri du peuple donc du travail.* Cette fois, la boucle est bouclée. Dans ce dernier propos, on fait un ultime rappel de la lutte qui se joue entre ces trois pôles que sont "le travail", "l'emploi" et "le/la politique".

L'avenir est à construire, mais les résistances restent nombreuses face à l'ordre néolibéral dominant, rejoint au fil du temps par les sociales-démocraties qui se disaient de Gauche, comme en Grande-Bretagne, en Allemagne, en Italie, etc., et maintenant en France. La question reste entière : comment le monde du travail va-t-il résister et dégager une nouvelle voie possible face à ce néolibéralisme, qui devient violent quand on le conteste ?

Dans cette configuration, que peut-on donner comme perspectives à l'évolution de l'emploi salarié, entraîné vers toujours plus de précarisation ? Pour tenter d'infléchir cette trajectoire, une autre politique devrait être menée. Celle-ci pourrait s'appuyer sur les grands défis actuels à relever, comme la dégradation de la planète (sortir de la logique de la croissance indéfinie, favoriser le recyclage, etc.), la répartition des richesses (revoir l'organisation de l'héritage, des successions et des barêmes d'imposition, etc.), le maintien et la rénovation des services publics (sanctuariser ce domaine pour qu'il reste un patrimoine collectif d'intérêt général, etc.). Bref, il s'agit de sortir de l'engrenage du moins disant social et de remettre l'humain au centre du jeu et non pas de privilégier le profit à tout prix. Après son «traité d'économie hérétique : pour en finir avec le discours dominant»[542], Thomas Porcher vient de publier « Les délaissés »[543], ouvrage dans lequel il insiste sur la nécessité de changer le modèle économique en place. Ce dernier privilégie les 1% des plus riches en France qui se sont déjà accaparé 25% du patrimoine national. Pour le dire autrement, cet auteur

---

542 Porcher Thomas, «Traité d'économie hérétique : pour en finir avec le discours dominant», éditions Fayard, mars 2018

543 Porcher Thomas, «Les délaissés», éditions Fayard, février 2020

démontre qu'il y a urgence à sortir au plus tôt du triptyque infernal de la financiarisation, de la mondialisation et de l'austérité. Sur ces derniers propos de conclusion, nous sommes là-encore toujours au cœur du thème annoncé dans notre titre, à savoir qu'on ne peut aborder un élément quelconque de l'encadrement du travail sans que le sujet ne soit éminemment politique.

Structures éditoriales du groupe L'Harmattan

L'Harmattan Italie
Via degli Artisti, 15
10124 Torino
harmattan.italia@gmail.com

L'Harmattan Hongrie
Kossuth l. u. 14-16.
1053 Budapest
harmattan@harmattan.hu

L'Harmattan Sénégal
10 VDN en face Mermoz
BP 45034 Dakar-Fann
senharmattan@gmail.com

L'Harmattan Cameroun
TSINGA/FECAFOOT
BP 11486 Yaoundé
inkoukam@gmail.com

L'Harmattan Burkina Faso
Achille Somé – tengnule@hotmail.fr

L'Harmattan Guinée
Almamya, rue KA 028 OKB Agency
BP 3470 Conakry
harmattanguinee@yahoo.fr

L'Harmattan RDC
185, avenue Nyangwe
Commune de Lingwala – Kinshasa
matangilamusadila@yahoo.fr

L'Harmattan Congo
67, boulevard Denis-Sassou-N'Guesso
BP 2874 Brazzaville
harmattan.congo@yahoo.fr

L'Harmattan Mali
Sirakoro-Meguetana V31
Bamako
syllaka@yahoo.fr

L'Harmattan Togo
Djidjole – Lomé
Maison Amela
face EPP BATOME
ddamela@aol.com

L'Harmattan Côte d'Ivoire
Résidence Karl – Cité des Arts
Abidjan-Cocody
03 BP 1588 Abidjan
espace_harmattan.ci@hotmail.fr

L'Harmattan Algérie
22, rue Moulay-Mohamed
31000 Oran
info2@harmattan-algerie.com

L'Harmattan Maroc
5, rue Ferrane-Kouicha, Talaâ-Elkbira
Chrableyine, Fès-Médine
30000 Fès
harmattan.maroc@gmail.com

Nos librairies en France

Librairie internationale
16, rue des Écoles – 75005 Paris
librairie.internationale@harmattan.fr
01 40 46 79 11
www.librairieharmattan.com

Lib. sciences humaines & histoire
21, rue des Écoles – 75005 Paris
librairie.sh@harmattan.fr
01 46 34 13 71
www.librairieharmattansh.com

Librairie l'Espace Harmattan
21 bis, rue des Écoles – 75005 Paris
librairie.espace@harmattan.fr
01 43 29 49 42

Lib. Méditerranée & Moyen-Orient
7, rue des Carmes – 75005 Paris
librairie.mediterranee@harmattan.fr
01 43 29 71 15

Librairie Le Lucernaire
53, rue Notre-Dame-des-Champs – 75006 Paris
librairie@lucernaire.fr
01 42 22 67 13

www.ingramcontent.com/pod-product-compliance
Lightning Source LLC
LaVergne TN
LVHW011021061026
849535LV00006B/1988
* 9 7 8 2 3 4 3 1 9 8 1 2 5 *